国 家 公 务 员 培 训 教 材

科级领导者素质与能力

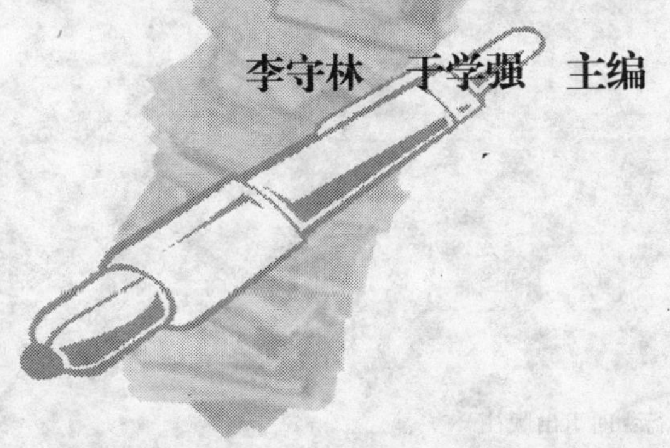

李守林 于学强 主编

时 事 出 版 社

图书在版编目（CIP）数据

科级领导者素质与能力 / 李守林、于学强编著. —北京：时事出版社，2005

ISBN 7-80009-879-6

Ⅰ. 科...　Ⅱ. ①李...　②于...　Ⅲ. 领导学-干部教育-教材　Ⅳ. C933

中国版本图书馆 CIP 数据核字（2005）第 044888 号

出版发行：时事出版社
地　　址：北京市海淀区万寿寺甲 2 号
邮　　编：100081
发行热线：(010) 88547590　88547591
读者服务部：(010) 88547595
传　　真：(010) 68418647
电子邮箱：shishichubanshe@sina. com
网　　址：www. sspublish. com
印　　刷：北京市密东印刷有限公司

开本：880×1230　1/32　　印张：11.5　　字数：288 千字
2005 年 6 月第 1 版　2006 年 3 月第 2 次印刷
定价：22.00 元

本书是以马列主义、毛泽东思想、邓小平理论和“三个代表”重要思想为指导，依据党的十六届四中全会《中共中央关于加强党的执政能力建设的决定》的要求而编写的一本科级领导任职能力培训的教科书。编写本教科书的目的是为了使科级领导适应世界经济、科技发展趋势和我国改革开放发展的新形势，按照党的十六届四中全会提出的不断提高驾驭社会主义市场经济的能力、发展社会主义民主政治的能力、建设社会主义先进文化的能力、构建社会主义和谐社会的能力、应对国际局势和处理国际事务的能力的新要求，全面贯彻加强党的执政能力建设的总体目标，使科级领导素质与能力得到全面提升。

为了体现科级领导素质和能力培训的时代性，遵循国家人事部印发的《国家公务员通用能力标准框架（试行）》的通知精神，本教科书内容突出科级领导的开创新局面的能力、政治鉴别能力、领导能力、行政执行能力、依法行政能力、沟通与协调能力、激励能力、心理调适能力、应对突发事件的能力、公共服务能力、创新能力、形象塑造能力、用人能力、学习能力、调查研究能力等十五个方面的素质与能力。这十五个方面的素质与能力，既是考核科级领导是否称职的标准，也是对科级领导素质与能力进行培训的重要课题。

本书的主要特点是从科级领导的实际工作需要出发，理论联系实际地对科级领导通用的十五种能力进行分析研究，并针对每章的具体内容配备了相关的案例资料。

本书能够有机地把理论学习和领导能力训练与具体案例分析结合起来，为提高科级领导的素质与能力，以及为相关的理论教学和案例教学服务。

本书内容丰富实用，编写体例新颖，有较强的针对性和可操作性。对科级领导拓展知识视野，提高科级领导的素质与能力，讲究领导和管理艺术，提高工作绩效，都是大有裨益的。因此，本书既可以作为科级领导能力培训的教材，也可以作为科级领导自学的必备参考书。

本书由李守林、于学强主编和孙雅君、路远副主编统稿。参加编写的有：李守林（第一章、第三章）、于学强（第二章、第六章、第十四章）、范建松（第四章）、徐蓉（第五章）、戚翠莲（第七章、第八章）、闫观潮（第九章、第十一章）、孙涛（第十章）、靳文志（第十三章、第十五章）、张禹（第十二章）。

本书作者都是长期从事国家公务员培训、教学和研究工作的专家、教授，其中多数作者曾参与过人事部公务员管理司规划审定的“国家公务员任职培训全国统编教材”的编写工作，具有丰富的国家公务员培训教学和教材编写的经验。

本书的编写虽然在内容、结构上力求新颖，但仍需实践检验，不断修改、提高。因此，诚望各级领导、专家、学者和培训教育工作者批评指正。本书在编写过程中，借鉴和参考了国内外专家学者的有关著作、文章和案例资料，在此我们表示诚挚的谢意。

编　者

2006年3月

第一章　科级领导开创新局面的能力

第二章　科级领导的政治鉴别能力

第三章　科级领导的领导能力

第四章　科级领导的行政执行能力

第五章 科级领导的依法行政能力

第六章 科级领导的沟通与协调能力

第七章　科级领导的激励能力

第八章　科级领导的心理调适能力

第九章　科级领导应对突发事件的能力

第十章　科级领导的公共服务能力

第十一章　科级领导的创新能力

第十二章　科级领导的形象塑造能力

第十三章　科级领导的用人能力

第十四章　科级领导的学习能力

第十五章　科级领导的调查研究能力

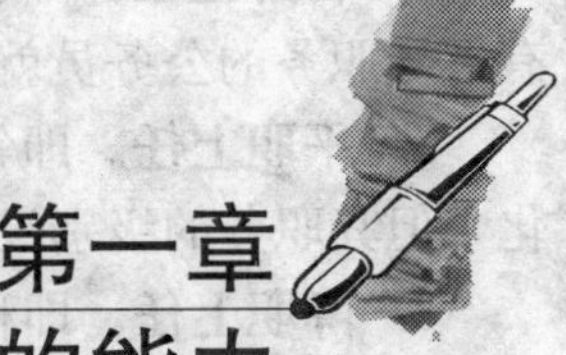

第一章 科级领导开创新局面的能力

科级领导上任与新局面的开创是科级领导履行领导职务的第一步，是在领导工作的实践中掌握新知识，积累新经验，增长新本领的重要环节。因此，新任职的科级领导一定要掌握领导者上任的涵义和上任后如何开创新局面的招法，调整心态，充满信心，勇于实践，锐意创新，在新的岗位上创造出丰硕的成果和优秀的业绩。

一、科级领导上任的涵义和类型

（一）科级领导上任的涵义

科级领导上任：一是指担任一定的领导职务的公务员离开原工作岗位而转换到一个新岗位担任新的领导职务；二是指非领导职务的公务员晋升为领导职务的公务员。

科级领导上任实际上是职、责、权的变化，尤其是权力的转换。科级领导上任之前，并不具有对某一组织的支配权和领导权，但他一旦上任，就拥有了这种权力，其组织和成员就必须正视科级领导的客观存在并服从他的领导。

（二）科级领导上任的类型

从科级领导本身的角度来划分，有以下几种类型：

1. **晋升上任**。即非领导职务的公务员晋升领导职务，或具有领导职务的公务员就任比原职务级别高的新职务。

2. **平职上任**。即领导者所在的工作岗位和职务上发生了变化，但其职务的级别没变。

3. **降职上任**。即科级领导担任的新职务低于原职务级别，通常称之为“降职任用”。

从组织的角度划分，有以下几种类型：

1. **补位上任**。即组织的领导班子内领导者离职，出现了领导位置的空缺，由新的领导者前来接替他的职务。

2. **创业上任**。即刚组建起来的新组织或正在准备筹建的组织，领导者前去上任就职。

3. **临危上任**。即组织的原领导由于自身原因或其他外界原因，造成组织工作的混乱，使组织不能正常运转，陷入危机状态，任命新的领导者前去就职。

二、科级领导上任为什么要开创工作的新局面

（一）开创工作新局面的涵义

科级领导上任开创新局面，俗称“新官上任三把火”，指的是新上任的科级领导要调查研究，找准问题，确定目标，拿出新思路，使出新招法，真抓实干，一鼓作气，打开工作新局面，取得新业绩的过程。

（二）开创工作新局面的必要性

科级领导上任为什么必须开创工作的新局面呢？

1. 上级领导的重托

不论对哪种类型上任的科级领导，上级组织授予他们职权，就是希望他们能够担当起重任，切实履行好自己的职责，团结好

一班人，依靠人民群众，发挥创造性才能，开创工作的新局面。上任的科级领导不应辜负上级组织的重托。

2. 干部群众的期望

任何一位新上任的科级领导之所以会引起干部群众的关注，是因为上任的科级领导的工作直接关系到他们的切身利益，他们希望上任的科级领导能够反映他们的意愿，代表他们的利益，不断改善他们的工作和生活条件。越是问题较多、干部群众受害大的单位，对新上任科级领导的这种期望值就越高，信赖心理就越强。新任科级领导为了不辜负干部群众的期望，也一定要开创工作的新局面。

3. 为今后的工作开个好头

新上任科级领导应具备良好心态。一般来说，一个人担任了新的领导职务，重打锣鼓另开张，总会有一股热情和勇气，决心把新的工作做好，为干部群众办点实事，让干部群众得到益处，看到希望，受到干部群众的认可，在干部群众中站稳脚跟，为今后的工作开个好头。否则，刚一上台，就打不起精神，“踢不出前三脚”，脱离了群众，失去了民心，今后的工作就会陷入难以开展的困境之中。

4. 容易打开局面

新上任的科级领导到了一个新的环境，处于比较超脱的地位。身上甩掉了旧的包袱，思想顾虑少，敢于坚持原则，主持公道；思想观念不易保守，容易冲破思维定势，接受和培植新事物，开拓新思路，创造新经验；思维敏感性强，容易发现问题和抓住问题的症结，并能从干部群众的呼声中体验到解决问题的重要性和迫切性等等。这些都是新上任科级领导开创新局面的有利因素。

三、科级领导上任怎样开创工作的新局面

不论是转任的科级领导，还是刚刚走上领导岗位的科级领

导，都面临着一个如何上任的问题，又都希望在任上干好，开个好头，为自己今后顺利开展工作创造有利的环境。一般来说，需要注意以下问题：

（一）要服从组织安排

一个领导干部应以天下为己任，不论到哪个地区和单位，担任哪个层次的领导职务，都是为了全心全意为人民服务。是否牢固树立了这个观念，最重要的是在个人利益同党和人民的利益发生矛盾时，能否自觉地服从党和人民的需要。我们的领导干部都是人民的公仆，当人民需要我们转换领导岗位和职务时，要以党和人民的利益为重，听从党和人民的召唤，这是一个领导干部最起码的党性原则，决不能在个人的去留、上下的得失上讨价还价，甚至要求组织服从自己。

（二）新官上任先烧己

“金无足赤，人无完人”。一个新上任的科级领导自身的素质再好，也会存在弱点；在原单位工作成绩再大，也会有不足甚至失误之处。因此，新上任科级领导为了能在新任单位烧好“三把火”，打开工作的新局面，就应首先对准自己身上的“毛病”，对准自己领导工作中的失误之处，烧一把火，认真地搞一搞自我批评，找一找自身存在的弱点，自觉加强自我素质的提高。认真总结以往工作中的经验和教训，发扬成绩，克服缺点，使自己保持清醒的头脑，以利再战。

（三）要有充满信心的精神状态

一个新上任的科级领导，不论自己将面临着一个什么样的环境，都应注重自觉克服不利于上任的消极心理因素，把自己的心理调整到最佳状态，振作起精神，充满必胜地信心去就职，这是科级领导上任必须具备的心理素质。一个科级领导，如果对上任缺乏信心，精神萎靡不振，对人对事冷漠，这种消极的精神状态就会传染给下属和群众，而产生失望情绪。因此，新上任的科级领导必须明白：信心是科级领导有实力、有能力的表现，它能唤起人们对科级领导未来的希望，对科级领导产生信赖的心理。这种心理正是科级领导上任工作的坚实的群众基础。特别是创业上任和临危上任的科级领导，更要充满信心地去就职，去激发干部、群众的热情，形成群情振奋，共创未来的局面。

（四）要给群众留下良好的第一印象

科级领导上任同群众接触留下的第一印象，虽然不能说明一个科级领导的全貌，更不能就此说明一个科级领导的未来，但又是不容忽视的问题。这是因为：一般来说，人们对新上任的科级领导总是格外关注。第一印象如何，对科级领导今后的工作会产生长远的影响。因此，科级领导在上任之初接触群众时，要特别注意自己的气质美、风度美、仪表美、行为美、语言美。待人热情、态度真诚、落落大方，文明礼貌。特别是第一次在公开场合施政演讲的亮相，要使群众感到言之实在、真切可信、前景有望。

（五）要使领导的角色真正到位

科级领导上任，成为领导班子的成员，并不等于找准了自己的位置，进入了自己的角色。我们常看到，有的科级领导，上任后由于没有正确地认准自己的位置，发生角色错位，而造成领导班子关系的不协调，给工作带来了损失。因此，不论刚走上领导岗位的科级领导，还是领导岗位转换的科级领导，都面临着一个要找准自己的位置，进入角色，理顺领导班子成员之间的关系，使工作很快入轨的问题。这就要求上任的科级领导随着领导职位的变化，对自己的职权范围、领导责任、工作方法等，在观念和行为上做相应的调整，真正做到“角色到位”。

科级领导上任职位的转换难以处理的是正职（主角）和副职（配角）角色位置的转换。上任的正职和副职要做好领导工作，就必须在观念上认同、在行为上适应这种角色位置的变化，从各个方面去认识和把握各自不同的角色特征。一个领导班子成员，因有正职和副职之分，这就决定了二者的位置、权力范围、承担的责任和领导人才层次等方面的不同。正职是帅才，处在领导班子的核心位置，要举起帅旗，执掌全面，统揽全局，要发挥好导向、组织、协调和凝聚的作用，具有明显的自主性特征。副职则是将才，负责某个方面的具体事务，是正职的助手，对上要信赖、支持、服从，处于被领导的地位；对分管的下属又处在有支配权的领导地位，具有明显的中介性特征。因此，上任的科级领导，当正职或副职的角色位置发生转换时，必须做到角色到位，正确使用组织赋予的权力，认真负起责任。

（六）要树立好的形象

科级领导的形象，是一个科级领导政治、思想、品德、能力、作风等素质的具体体现，它会在群众中产生巨大影响力。好的形象会得到群众的爱戴和拥护，给群众以信心和力量，有号召力和凝聚力；反之，会失信于民，脱离群众，也不可能把工作做好。因此，新任科级领导上任后，应特别注意在群众中树立良好的形象。

1. 要树立政治坚定的形象

要有远大的共产主义理想，坚持正确的政治方向，高举邓小平理论伟大旗帜和坚持“三个代表”重要思想，坚决贯彻执行党的路线、方针、政策、法规。努力实践党的全心全意为人民服务的宗旨，密切联系群众，坚决为维护人民群众的利益掌好权、用好权，当好人民的公仆。

2. 要树立清正廉洁的形象

要模范地遵纪守法，保持清正廉洁，发扬艰苦奋斗的精神，自觉拒腐防变，坚决反对消极腐败现象。公生明，廉生威。在这一重大原则问题上，科级领导要始终保持清醒的头脑。

3. 要树立团结民主的形象

江泽民同志在纪念中国共产党成立75周年座谈会上的讲话《努力建设高素质的干部队伍》中，对增强领导班子的团结问题指出："现在，仍然有些领导班子内部不那么融洽，甚至闹不团结。这对党的工作极为不利。能不能搞好团结，是衡量和检验领导班子和领导干部素质高低、党性强弱的一个重要标志。"新上任的科级领导要为群众树立善于团结同志、顾全大局、坦诚待人的形象。在领导班子内部，要提倡相互信任、相互尊重、相互支持、相互谅解。讲团结必须坚持民主集中制，充分发扬民主，决不能搞个人或少数人说了算。要摆正自己的位置，正确对待自己、他人和组织，善于走群众路线，集思广益，依靠群众的力量搞好工作。勤于学习，虚心求教，取人之长补己之短，不断自我改造和完善。团结就是力量，民主就是智慧。只要科级领导为群众树立了团结、民主的形象，就能把群众凝聚在自己周围，为改革开放事业而共同奋斗。

4. 要树立务实肯干的形象

我们党历来提倡领导干部"说实话，办实事，鼓实劲，讲实效，踏踏实实地工作，认认真真地做好每一件事情。"这就是要求领导干部要有务实肯干的精神，不论干什么工作都要实事求是、脚踏实地、奋力拼搏、开拓进取。不唯书，不唯上，一切从实际出发地确定和处理问题，鼓实劲，干实事，抓落实，求实效。不讲大话、空话、假话，不搞急功近利的短期行为，不搞形式主义和官僚主义。为官一任，造福一方。科级领导只有一心一意为了人民群众真抓实干，创出了业绩，给人民群众带来了实实在在的利益和幸福，才会真正得到人民群众的信任和拥护。

（七）要正确对待和评价前任

新上任的科级领导会遇到如何对待和评价前任（届）工作的问题。这个问题实质是如何对待原单位的领导和干部群众的问题，也是如何正确对待自己的问题，应该引起上任科级领导的重视。正确处理好这个问题，有利于干部群众对自己的接纳和认同，保护和激发干部群众的积极性，为开展工作创造和谐的人际关系环境。反之，这个问题处理不好，会引起留任干部和群众的逆反心理，产生反感和不满情绪，这就为自己的工作设置了人为的障碍。

1. 充分肯定前任政绩

在通常情况下，任何一届领导总要或多或少地做些工作，取得或大或小的政绩，继任者要承认这种客观存在，采取适当的方式给予充分肯定，这对在群众中树立威信和今后开展工作都是必要的、有益的。因为，任何继任者的起步都离不开前任领导和干部群众创造的条件和打下的基础。肯定前任的政绩，表明了对他们以往辛勤劳动的肯定，表明了对他们的真诚和感谢，形成团结、信任的气氛，离任和在任的科级领导以及所在单位的干部群众也会以尊重和支持新任科级领导予以回报。当然，肯定前任的政绩，要有根据，实事求是。否则，也会产生消极影响。

2、慎重评价前任的过失

任何一任科级领导，能力再强，政绩再突出，要时时处处做到绝对正确，万无一失，是不可能的。工作中或多或少存在这样那样的问题是难免的。新任科级领导为了总结经验，发扬成绩，接受教训，把前任开创的事业推向前进，必须以实事求是的态度慎重评价前任的过失。应注意以下两点：一是在评价前任失误之处时务必慎之又慎，要客观、公正，使人折服。同时，也不要过多渲染，适可而止。不公正的评价，过多地渲染易使自己怨天忧人，陷入悲观情绪之中，丧失克服困难的勇气，使工作处于被动局面；另一方面也易引起干部群众的观望心理和反感情绪，一旦上任者对工作做不出新的起色，就会因此使群众失望而失去群众的信任和支持。把问题看得过重了，也不利于发扬前任的政绩，吸取前任的经验，接受前任的教训，很可能由此导致工作上的失误。二是不能出于私心，有意识地贬低前任，在前任的不足和失误之处做手脚，借损害前任的形象来抬高自己，这不仅与一个领导干部起码的道德准则所不符，其结果还会适得其反。

3. 保持工作的连续性

离任的科级领导不可能把原单位的一切工作都做完，万事都有一个圆满的结果。有的工作刚刚作出决策，还未来得及具体实施；有的工作，正在进行过程中；一项事关全局性的、有长远综合效益的重大决策，往往需要几任科级领导的连续努力才能完成。对新上任的科级领导来说，必然面临一个保持工作连续性的问题。新上任的科级领导，对前任拟定的方针、政策、措施、规划以及没有完成的工作，应坚持“前规后随”的原则。就是说，如果前任的决策是正确的或是基本正确的，就应继承下来，继续抓下去，并切实抓出成效来，在保持政策和工作的连续性中把事业推向前进。当然，所谓“前规后随”，并不是提倡原样照办，亦步亦趋，墨守成规，不去创新和发展。更不是说对前任作出的失误决策或因情况发生变化已不适用的法规，宁愿工作受损失也不去据实修正。继任者对待前任的工作，要出以公心，胸怀坦荡，顾全大局，切忌因不是出于己手或显示自己的“高明”不分正确与否，而随心所欲，胡思乱改，使工作受损。

（八）要协调好关系，创造政通人和的环境

新上任的科级领导，首先要考虑的问题和要做的工作，就是怎样稳定干部队伍的情绪，创造一个安定团结的人际关系环境，这是开创新局面的前提条件。在离任与上任的交接过程中，干部群众的思想情绪容易波动，领导权力也容易产生指挥不灵的失控

现象。如果前任科级领导者领导有方，颇有政绩，威信较高，留给继任者是一个政通人和、生机勃勃的组织环境，这种失控现象则可能不太明显，甚至可以避免。相反，如果前任科级领导留给继任者的是个烂摊子，领导权力已经失控，在两任科级领导交接点上，失控现象很可能会加剧，这对继任者是极为不利的。继任者要竭力避免上任后领导权力的失控，强化领导权力的有效性，首先必须理顺组织关系，稳定干部队伍的情绪，调动方方面面的积极性，创造政通人和、安定团结的局面。

1. 要与留任的领导班子成员协调好关系

新上任的科级领导要与留任的领导班子成员做到：人格上相互尊重、思想上相互沟通、工作上相互支持、精神上相互鼓舞、生活上相互照顾、困难上相互帮助、缺点上相互提醒、分歧上相互自制、失误上相互担责、成绩上相互谦让。这样，就会使领导成员之间感情融洽，关系密切，工作协调，形成一个凝聚力和感召力强的领导班子集体，才能带领干部群众去开创工作的新局面。

2. 要与前任和以前的老领导协调好关系

任何一个科级领导，不论其在位时间长短，都会在干部群众心目中占有一定的地位，人虽离任了，但影响力依然存在。继任者万不可以为前任一离职就一切完结了。如果不尊重他们，冷落了他们，甚至做了对不起他们的事，他们有可能采取自我保护措施，通过不同的渠道和方式，为继任者制造反面舆论，设置工作障碍，使继任者工作陷于被动。因此，明智的继任者都特别注意处理好同前任和已离、退职老领导的关系，处处尊重他们，关心他们的生活和身体健康状况，虚心向他们请教，征求意见，平时注意与他们的交往。这样，使他们不会有失落感，就会以积极的态度，拥护、支持和帮助继任者做好工作。

3. 要与干部群众协调好关系

新上任的科级领导与所属干部群众协调好关系，得到他们的信任和拥护，是新任科级领导顺利开展工作、打开新局面的根基。因此，要时刻不忘公仆的身份，全心全意为他们着想，关心他们的思想、工作和生活，多办点关系到他们切身利益的实事。对他们要充分信任，一视同仁，处理问题公正服人，使他们在心理上有安全感，放心大胆地在工作中发挥自己的聪明才智。这里，特别提醒以下两点：一是要防止“排他性”。异地上任的科级领导初到一个新的环境，容易产生认识和感情上的偏差。例如，把与前任接触多、关系好的干部不做具体分析，一概视为前任的“红人”，认为这些人是不能依靠的异己力量，而对那些蜂拥而至、溜须拍马的人，确认为是能够依靠的“亲信”。就地上任的科级领导，对原有的人事关系环境熟悉，如果心胸狭隘，不能正确对待同自己认识有分歧、工作有矛盾、感情不相容以及曾反对过自己的人，很容易萌生打击报复的排他性心理，这种扭曲的心理状态，科级领导一旦诉诸行动，干部群众就会因受到伤害而疏远科级领导，造成上下级关系的紧张。二是人事变动要慎重。科级领导上任后，要尽量维持原班人马，这样有利于稳定干部队伍的情绪，有利于有条不紊地新老交替，有利于工作的连续性，也有利于科级领导打开工作的局面而站稳脚跟。待局势基本稳定，干部队伍的实际状况已了解清楚，再根据工作需要和干部任用的原则和程序，有计划、有步骤地调整干部队伍。如果一到任，情况没弄明，问题没看准，就盲目地在干部问题上“动手术”，甚至搞“一朝天子一朝臣”，造成人事决策上的失误，就会因此而失去人心。确有必要调整干部队伍，也必须坚持“五湖四海”、“任人唯贤”和走群众路线的原则，注意“社会公论”。科级领导决策最忌讳的是在人事上的失误。用错一个人，会影响一批人，那些受到伤害和冷落的干部群众的不满情绪会迅速蔓延，必将成为长期的不安定因素，为科级领导今后工作的开展制造困难。

（九）认真调查研究，加强科室建设

新上任的科级领导，就科级领导来说，首要的、基础性的、

经常性的职责，就是全面搞好科室的建设。这既是科级领导开创工作新局面的重要内容，又是科级领导开创工作新局面的组织保证。

1. 科室建设的基本内容

（1）加强领导班子的建设。要开创工作的新局面，领导班子是关键，特别是要有个好“班长”。新任科级领导首先要努力把领导班子建设成为结构合理、政治坚定、品德高尚、关系协调、作风过硬的坚强领导集体。

（2）加强干部队伍的素质建设。按照江泽民同志提出的干部要具备的政治业务素质五项要求，努力加强干部队伍的素质建设。具体抓好以下几项工作：在组织建设方面，要善于了解每个干部的长处和短处，恰当安排他们的工作岗位，做到知人善任；在思想建设方面，培养高度的敬业精神、良好的职业道德、求真务实的工作作风、团结合作的集体意识；在业务建设方面，要求干部努力学习和钻研业务，加强知识和经验的积累，具备做好本职工作的能力；在培养人才方面，科级领导要担负起培养人才的责任，善于识别、发现人才，关心、爱护、培养人才，给他们交任务、压担子，在解决棘手问题的实践中增长才干，给他们提供培训和学习提高的机会。

（3）加强规章制度建设。规章制度是一个组织全体成员的行为准则，保证组织运转协调，实现组织目标。因此，科室必须建立一套完备可行的规章制度。诸如以下制度：领导集体决策制度、领导分工负责制度、群众监督制度、民主生活制度、岗位目标责任制度、政治理论和业务学习制度、考勤制度、干部考核制度、奖惩制度等等。

（4）改善工作和生活条件。新任科级领导要特别注意关心干部职工的生活，尽力改善他们的生活条件，在政策允许的范围内尽量提高福利待遇；帮助解决好居住和生活上的困难以及家庭纠纷；生老病死，婚丧嫁娶，孩子的入托、升学、就业等，科级领导都应给予关照。要尽力改善机关工作条件，更新办公设施，提供现代化工作手段；办公室要保持整洁美观；提供办事交通工具等。

2. 搞好“组织诊断”，找准要解决的问题

有的新任科级领导上任后，工作热情很高，勤勤恳恳地工作，但效果不佳，打不开工作新局面，干部群众有意见，上级领导不满意。究其原因就是不清楚科室需要哪些方面的建设，又不深入群众调查研究，在对科室情况和存在问题不明的情况下，盲目“烧火”，“情况不明决心大，问题不准办法多”，结果把事情办糟了。因此，要搞好科室建设，开创科室工作的新局面，必须明确以下三个问题：一是要开创工作新局面，必须把科室建设放在首位；二是科室需要进行哪些方面的建设；三是科室建设的哪个方面或哪几个方面存在什么问题。问题明确了，才能找到开创新局面的“切入点”。

新任科级领导可以通过以下主要途径获取科室各方面建设的信息：

(1) 全面进行资料研读。新任科级领导为了尽快了解科室的全面情况，可向有关部门全面了解科室的历史和现状，获得对科室工作的基本发言权；另一方面在研读过程中可以发现科室已显现的问题和潜在问题。

(2) 认真进行人员咨询。新任科级领导采取个别访谈、集体座谈、问卷调查、民意测验、建议和方案的征集等方法，收集科室的信息。这些方法各有长处和短处，如能综合运用会收到更好的效果。

(3) 深入进行实际考察。新任科级领导多到下面走一走，看一看，深入实际，切身体验，获得第一手材料，是了解真实情况、发现问题症结、防止主观主义和官僚主义的最好方法。

（十）选准解决问题的突破口，一把火烧旺

新任科级领导通过对组织的诊断，可能会发现诸多问题。但

是问题得一个一个地解决。这就有一个解决问题的突破口选在哪里的问题。突破口选得准，下决心采取有效措施，给予果断、及时、彻底的解决，就会在干部群众中引起连锁反应，理顺各种关系，化解各种矛盾，甚至产生轰动效应。

1. 突破口选择

如何准确选择解决问题的突破口，提出以下几个方面，供新任科级领导参考。

（1）把干部群众最关心、反映最强烈、最迫切需要解决的问题，作为突破口。

（2）把阻碍领导工作开展的关键问题，作为突破口。

（3）把前任领导工作中失误之处，作为突破口。

2. 选择突破口应注意的问题

选择突破口应注意以下几点：

（1）把可供选择的突破口，通过分析、比较，排排队，看看哪个影响面更大，最有把握突破，最易突破，能产生最好的效果。找准这种最佳的“点火”部位，就先烧这一把火。头一把火烧旺，再烧第二把、第三把火，火火烧旺。切忌对所有问题急于求成，处处点火，烧而不旺，无一成效。

（2）对重大而又迫切的问题，应当及早动手解决，但如果问题太复杂，牵连面太广，突破的难度太大，解决问题的主客观条件尚不成熟，没有成功的把握，也不应轻举妄动，可在解决其他问题的同时，明里暗里做好准备工作。一旦时机成熟，就要当机立断，决心破釜沉舟，联合上下左右的力量，烧一把大火，彻底解决。

（3）新任科级领导由于岗位和职务的变化，处在新的环境，遇到的是新问题，过去自己所具有的长处可能会变成短处，解决起来会感到力不从心。因此，在选择问题的突破口时，也应考虑最好能发挥自己的长处，尽量避开自己的短处。假如突破口正好选择在自己的短处上，则务必要加强这方面的学习，尽快把自己的短处变为长处，才能做到得心应手，掌握解决问题的主动权，真正做到“情况明、问题准、决心大、方法对、效果好”。

3. 三把火常烧不熄，一把一个新局面

把新任科级领导开创工作的新局面，形象化为“新官上任三把火”，并不是说非做好三件事不可，或者说做好三件事后，就完事大吉了。而是它反映了新任科级领导上任后，要调查研究，发现问题，解决问题，推动事业发展的过程。这个过程应从以下两个方面理解：一是新任领导肩负着组织、人民群众的希望，会把内在的责任感和事业心转化为造福于人民的力量，不会安心于面貌依旧，困境依存。二是事物总是在不断发展变化的，旧的问题解决了，工作前进了，事业发展了，还会出现新的情况，面临新的问题。科级领导就是在不断把握新情况，不断解决新问题的动态过程中，不断地开创领导工作的新局面，与时俱进，一步一个新台阶，向高处攀登，永无止境。

总之，新任科级领导上任，对开创工作的新局面，一定要有正确的认识，保持清醒的头脑。为了干一番事业，不能眼光短浅，急功近利，搞短期行为。更不能为了显示自己的“政绩”，而违背民意，损害民利，去做表面文章，搞形式主义，耍花架子。而是应胸怀全局，高瞻远瞩，长期打算。从第一把火烧起，扎扎实实，一烧到底，一把火烧出一个新局面，使三把火长烧不熄。

案　例

李科长为什么打不开新局面

李强，男，40 岁。1964 年出生在一个农民家庭。1987 年大学毕业后，分配到某区机关任科长。李强对工作兢兢业业，认真负责，并经常在有关杂志上发表理论文章，成为区级骨干。组织上考虑到他既年富力强，又精通业务，符合干部使用的基本条件，经研究决定调他到一个“老大难”的街道担当办事处主任兼党支部书记（科级），主持全面工作。领导上希望李强上任后，能大胆工作，敢于改革，争取在较短的时间内开创新局面。为此，李强决心很大，表示“我决不辜负领导的重托”。

李强认为，要搞好全街工作，首先应在行政部门下手，消除人浮于事的现象。因此，在他上任后的第二天，就对全街的行政部门、行政人员等进行了调查。通过调查，他发现全街30名行政人员中，有一半人没事干，整天东荡西逛，在群众中造成极坏影响。上任后的第10天，他就宣布将行政人员减少到10人，其余20人重新安排工作。其次，李强狠抓了劳动纪律。每天上下班时间亲自到各部门“视察”，每个干部必须登记签到，对迟到、早退者给予经济处罚，并坚持每天三次对全街科室巡回检查。李强这一制度实施之后不久，机关内迟到、早退、脱岗现象有所减少，收到了一定的效果。再次，李强认为，该街道之所以接二连三地出问题，除劳动纪律松散之外，主要原因是机关人员的业务知识贫乏。因此，他下决心对人员进行培训。利用星期二、四下班后的时间，进行2小时的业务知识培训，每个工作人员必须参加，考试不合格者不允许上岗。对此，机关工作人员意见很大，特别是一些资历较老的干部意见更大，他们联名写信给县委、县政府状告李强。

李强上任后所采取的上述措施，确实在改变机关落后状况上取得了一定成绩，但在领导和干部中造成了严重的对立情绪，特别是一些被经济处罚的干部，有的上班工作不积极，有的要求调单位，有的上诉县委、县政府，使全街道工作出现混乱局面。为此，县委、县政府的领导对李强的工作也不太满意，认为他在领导上太死板，就知道硬压，不注意团结照顾老同志，给县委、县政府增添了麻烦。李强为了改变机关的落后面貌，克服工作和家庭中的困难，起早摸黑地干，不考虑个人得失，而现在干部们、领导上还对他有看法。因此，他心里很苦闷，对往后的工作不知怎么抓才对。他在年终干部考核述职时说："我还是我，为什么换到新的领导干部岗位后，同样努力工作，其结果不一样呢?"

结合上述案例，你认为李强的领导方法存在哪些问题?根据该案例所述实际情况，你认为应采取哪些措施打开新局面?

思考题

1. 科级领导上任的涵义和类型?
2. 科级领导上任怎样开创工作的新局面?

第二章 科级领导的政治鉴别能力

一、政治鉴别能力的涵义与作用

（一）政治鉴别能力的涵义

何谓“政治鉴别能力”？简言之，就是政治上识别大是大非的能力。政治鉴别能力有如下涵义：政治鉴别力，是善于透过现象看本质，从政治上划清是非、善恶、美丑、荣辱等界限，做出正确的判断的能力；政治鉴别力，是讲政治的能力，是政治方向、政治立场、政治观点在实践上的具体表现。中央要求领导干部做一个坚定而清醒的马克思主义者。“坚定”主要表现在政治方向、政治立场、政治观点、政治纪律四个方面；“清醒”主要表现在政治敏锐性方面。“坚定”和“清醒”相辅相成，共同构成了领导干部具体的政治素质，也体现了具体的政治水平。政治鉴别力，是政治意识的具体体现。政治意识是提高政治鉴别能力的根本思想基础和首要因素。缺乏正确的政治方向、坚定的政治立场、牢固的政治观点、严格的政治纪律和敏锐的政治鉴别力，形成和具备总揽全局的能力就无从谈起。因此，政治鉴别能力就是领导干部的政治水平和执政能力的根本体现，是国家公务员不可缺少的重要的政治素质。

（二）提高政治鉴别能力的意义

1. **提高政治鉴别能力，敏锐的洞察力是前提。**首先要求科级公务人员，要正确认识我国现阶段的阶级矛盾，善于从政治上观察问题。在我们的社会生活中，政治是一种客观存在，无论过去、现在，还是将来，任何人都无法回避。其次，要增强分辨理论是非、政治是非的能力。政治敏锐性和鉴别力是建立在一定的分辨政治是非能力基础之上的。作为科级领导，如果不具备一定的分清理论是非、政治是非的能力，在错综复杂的社会生活中就会处于迷惘、被动状态，有时会在重大政治问题上迷失方向，其结果会给国家和个人造成不应有的损失。只有掌握观察事物的科学方法，提高运用党的基本理论、基本路线解决实际问题的能力，才能保持清醒的政治头脑，增强政治敏锐性和鉴别力，成为一名合格的领导者

2. **提高政治鉴别能力，严谨的分析能力是条件。**政治敏锐性，即当某一事物刚刚萌芽时，能够善于从政治上去观察分析问题，并据此确定正确的态度和对策；政治鉴别力即是善于明辨政治是非的能力。政治鉴别力是思想道德素质的重要内容。科级公务员要增强政治鉴别力，就是要善于运用马克思主义的政治眼光，洞察和鉴别各种社会思潮和社会现象，知微见著，时刻保持清醒的政治头脑，做一名信仰坚定、是非分明、头脑清醒的社会主义现代化事业的带头人。

3. **提高政治鉴别能力，坚定的政治立场是根本。**提高政治鉴别能力，必须有坚定的政治立场，掌握科学的世界观和方法论，具备扎实的政治理论功底，能清醒地判断政治形势，认真执行党的路线、方针、政策。在现实生活中，一些大是大非问题并不是一眼就可以区分开来的，要做出正确的判断不是容易的事。只有不断强化政治鉴别力，善于抓住萌芽，洞察本质，判明利害，把握趋势，并据此确定应取的态度和对策，才能对于前进道

路上遇到的各种干扰和影响坚持党的基本路线的种种错误思想，能够及时坚决地予以排除，以保证各项工作沿着正确的方向发展；才能够把中央精神与本地区、本单位、本部门的实际结合起来，积极主动地、创造性地做好工作，把对上负责同对下负责结合好，关心人民疾苦，诚心诚意为人民群众办实事、解难题，肩负起祖国和人民赋予的历史重任。

当今世界，整个人类面临的各类问题日益成为政治问题。例如，社会福利、老年赡养、幼儿教育、交通运输、营养、环境保护、健康、娱乐都成了当代政府主要的政策范围。在当代社会中，任何领域的问题，很快都会从自己狭窄的范围中走出来，上升为政治问题，这些问题如果不能很好地予以解决，无疑会引发政治危机。

在今天，人们不仅有了人类是一个休戚相关、朝夕相处的整体概念，而且更加懂得人类生存在同一个星球上。这里表明了一个基本的时代进步的现状：一是人类不仅能在短短的时间内知晓世界上每一个角落发生的事变，而且更能在心中引起正义与非正义、善与恶、崇高与卑鄙、现实与未来、前进与倒退等深刻的理性和感情的共鸣。理解这一点，对于理解现代人类生活是至关重要的；二是整个社会的政治、经济、文化、军事、教育、艺术等各个领域，融合进一个相互连接的网络之中，并且已经结成无比紧密的整体，其中任何一个环节的运动或变化都会引起其他环节的连锁反应。因此，在当今错综复杂的国际关系中，需要我们有战略眼光，不仅要站在中国看世界，更要站在世界看中国，切实提高对国际重大问题的政治鉴别能力和超前的认识水平。

4. 提高政治鉴别能力，从战略的高度观察和处理问题是基础。提高政治鉴别能力，必须从战略的高度观察和处理问题。江泽民同志提出党员领导干部要“讲学习、讲政治、讲正气”，其中把讲政治作为核心，也充分说明了政治意识对领导干部的重要性。因此，要通过理想信念教育、党性锻炼和马克思主义世界观、人生观、价值观的教育，夯实党员领导干部的思想政治基础，提高党员领导干部的政治素质，从而为总揽全局能力的形成提供思想政治保证，使党的领导干部在思想上、政治上同党中央保持高度一致，善于从政治上、全局上、战略上观察问题和处理问题，保证党的路线、方针、政策在本地区、本单位、本部门得到准确、全面的贯彻执行。

二、政治鉴别力的性质

政治鉴别力，是政治上识别大是大非的能力，是政治方向、政治立场、政治观点在实践上的表现。

（一）政治鉴别力的现实性

政治鉴别力的现实性，要从以下四个方面具体领会：

第一，我们所坚持的正确的政治方向，就是党的基本理论、基本路线指引的方向，就是建设有中国特色社会主义的方向，就是马克思列宁主义、毛泽东思想、邓小平理论的伟大旗帜所指引的方向。政治立场，就是工人阶级和人民群众的立场。其次，我们共产党人鲜明正确的政治观点就是辩证唯物主义和历史唯物主义的观点，就是科学的世界观、人生观和价值观及由此而决定的群众观点。观点不是空的，而且不能含糊，特别是在对待具体的社会问题上，支持就是支持，赞成就是赞成，反对就是反对。遇到问题不敢讲出来，是不能表现观点的。所谓观点鲜明，就是要具体，不具体，就谈不上鲜明。比如，是有神论的观点还是无神论的观点，是唯物主义的观点还是形而上学的观点，在遇到像如何对待“法轮功”这样具体的问题上，就必须勇敢地站出来，不鲜明是不行的。

第二，政治纪律，是党员干部必须共同遵守的行为准则。党的政治纪律是党员政治生活的规范，是执行党的路线、方针和政策的保证。党的团结统一、党的坚强领导、党的强大凝聚力、战斗力，都离不开严格的政治纪律。江泽民同志明确指出："我们讲加强政治纪律，最根本的就是要遵守党章，按党章的规定去做。对党章的各项规定，所有党员都要遵守，高级干部更应该带头遵守。"党章规定，党员个人服从党的组织，少数服从多数，下级组织服从上级组织，全党各个组织和全体党员服从党的全国代表大会和中央委员会。这"四个服从"，最重要的是全党服从中央。因此，坚决贯彻以胡锦涛同志为核心的党中央的指示，确保政令畅通，这是遵守政治纪律的起码要求，也是对共产党员尤其是领导干部的一条极为重要的要求。

第三，还要有很强的政治敏锐性。政治敏锐性，简单地说，就是在政治问题上有见微知著的眼光，即善于抓住萌芽，洞察本质，判明利害，把握趋势，并据此确定应取的态度和对策。在现实生活中，一些大是大非问题并不是一眼就可以区分开来的，要做出正确的判断不是容易的事。科级领导提高了政治鉴别力，就能善于透过现象看本质，从政治上划清是非、善恶、美丑、荣辱等界限，做出正确的判断。

第四，政治鉴别能力的各个方面又是完整的统一体。政治方向、政治立场是政治鉴别力的核心；政治观点是政治鉴别力的基础，是政治方向和政治立场的理论表现；政治纪律是政治鉴别力的保证，是政治方向和政治立场在组织观念上的表现。因此，政治鉴别力是政治方向、政治立场、政治观点和政治纪律在实践上的具体表现。

（二）政治鉴别力具有很强的目的性

共产党人的政治鉴别力，是为实现自己的政治目的服务的。无产阶级夺取政权后，推动社会前进的历史任务由一个阶级推翻另一个阶级的政治斗争转变为主要是发展经济。列宁在十月革命后说："现在我们主要的政治应当是：从事国家的经济建设，收获更多的粮食，开采更多的煤炭，解决更恰当的利用这些粮食和煤炭的问题，消除饥荒，这就是我们的政治。”我国在改革开放和现代化建设时期，正如邓小平同志所说的，“社会主义现代化建设是我们当前最大的政治”。因此，现阶段，讲政治的根本目的就是发展经济。作为党的领导干部，为官一任，执政一方，你那个地方的经济发展了，人民群众生活水平提高了，说明政治落到了实处，没有空对空。对于我们共产党人来说，是否把精力集中于现代化建设，可以说是检验政治鉴别力的试金石。当然，这里也有一个摆正政治与经济的关系，从政治上落实到具体的经济工作中去的问题。江泽民同志指出：“必须善于从政治上观察和处理问题，绝不能单纯地就经济论经济，就业务谈业务。”搞经济建设必须有正确的政治路线，路线正确了，经济可以持续健康发展；路线不正确，或许可以把经济暂时搞上去，但最终必然会垮下来。因此，处理好政治与经济的关系，必须坚持“两手抓，两手都要硬”。在整个社会主义现代化建设的过程中，要始终把物质文明和精神文明作为统一的奋斗目标，有机结合，协调发展。在集中精力抓经济的同时，决不让精神文明建设滞后，而要使之变软为硬，化虚为实，为经济建设和改革开放提供强大的精神动力、智力支持和思想保证。

（三）政治鉴别力的具体性

江泽民同志说：“政治问题主要是对人民群众的态度问题，同人民群众的关系问题。”“衡量一个领导干部政治鉴别力的高低，一个重要标准就是看他是不是时刻把人民群众放在心头，是不是诚心诚意地为人民谋利益。”政治鉴别力，说到底就是要把实现、维护和发展人民群众的利益，作为我们最大、最重要的政治。作为共产党人，无论其政治方向、政治立场、政治观点，还是政治纪律和政治敏锐性，最终都只能反映到对人民群众的态度和同人民群众的关系上，因为我们党是广大人民群众利益最忠实的代表，党除了代表人民群众的根本利益，没有自己特殊的利益。江泽民同志在十五大报告中指出，我们建设有中国特色社会主义全部工作的出发点和落脚点，就是全心全意为人民服务。“全部”，概括了一切。实践是检验真理的惟一标准，也是检验政治鉴别力高低的惟一标准。而共产党人的一切实践，归根到底都是为人民服务。从我党成立至今，它是那样的真实、那样的亲切、那样的生动、那样具体地体现在每一个真正的共产党人的言行中。时刻把人民群众放在心头的领导干部，其一言一行都会表现出很高的政治素质。人民群众的利益都是具体的、实在的，为人民谋利益当然也是看得见、摸得着的。政治鉴别力只有落实到“实实在在地为群众办事”，“落实到各项工作中”，“落实到广大人民群众身上”，才是具体的落到了实处。过去，政治工作同其他工作之所以出现“两张皮”现象，之所以成为不切实际的“空头政治”，一个重要原因，就是把政治视为抽象的东西，没有真正落实到群众观点和群众路线上来，没有体现到具体工作中去。看一个干部政治鉴别力的高低，都只能通过工作的具体表现去评价，而决不能主观臆断。因此，执政党的性质决定了一个国家公务员首先必须具有强烈的政治和责任意识，这也是每个国家公务员应该具备的最基本的修养。

三、提高政治鉴别力的途径

（一）增强政治意识

政治意识主要是指政治思想、政治观点，以及对于政治现象的态度和评价。增强政治意识，就是要求广大公务员在瞬息万变、错综复杂的形势下，保持清醒的政治头脑，具有正确的政治思想，坚定的政治立场，敏锐的政治观察力和鉴别力。

1. 增强政治意识，要加强马列主义、毛泽东思想和邓小平

理论的学习。只有加强马列主义、毛泽东思想和邓小平理论的学习，才能真正认清人类社会发展的客观规律，坚持正确的政治信念。正如列宁所说，共产党人“从革命理论中能取得一切信念”。资本主义必然灭亡、社会主义必然胜利，不是任何人头脑里的臆想和杜撰，而是马克思、恩格斯在发现唯物史观和剩余价值学说的基础上所揭示的人类社会发展的客观规律。有中国特色社会主义的成功实践，进一步教育了人们，坚定了对马列主义、毛泽东思想和邓小平理论的信念。但是，巩固和发展社会主义制度，需要几代人、十几代人甚至几十代人的努力，一定还会遇到这样那样数不清的、甚至是更为严峻的困难和风险，还可能经过更多的挫折和反复。因此，我们加强马列主义、毛泽东思想和邓小平理论的学习，一方面要靠社会主义不断取得胜利的事实和实践教育人们；另一方面，就是要真正学懂、弄通马列主义、毛泽东思想和邓小平理论。只有加强马列主义、毛泽东思想和邓小平理论的学习，才能敏锐分辨各种错误思想和政治倾向，坚持正确的政治观点。

高度的政治鉴别力和政治敏锐性，来源于理论上的清醒。只有具备了深厚的马列主义、毛泽东思想和邓小平理论的功底，才能做到理论上清醒，善于从政治上看问题。当错误的思想倾向“起于青萍之末”时，就能敏锐地识别并及时地采取措施加以制止。当各种思想、理论思潮纷至沓来时，对那些披着时髦而华丽外衣的、涉及大是大非的错误观点，只有透过现象看清其本质，才能正确地加以识别和批判。对学术问题，一定要坚持“双百”方针；对于思想政治领域中出现的问题，既不能简单化地处理，批评时也决不可武断从事，而是要充分说理，因势利导；但对涉及政治原则、政治方向的大是大非问题，则必须旗帜鲜明、分清是非，始终与党中央在政治上保持高度一致，决不能听之任之，决不给违反以经济建设为中心、违反改革开放政策、违反四项基本原则的错误观点，以及危害人民特别是青少年健康成长的东西提供传播渠道。只有加强马列主义、毛泽东思想和邓小平理论的学习，才能在实际工作中全面贯彻执行党的基本路线，坚持正确的政治方向。马列主义、毛泽东思想和邓小平理论作为指导我们思想的理论基础，既是我们党制定路线、方针、政策的理论依据，又是我们认识世界和改造世界的工具。我们所说的理论上的清醒，决不是离开中国实际和时代发展，机械地到处生搬硬套马克思列宁主义的词句，而是以我国改革开放和现代化建设为理论依据。

2. 增强政治意识，就要坚定社会主义信念、坚持四项基本原则、坚持改革开放。社会主义是人类有史以来最进步的社会制度。马克思主义的诞生，使社会主义从空想变成科学。科学社会主义经历了从理论到实践、从一国实践到多国实践的胜利发展。社会主义取代资本主义是人类历史发展不可逆转的总趋势。但是，前进的道路是曲折的。面对社会主义在国际上遇到的挫折，西方有人预言，20 世纪兴起的社会主义，将在 20 世纪内灭亡。但是，事情的发展偏偏不是这样。中国共产党领导的占世界人口 1/5 的中国，社会主义的旗帜高高飘扬，整个国家生机勃勃。尽管我们面前还有不少问题和困难，我们的工作也有过某些失误，但是我们所取得的举世瞩目的成就，是中国人民普遍地真切地感受到了的，也是大多数世人所公认的。社会主义中国巍然屹立在世界东方。在迈向新世纪的时候，我们对社会主义一定要有一个坚定的清醒的认识。离开社会主义，就没有根基，没有方向；动摇了社会主义，就动摇了整个改革开放和现代化建设，国家和民族的前途就会被葬送。为什么我们要毫不动摇地坚持社会主义?这是因为社会主义不是主观臆造的一个蓝图，也不是刻意固守的一个“概念”。坚持社会主义，是顺应历史规律，坚信真理力量，追求人民利益。

3. 增强政治意识，要发扬爱国主义精神，爱国主义就是千百年来巩固起来的对自己祖国的一种深厚感情。这种感情集中地表现为民族自尊心和民族自信心；表现为人们为争取使祖国独立富强而英勇献身的奋斗精神。爱国主义作为一种意识形态，它在各民族悠久的历史文化的基础上产生，随着历史的发展，又反过来给予各民族的历史发展以更大的影响。它是一种伟大的凝聚力和向心力，是推动各民族向前发展的巨大精神力量。邓小平同志指出："中国人民自己的自尊心和自豪感以热爱祖国、贡献全部力量建设社会主义祖国为最大的光荣，以损害社会主义祖国的利益、尊严和荣誉为最大耻辱。"这是对新时期爱国主义精神最精辟、最科学的概括。中国共产党人的爱国主义不是狭隘的民族主义。中国共产党人是爱国主义者，也是无产阶级国际主义者。既继承和发扬中华民族的优秀文化传统，也学习和吸收世界各国包括发达资本主义国家所创造的一切文明成果；既肩负振兴祖国的重任，也履行国际主义的义务。在维护国家主权、打破国际敌对势力对我国的封锁和制裁的斗争中，不信邪、不怕压，同时在国际事务中主持正义，支持被压迫国家和民族争取解放、争取独立的斗争，支持发展中国家和我们一道共同迈向美好未来。

（二）坚持四个必须

1. 必须具有正确的政治方向

政治方向正确与否，是关系到国家兴衰成败的头等大事，也是检验我们的干部为谁掌权，为谁服务的根本标志。早在新民主主义革命时期，毛泽东同志就强调，要有坚定正确的政治方向；在新的历史时期，邓小平同志要求"我们的事业和马克思主义理论本身推向前进，也防止一些同志，特别是新上来的中青年同志在日益复杂的斗争中迷失方向。"江泽民同志强调，讲政治，核心是坚持正确的政治方向、政治立场。坚持正确的政治方向就是坚持建设有中国特色的社会主义的方向。邓小平同志说过："我们马克思主义者过去闹革命，就是为社会主义、共产主义崇高理想而奋斗。现在我们搞经济改革，仍然要坚持社会主义道路，坚持共产主义的远大理想；年轻一代尤其要懂得这一点”我们党的“一个中心、两个基本点”的基本路线，就是建设有中国特色社会主义的政治路线，我们搞的现代化，是社会主义的现代化；我们搞的市场经济，是社会主义的市场经济；我们采取的所有开放、搞活、改革等方面的政策，目的都是为了发展社会主义的市场经济。正如邓小平同志所指出的：“一定要让我们的人民，包括我们的孩子知道，我们是坚持社会主义和共产主义的，我们采取的各方面的政策，都是为了发展社会主义，为了将来实现共产主义。”坚持社会主义的方向同坚持以经济建设为中心，坚持改革开放是一致的。只有坚持有中国特色的社会主义的方向，才能把握党的路线、方针、政策的实质，排除各种错误思想的干扰，防止埋头经济工作，忽视思想工作和不惜以牺牲精神文明求得经济一时发展等错误倾向，保证在任何情况下抓住经济建设这个中心不放，保证改革开放和现代化建设的顺利进行。同时，只有坚持以经济建设为中心，坚持改革开放，大力发展社会生产力，才能真正显示社会主义的本质和优越性，巩固和发展社会主义。邓小平同志强调指出：“社会主义现代化建设是我们当前最大的政治，因为它代表着人民最大的利益。”可见，强调讲政治，正是为了更好地坚持经济建设这个中心，为了更好地全面贯彻执行党的“一个中心、两个基本点”的基本路线。坚持社会主义方向，最重要的是坚持共产党的领导。我们在任何情况下都要坚决同党中央在思想上、政治上、行动上保持高度一致。

2. 必须具有坚定正确的政治立场

邓小平同志曾指出，政治“是国内阶级斗争的大局，是中国人民和世界人民在现实斗争中的根本利害”。政治立场就是这个“大局”和“根本利害”的立足点。坚定正确的政治立场，对于我们来说，就是要坚定地站在共产党领导的这个基本政治制度的立场上，站在共产党的政策的立场上，站在维护中国人民和世界人民根本利益的立场上，站在维护国家、民族的根本利益的立场上．这是实践政治鉴别能力的根本点，是正确世界观、人生观、价值观的支撑点。有的同志觉得，阶级斗争已经不是现阶段社会的主要矛盾，因而坚定正确的政治立场已经不像过去那么重要了，这是一种片面的看法。是的，阶级斗争已不是我们社会的主要矛盾，但阶级斗争还将在一定范围内长期存在，如西方敌对势力对我国实行"西化"、"分化"的策略，"台独"、"藏独"破坏祖国统一的行径，敌对分子阴谋颠覆社会主义制度的勾当，贪污受贿、腐化堕落等严重的经济犯罪活动，都是当今社会一定范围内的阶级斗争的客观表现，正如江泽民同志所指出的："树欲静而风不止，这是不以人的意志为转移的。"那些形形色色的敌对势力，不愿意看到社会主义中国的强大和统一，总是处心积虑地采取合法的、不合法、硬的、软的、明的、暗的等等手段，企图阻挠我国前进的步伐。因此，在建设有中国特色的社会主义过程中，我们必须保持清醒的头脑，牢牢坚持正确的政治立场。同时，认识和处理人民内部矛盾，也有一个政治立场问题。没有坚定正确的政治立场，就不能时刻关注最广大人民群众的根本利益和愿望，就不能自觉自愿地把人民"拥护不拥护"、"赞成不赞成"、"高兴不高兴"、"答应不答应"，作为想问题、办事情的出发点和归宿，也就不能同人民群众同呼吸、共命运、心连心；没有坚定正确的政治立场，就不能为人民的利益、民族的利益坚持真理，修正错误，也就不能把学习、掌握邓小平理论作为自己的第一需要，正确运用理论武器解决各种实际问题；没有坚定正确的政治立场，就不能正确处理大局和小局、大道理和小道理的关系，也就不能把共产党的领导和组织的团结作为政治生命，坚持团结—批评与自我批评—团结的原则；没有坚定、正确的政治立场，就不能坚持实事求是的思想路线，真正做到察实情、讲实话、鼓实劲、办实事、求实效。另外，我们在进行各种对外交往，包括同外国人做生意时，也必须坚持正确的政治立场，因为坚持维护国家利益和民族利益，既是一种经济要求，也是一种政治要求；如果没有坚定正确的政治立场，就不可能自觉维护国家利益和民族利益。总之，只有坚定正确的政治立场、才能真正反映广大人民群众的需要，真正代表国家、民族的利益，做一个有益于组织、有益于国家、有益于民族、有益于人民的人。

3. 必须具有鲜明正确的政治观点

毛泽东同志有句名言：没有正确的政治观点，就等于没有灵魂。鲜明、正确的政治观点就是马克思主义的观点、毛泽东思想的观点、邓小平理论的观点、“三个代表”重要思想的观点，这是我们政治上的望远镜和显微镜，是我们观察和解决社会主义现代化建设中以及国内外各种矛盾和问题的伟大的认识工具。实践证明，只要认真学习和掌握这些思想、观点，就得以在历史的转折中，坚持实践是检验真理的惟一标准，抛弃那些对马克思主义某些原则的教条式的理解，抛弃那些对社会主义不科学的甚至是扭曲的认识，抛弃那些超越社会主义初级阶段的不正确思想；就得以在世界上社会主义处于低潮时期，坚定理想信念，扫除那些看不清社会历史发展总趋势的政治短见，扫除那些被资本主义表面繁荣引起的疑惑心理，扫除那些西方“民主”、“自由”和“非党化、非政治化”的影响；就得以在改革开放，发展社会主义市场经济的条件下，发扬党的优良传统，纠正那些见利忘义，“一切向钱看”的错误思想和追逐名利、贪图安逸的不良倾向；就得以在纷繁复杂、瞬息万变的事务面前，坚持科学的世界观、方法论，克服主观性、片面性、表面性，客观地、全面地、本质地分析问题，指导行动。因此，具有鲜明的政治观点，在实践中有着重大而深远的意义。要具有鲜明正确的政治观点，我们就必须认真学习马克思主义理论，全面、准确地理解和把握邓小平理论的科学体系，努力提高自身的政治素质，在原则问题上做到旗帜鲜明，注意分清一些基本界限。比如：马克思主义同反马克思主义的界限；社会主义公有制为主体与多种经济成分共同发展同私有化的界限；社会主义民主同西方议会民主的界限；辩证唯物主义同唯心主义、形而上学的界限；社会主义思想同封建主义、资本主义腐朽思想的界限；学习西方先进东西同崇洋媚外的界限；文明健康生活方式同消极、颓废生活方式的界限。我们只有在这样一些重要问题上分清界限，才能真正做到善于从政治上观察、分析和处理各种问题。

4. 必须具有严格的政治纪律

政治纪律是执行政治路线的保证。共产党钢铁般的团结，共产党对各条战线的坚强领导，共产党强大的凝聚力、战斗力，都离不开严格的政治纪律。“一切行动听指挥，步调一致才能得胜利。”这是我们克服艰难险阻，战胜强敌的宝贵经验。在社会主义现代化建设中我们面临着新的形势，任务更艰巨、更伟大，党的自身建设要求更高。科级领导作为政府公务员，要履行政府职能，不折不扣地执行党的路线、方针、政策，必须具有严格的政治纪律。

遵守政治纪律的基本要求是：要切实做到中央提倡的就坚决响应，中央决定的就坚决照办，中央禁止的就坚决不干，不仅在关键时刻毫不动摇地执行中央的决策，而且在日常工作中也不折不扣地遵守中央的规定；不仅在重大问题上同中央保持高度一致，而且在执行规章制度方面也同中央保持高度一致。尤其是在社会主义经济条件下，在实现奔小康的发展目标、创建和谐社会的过程中，更需要强调严格政治纪律，更需要通过严格的政治纪律来维护中央权威，以保证政令畅通。比如，发展社会主义市场经济，建立和谐社会，需要发挥全党和全国人民的主动性、创造性，调动一切积极因素，发展社会主义社会的生产力；需要发挥社会主义的优越性，逐步走共同富裕的道路；需要不断认识和运用客观规律，统筹规划，协调配套，使国民经济持续快速健康发展，而这一切都离不开共产党和国家的领导，离不开党员干部带头严守政治纪律。同样，严格的政治纪律是同政治上的自由主义、组织上的分散主义、各种形式的本位主义、以及地方保护主义是水火不相容的，因为这些东西是危害党的集中统一领导的腐蚀剂，只有彻底扫除干净，才能保证党的路线、方针、政策和全党工作大局在各个方面、各条战线得到贯彻落实。

案　例

如此的“政治嗅觉”

江泽民同志在关于“讲政治”的论述中所指出的政治鉴别力、政治敏锐性，其中包括是否以人民群众的利益为重，始终把百姓的冷暖、疾苦放在心上，及时迅速地为民众排忧解难。

前不久，河南孟津县城关镇小学校长于舒军向记者介绍了校舍是危房以及150名学生不得不借用民房上课的情况，登报后被镇政府以“政治嗅觉不灵敏”为由，免去校长职务。

讨论题

1. 在某些领导头脑里，政治嗅觉中的“政治”二字是何涵义？

2. 我们应该用什么标准来衡量“政治嗅觉”？

思 考 题

1. 什么是政治鉴别力?
2. 政治鉴别力作为一种能力体现在哪些方面?
3. 如何提高政治鉴别能力?

第三章 科级领导的领导能力

现代领导工作是一项十分复杂的系统工程，需要领导者综合运用政治、经济、哲学、科技、社会等多学科的知识，学习和掌握科学的领导方法，才能做好领导工作，使党的领导水平和执政水平进一步提高。科级领导在领导层级中是最基层的领导者，处在兵头将尾的位置，他们领导能力的强弱、领导方法的科学与否，直接关系到党和国家的路线、方针、政策的落实。因此，科级领导要提高领导能力，就必须采取正确的领导方法和在实践中不断探索适应新形势的领导方法。

一、基本领导方法

（一）群众路线的方法

1. 群众路线的涵义

群众路线，就是一切为了群众，一切依靠群众，从群众中来，到群众中去。

从工作方法的角度讲，群众路线比一般的领导方法和工作方法更为重要，它不是可用可不用或者可以用其他方法代替的一般方法。它是我们一切工作中必须坚持的、关系到同群众的血肉联系和各项工作成败的带有思想性、方向性的根本方法，“是我们的传家宝”。

领导和管理活动中可运用的方法多种多样，古今中外一切科学有效的领导方法和管理方法都值得我们汲取和借鉴，在实际工作中可根据情况灵活运用。但近年来，我们在比较注意介绍、学习和借鉴国外的一些领导方法的同时，却对我们视之为宝贵财富、传家之宝的群众路线这一根本方法缺乏应有的重视。江泽民同志在谈到这个问题时曾指出：“几年来，新进领导班子的有些同志不懂得或不熟悉群众路线的原理和方法，也有些人热衷于照搬西方的某些管理学，贬低、否定我们党的群众路线的科学方法，把一些干部的思想搞乱了，工作作风弄没了。”“现在很有必要组织党员干部重新学习我们党关于群众路线的理论，了解、掌握群众路线的工作方法。”科级领导是公务员领导序列中接触群众面最广、频率最高的基层领导者，科级领导在工作中，必须学会并善于运用群众路线的工作方法。

2. 坚持群众路线的具体方法

（1）虚心向群众学习，先做群众的学生，再做群众的先生

群众是真正的英雄，最有聪明才智、最有实践经验的是群众，群众中蕴藏着无穷的智慧和力量。因此，科级领导就要放下架子，用满腔的热忱、求知的渴望和眼睛向下的决心，当群众的学生，真心实意地向群众求教问计。集中群众的智慧和经验，反映群众的意见、要求和愿望，在此基础上形成领导的意见。那种居高临下、盛气凌人、好为人师、自以为比群众高明的做法，是不可能从群众中得到好的建议、想法的，也就拿不出好的工作思路和意见，当然就谈不上进行科学领导。

（2）充分发扬民主，正确集中群众意见

现代管理必须是民主的管理。社会主义民主建设是我国现代化建设的一项重要内容。为此，科级领导在日常工作中必须注意做到以下几点：

第一，善于为群众和下属创造一种畅所欲言，敢于说话，自

由表达意见、见解、方法的宽松民主的环境和氛围。

第二，要鼓励群众讲真话。科级领导要把多听群众意见贯穿于工作的全部过程，要允许并积极鼓励群众和下属对自己的工作提出意见、建议和批评，鼓励他们讲真话，讲心里话。

第三，要善于广泛听取各种意见。要充分发扬民主，一定要重视“兼听”，即听取群众和下属中各方面的反映、意见、建议和要求等。赞成的、反对的，顺耳的、逆耳的，正面的、反面的，成绩和缺点，报喜的、报忧的，多数人的、少数人的，先进群众的和一般群众的；特别是逆耳的、反面的意见，只要言之有理，言之有物，都要听。

第四，要正确整理、分析和概括群众的意见。在倾听各种意见的过程中，不只是“兼听”，还要认真地想，要善于多思。我们所说的总结和集中，并不是群众意见的简单堆积，这里必须要有整理、分析、综合和概括。要善于集中正确、合理的意见，对不正确、不合理的意见要给予适当的解释、说服。

（3）宣传教育群众，做深入、细致的思想工作

在各项具体的工作中，即使领导者做出的计划决策、措施办法是代表人民群众根本利益的，是正确的，也还需要得到群众和下属的理解、认同、支持和拥护。只有这样，才能唤起他们的自觉行动。同时，领导者的计划决策、措施办法也只有经过群众的实践才能接受检验并不断丰富和发展。此外，正确的决定、措施也会同群众中的一些具体认识有一定差距，或部分群众一时不理解，持怀疑态度，也可能会与部分群众的局部利益、个人利益或眼前利益相矛盾。在这种情况下，既不能不顾群众的实际问题和现有觉悟水平，也不能迁就少数人不正当的要求而做群众的尾巴。这就要求科级领导要根据不同时期不同条件下的具体情况，对群众和下属进行宣传教育，做耐心细致的说服解释工作，提高他们的认识，端正他们的态度，教育他们顾全大局，服从根本利益、长远利益和整体利益。

（4）一般和个别相结合

毛泽东同志早就说过："我们共产党人，无论进行何项工作，有两个方法是必须采用的，一是一般和个别相结合，二是领导和群众相结合。"

第一，一般与个别相结合的科学内涵。我们这里所说的"一般"是指一般意见或一般号召，即通过制定一定的路线、策略、决议、决定、规划、计划、方案和发布命令、指示、通告、通知等方式，把工作的内容、目的、意义和基本要求等告诉广大干部群众，使他们了解为什么这样做和怎样去做。所谓个别，是指个别指导，就是在一般意见、一般号召下达后，领导者深入一个或几个点，亲自指导和帮助开展工作，从中了解情况，倾听群众意见，总结新的经验，吸收"个别"中蕴涵着的共同的规律性东西，进一步检验一般意见。

一般和个别相结合，亦称"一般号召和个别指导相结合"，其内涵就是领导者先从个别指导中形成一般意见、一般号召，再将这一般意见拿到许多个别单位去宣传、实施、检验（即个别指导），然后总结新的经验，形成新的指示，去普遍地指导工作。

第二，一般和个别相结合的方式。在工作中要正确运用一般和个别相结合的方法，应抓好两个具体环节：

一是从个别到一般。就是说，在领导工作中，领导者要形成对某类或某方面事物的指导意见，必须先从对个别事物的认识开始。从个别事物的个性、特殊性中抽出其共性、普遍性的东西，达到对同类事物的认识，并以此为根据，形成一般意见、一般号召。实现从个别到一般的主要方法是：深入实际，"解剖麻雀"。这就要求领导者首先深入一个或几个单位，亲自指导和帮助那里的工作，从中了解情况、总结经验、找出共同的本质的规律性的东西，形成一般指导性的意见。"解剖麻雀"时，一要注意"麻雀"的典型性、代表性。二要有严谨的科学态度，对解剖对象的适用范围要有科学的推断，对解剖所得的东西要做科学的研究，搞清哪些特征是属于典型事物自身特有的，没有普遍意义；哪些具有普遍意义。三要解剖的形式要灵活多样。有的做一次性的深入，有的做周期性的深入，也有的可做长期性的深入。四要除使用传统方法外，要更多地采用现代化的方法和手段，如电脑技术、信息网络技术。这可以提高“一般意见”形成的速度和质量。

二是从一般到个别。这是将一般意见、一般号召拿到许多个别单位去实施、去检验、去充实的过程。这是更为重要的一个环节。毛泽东同志指出：“如果只限于一般号召，而领导人员没有具体地直接地从若干组织将所号召的工作深入实施，突破一点，取得经验，然后利用这种经验去指导其他单位，就无法考验自己提出的一般号召是否正确，也无法充实一般号召的内容，就有使一般号召归于落空的危险。”个别指导是实现、检验和充实一般号召的方法和途径。要实现从一般到个别，要特别注意吃透两头。既要正确理解中央和上级提出的方针、政策、指示、决策的精神实质，又要了解自己负责的单位和部门的实际情况，并把二者有机地结合起来，创造性地贯彻执行，不可照搬照抄，搞一刀切。还要注意不断总结新经验，培养新典型。

（5）抓两头，带中间

这个方法是组织和发动群众时采用的。所谓抓两头，就是集中力量，对先进和后进者进行具体指导和帮助。一方面是抓先进的一头，要注意总结推广先进的经验，特别是那些具有普遍性的先进经验，激励并切实帮助先进者更上一层楼，成为鼓舞和引导人们前进的活榜样；另一方面是抓落后的一头，就是通过讲理、规劝、感化、开导等，帮助后进者找出薄弱环节，采取有效措施，对症下药，促使后进向先进转化，奋起赶上先进或者缩短同先进的差距。两头抓好了，一个在前面带，一个在后面促，就可以把处于中间状态的人带起来。

真正用好抓两头、带中间的方法，必须注意两个问题：一是抓两头，不能平均使用力量，要根据实际的具体情况灵活掌握。或重点抓先进，以带动中间和后进；或重点抓落后。二是对先进、中间、落后三种状态的看法不能凝固化、绝对化，而要善于随着变化的情况而变化。

(6) 关心群众，多办好事

我们的一切工作从根本上讲都是为了群众，为了群众得到实实在在的利益，为了使群众满意和高兴。“感人心者，先乎情”。有句很有名的管理格言说：“爱你的职工吧，他会百倍地爱你的企业!”这句话对所有的领导者都同样适用。作为一名科级领导，应该懂得，没有什么比关心和热爱群众更能得到他们的支持和拥护、更能调动他们的积极性了。一切为了群众，最根本的就体现在对群众经常能从各方面给予真诚的关心、爱护，多办实事，送去温暖。

关心群众，多办实事，首先要把群众和下属的冷暖疾苦经常挂在心上。一事当前，先替群众和下属打算，在力所能及的范围内尽可能为下属多做一些实事、好事。对群众和下属在生活上、工作上、心理上遇到的各种困难和问题，给予及时的帮助、指导和支持。其次，对群众和下属一些大事、比较重要的事或遇到的特殊情况，给予特别的重视，并通过某些方式，表示领导者的关切与情意，并尽最大的可能提供物质上、精神上的帮助。第三，注意对群众和下属日常的“感情投资”，多接近群众和下属，经常和他们多聊聊天、谈谈心，多接触沟通。

(二) 科学分析的方法

1. 矛盾分析的方法

世界是充满矛盾的，这是辩证唯物主义的一个基本观点。科级领导在日常工作中，经常接触具体的甚至是琐碎的事物。要透过纷繁复杂的现象，认识事物的本质，就必须学会矛盾分析的方法。

矛盾分析方法，从根本上说就是要求按照客观事物矛盾的本来面目去认识事物和改造事物的根本方法。

矛盾分析方法的内容是多方面的，下面着重介绍以下几点：

（1）全面分析问题

全面分析法就是对事物统一体中矛盾着的两个方面进行分析，坚持两点论。毛泽东同志曾说过：分析的方法就是辩证的方法。所谓分析，就是分析事物的矛盾。他还说：干部中的片面观点总是会有的，问题是好好帮助他们学会实事求是全面分析的方法。全面分析法是解决矛盾的基本方法。

全面分析要求我们看问题，既要看到正面，又要看到反面；既要看到它的现状，又要看到它的过去和未来；既要看到主流成绩，又要看到支流和存在的问题；注意到一种倾向的同时，又要注意到可能掩盖着的另一种倾向；既要把握复杂矛盾系统的整体，又要分析系统中的各个方面等等。总之，是既知其一，又知其二，切忌主观臆断，先入为主，否则就会瞎子摸象，看不到事物的全貌和本质。

（2）在统一中把握对立，在对立中把握统一

我们在实际工作中分析和处理任何矛盾双方的关系时，都应该把同一性和斗争性有机地结合起来，善于把每一方面都放在对立统一体中去认识，坚持在统一中把握对立，在对立中把握统一。在看到斗争时，不要忽视统一；在看到统一时，不要忽视斗争，这是一个重要的方法论问题。

（3）具体问题具体分析

具体问题具体分析就是具体地深入地分析事物的矛盾，着重分析各种事物矛盾的特殊性，用不同质的方法解决不同质的矛盾。这是我们在一切实际工作中必须严格遵守的基本方法。具体问题具体分析是我们认识事物的基础，也是正确解决矛盾的关键。

进行具体问题具体分析，要做到：

第一，要分析矛盾性质的特殊性。世界上的事物总是千差万别、各不相同的，要正确地认识事物，首先要对事物矛盾性质的特殊性进行分析。分析矛盾性质的特殊性主要应注意三点：一要注意不同矛盾方面构成不同性质的矛盾；二要注意矛盾在它的发展过程中性质的变化；三要注意对抗性和非对抗性两类不同性质矛盾的区分。

第二，要分析矛盾及其各个方面地位和作用的特殊性。在复杂的事物中包含有许多矛盾，这些矛盾的地位和作用是不平衡的，有根本矛盾和非根本矛盾的区别，主要矛盾和次要矛盾的区别，而且事物矛盾双方的地位，一般说来也是不平衡的，有矛盾的主要方面和次要方面的区别。这就要求我们，在观察和处理矛盾时，必须坚持“两点论”和“重点论”相结合的原则。两点论就是既要看到根本矛盾，主要矛盾和矛盾的主要方面，又要看到非根本矛盾、次要矛盾和矛盾的次要方面，不能只顾一面，而忽视另一面。重点论就是在看到两个方面时，又必须分清主次，从两点中找出重点来，抓住根本矛盾、主要矛盾或矛盾的主要方面。

第三，要分析解决矛盾形式的特殊性。矛盾的解决采用哪种形式，取决于矛盾的性质和所处的具体条件。由于矛盾的性质和所处情况是纷繁复杂的，决定了解决矛盾的形式是多种多样的。这就要求我们要根据所遇到的矛盾的具体性质和所处的特殊条件，而机动灵活地采用不同的解决形式和方法。

总之，具体问题具体分析，就是在肯定矛盾普遍性的前提下，从矛盾的各个侧面，不同层次进行缜密的分析，找出它的特殊性。我们研究问题时，对矛盾的特殊性分析得愈细致，对事物的认识也愈深刻，从而对领导活动的价值也愈大。

具体问题具体分析的方法，要求科级领导在工作中既要对中央、国家和上级的方针、政策、指示精神，深刻领会，全面掌握，坚定不移地贯彻执行，又要根据本单位、本部门以及工作的具体情况、具体条件、人员素质等实际情况，寻找与上级指示精神的结合点，把上级的指示具体化。不能不顾客观具体实际和具体问题，照抄照转，生搬硬套。

2. 系统方法

（1）系统方法的涵义

系统，是指由互相联系、互相作用的若干要素（部分），按一定的结构和层次组成的具有特定功能和性质的有机整体。世界上，每一个相对独立的事物都是作为系统而存在的，我们要把每个所关心的对象和问题都作为一个系统对待并进行研究。

（2）运用系统方法的步骤

运用系统方法时，通常遵循以下步骤：

第一，提出问题，明确目标。从整体的观点说明需要解决问题的重点和范围，然后确定要达到的目标。

第二，搜集资料，寻求方案。根据系统的目标对所要解决问题的有关情况进行调查研究，搜集各种信息、数据和资料。在分析研究的基础上，为解决问题提出可供选择的各种方案。

第三，分析评估，确定方案。对各种方案进行定量和定性的分析、比较、评价、审核，确定每个方案的优劣。对获得的方案如不满意，可进行反馈，重新按原步骤进行分析，直到确定出一个最优或满意的方案为止。

第四，组织实施，控制调整。围绕最后确定的方案，制定实施计划并具体组织实施，并对实施中的情况进行综合考察，随时反馈。随着方案实施的状况不断进行控制、协调和调整。

（3）运用系统方法的原则

第一，整体性原则。整体性原则，要求必须把工作和管理的对象作为由各个组成部分构成的有机整体，研究整体的构成及其发展规律。这一原则要求科级领导在观察和处理工作中的各种问题时，要着眼于整体，即从大处着眼，从整体入手，把握和照顾全面。整体的或全局的功能和效果，是科级领导认识和解决问题的出发点和归宿。

科级领导在工作中要特别注意正确处理整体与部分、全局与局部的关系。一是要站在整体的立场上，从全局出发，协调好各个部分（局部）的相互关系，瞻前顾后，协调好工作发展的各个阶段。二是站在部分（局部）的立场，也要有整体（全局）观点。必须在立足整体、总揽全局的前提下，认识某一部分（局部）的价值，认真研究部分（局部）在整体（全局）中的地位和作用及其与其他部分（局部）的相互关系，处理局部性问题。部分（局部）要服从或服务于整体（全局）。有些事情和做法，从部分（局部）看是有利的、可行的，但从整体上看是不利的、不可行的；或从整体（全局）上看是有利的、可行的，但对部分（局部）工作有不利影响，部分（局部）就要服从整体（全局）。

作为科级领导，要注意防止和反对自己就事论事地、孤立地研究问题本身的倾向，避免以局部利益损害整体利益的现象。

第二，优化原则。优化原则，要求科级领导从系统的多种可能性中选择最佳的系统方案，使系统处于最佳状态并取得最佳效果。对系统进行优化，必须注意以下几点：一是把整体优化作为优化的最佳目标。二是坚持系统多级优化。所谓多级优化，就是把优化思想贯彻到系统分析的始终，体现在过程的各个阶段。三是坚持优化的绝对性和相对性相结合。优化本身的“优”是绝对的，但优化的程度是相对的。因此，在选择优化方案时，必须考虑各方面的条件和可能性，进行可行性分析，能够选择最优方案当然最好，如很难找出十全十美的方案，就选择一种比较合理的妥协和折中的方案，即相对优化的满意方案。

第三，层次性原则。层次性原则，要求科级领导在管理工作中正确处理好系统与层次、层次与层次的关系，注意它们之间的区别和联系，抓好关键层次。一是既要注意到不同层次的各系统之间的共同点，也要注意不同层次的自身特点。各层次在认真贯彻执行上一层次的决定时，要结合本层次的具体实际具体贯彻。二是不同层次有各自不同的功能，不能混淆，不能互相代替，而应当充分发挥各层次的作用。一般说来，处理同一层次的各系统横向的权力关系和行政功能联系，应放在它们之间进行权衡，由这个层次的系统自己解决。只有当出现不协调或矛盾时，才提交上一层次的系统去解决，上一层次只管它直接隶属的下一层次，下一层次只对直接领导它的上一层次负责。层次混乱就会使各个层次的功能都不能正常发挥，而导致功能衰退。

第四，动态原则。动态原则，要求领导者在管理中以运动、变化、发展的观点来观察和处理问题，不仅及时把握系统自身和外部环境的历史、现状、未来变化的种种可能性和趋势，活动的速度和方式，而且还要探讨它们变化发展的动力、原因和规律，根据系统内外各种情况具体变化而随机应变，采取相应的措施，实行弹性的动态管理。

3. 历史分析的方法

前面所说的矛盾分析的方法、系统分析的方法是侧重从事物的内部结构和横向的普遍联系来把握事物的。而历史分析的方法则是从发展的、历史的观点来分析问题，或者说是从事物的发展过程或纵向的联系来分析、把握客观事物。

用发展的历史的观点观察、分析客观事物和问题，主要包括以下三层意思：

（1）任何事物都是暂时的、相对的，总是作为过程而存在

世界上的任何事物（系统）都是运动、变化、发展的。所以，事物总是作为过程而存在的。发展的观点，就是过程的观点，也就是历史的观点。

对每一个具体事物来说，事物即过程，运动即过程，变化即过程。一切事物都处于川流不息的发生、变化、发展和衰亡的过程之中。正如恩格斯所说的："世界不是一成不变的事物的集合体，而是过程的集合体。"凡物有生必有毁。历史上的每一个东西对当时的条件来说，都有自己存在的理由，但随着条件的改变，它就会逐渐丧失自己的历史合理性，而转化为别的事物。凡

是历史上产生的东西，最终都将在历史上衰亡。一个过程的结束，就意味着另一个过程的开始。没有永恒的、绝对不变的、永世长存的事物。

唯物辩证法的过程论要求我们用具体的历史的观点和方法观察、分析问题。要分析、了解事物的全过程，既要了解事物的过去、现在，也要把握它的未来趋势，正确处理过去、现在和未来的关系。对昨天，要采取历史主义的态度；对今天，要立足于现实；对明天，要有预见性。尤其要有发展的观点，面向未来、预见明天，走这步，想下步，善于提出新问题，指出新方向。

(2) 发现和支持新事物

新陈代谢是不可抗拒的客观规律。世界上的一切事物既然有生、有灭，那么旧的事物就必然要不断衰败、消亡，新的事物就不断地产生、兴盛起来，而这就构成了发展。

新陈代谢的规律，要求我们要善于鉴别和敏锐地发现新生事物，支持新生事物。所谓新事物，是指符合客观规律，具有强大生命力和远大前途的事物。识别新旧事物不能以它们的形式是否新奇，出现时间的早晚或暂时的强弱为依据，而要分析它的本质。当前，我国正处在建立和完善社会主义市场经济的历史新时期，各种新情况、新问题、新矛盾、新事物层出不穷，瞬息万变。科级领导要坚持以人为本，树立全面、协调、可持续的发展观，研究事物发展的趋势和规律，敏锐地跟踪和捕捉本部门、本单位中出现的新事物。只有这样才能不断创新，开创工作新局面。

(3) 观察、分析问题不能割断历史

这就是我们常说的历史地看问题。这是我们认识客观事物、分析情况的重要方法之一。它的基本要求是，按照事物发展顺序、自然历史过程，科学地分析事物的产生、演变及其发展趋势。这就是恩格斯说的“按照历史”，“必须处处跟随它”的方法。列宁说过：研究社会问题，“最可靠、最必要、最重要的就是不要忘记基本的历史联系。”这就要求我们，分析问题，必须把它提到一定的历史范围之内，注意一件事情的来龙去脉和前因后果，弄清它的历史过程。分析今天的现在，不能离开昨天的具体历史条件、历史环境。

（三）调解疏导方法

调解疏导方法是科级领导基本工作方法之一。科级领导如何调解纠纷，消除误会，化解矛盾，凝聚人心，是提高领导绩效的重要组成部分。

纠纷、矛盾是经常发生的，科级领导要善于发现它们，区分它们的性质和轻重缓急，以便进一步找到解决它们的方法。

1. 调解疏导工作要做到四个分清

（1）要分清是原则分歧还是无原则纠纷。一般说来，应集中精力优先解决原则分歧、原则问题，后解决无原则纠纷。

（2）要分清是认识分歧还是利益冲突。一般说来应优先解决认识分歧，使大家统一认识，然后再解决利益冲突、利益矛盾。利益上的冲突矛盾牵扯的因素较多，有的矛盾的解决要依赖大环境，依赖上级领导的支持，所以太急了不行。但是，具体情况要具体分析，有时利益冲突在单位内可以解决，那就应优先解决。关于思想认识上的分歧不是一下子就容易解决的，要慢慢地来通过帮助学习，统一认识，不要急于求成。

（3）要分清是年深日久的矛盾还是新近形成、偶然发生的矛盾。一般应优先解决新近形成的矛盾和偶然发生的矛盾，因为年深日久的矛盾一时半时难以彻底解决，而新矛盾若不及时解决又会变成年深日久的难以解决的老矛盾。

（4）要分清是牵扯人数较少的孤立矛盾，还是牵扯面很大、牵扯人很多的矛盾。一般应优先解决牵扯人数较少的孤立矛盾，然后再集中精力解决牵扯人数较多的连锁纠纷。

因此，调解疏导工作应先重点，后一般；先容易，后困难。另外，还要注意掌握政策、弄清事实、公平合理三条调解疏导工作的原则。

2. 科级领导做好调解疏导工作的具体方法

（1）批评与自我批评方法

批评与自我批评是党的三大作风之一，是组织永葆生机与活力的内在动力。科级领导要把批评与自我批评作为一种领导方法，来调解、疏导下属发生的矛盾和冲突。一是分析错误，纠正不足；二是形成共识，协调行动；三是消除隔阂，形成合力。因此，科级领导要把下属放在与自己平等的地位上，认真思考冲突的实质和根源，并使冲突双方坐下来多做批评和自我批评。这样，才能客观地看待事物，最终找到调解疏导冲突的措施和办法，将消极的冲突导向积极的合作。

（2）彼此尊重退让方法

彼此尊重退让是调解日常纠纷、疏导内部矛盾的常用方法。科级领导在使用这个方法时，既要坚持原则、弄清是非曲直，又要相互尊重、相互理解、相互让步，以便达到化解矛盾、协调关系的目的。闹矛盾的双方都有是有非，科级领导在调解时可分别做思想工作，使双方彼此退让。

有少数领导者对是非曲直不作调查，不作分析，对矛盾双方各打五十大板了事，其结果是双方都不服气，矛盾也没有得到解决。彼此退让法的要点是错多者多退，错少者少退；错少者先退，错多者后退。

矛盾是由多种因素引起的。一般地说，闹矛盾的双方往往是看自己的是多，看对方的非多；看单一因素多，看多种因素少。科级领导要引导他们客观全面地看待问题，看待对方，看待自己。同时，要采取既批评又表扬的方法，既指出不足，又承认长处；既批评教育、严格要求，又表扬激励，宽厚可亲。使矛盾得以化解，让下属心服口服。

（3）增温加压方法

对年深日久的矛盾，对一些思想认识上的问题，不可操之过急。科级领导要对当事人多做深入细致的思想政治工作，动之以情，晓之以理，使他们慢慢认识自己，明辨是非，尽快转化到正确轨道上来。但要注意三点：一是领导者要有人格高尚、言行一致、表里如一的品德，这样才有强大的影响力；二是要创造一个良好的氛围，良好的环境，使正气在本单位树立起来；三是要循序渐进，因势利导，切不可粗暴简单。

对一些原则问题，对一些影响大局且久拖未决的矛盾则要采取增温加压的办法。为了调解纠纷，有必要对当事人施加一定的压力，例如纪律约束、扣发奖金、各种处分等，以此促使其转变态度。但要注意压力不可太大。压力太大反而会导致当事人产生逆反心理，使纠纷和矛盾激化难解。

（4）暂缓处理方法

对大量无原则的纠纷，对一些不会影响全局性工作的矛盾，可以采取暂缓处理的办法，也就是冷处理的办法。暂缓处理使科级领导有时间去调查问题产生的原因，去了解当事人与其他有关人员的态度，待时机成熟了再去处理。另外，暂缓处理还可以使当事人有自我反省和自我认识的时间。过一段时间，当事人会冷静下来，听得进领导的劝说，容易理解对方，使纠纷和矛盾得以解决。

对那些影响全局工作的纠纷和矛盾，不能暂缓处理，应集中时间和精力尽快疏导解决。应采用的方法是：一要快，不能延误时机；二要齐，把有关人有关事的矛盾一块解决；三要净，不留后遗症。

二、现代领导方法

（一）择事的方法

1. 认清自己的职责，科级领导要做科级领导的事

任何组织都是一个分层次的系统，各层次之间都有明确的合理的分工。只有各层人员都明确各自的职责，各负其责，各展其功，才能实现整个组织的高效运转。作为科级领导要认清自己的职责，要做科级领导应做的事。这似乎是不成问题的问题。可是从许多单位和部门的现实来看，这实实在在又是一个成了问题的问题。有些科级领导在日常工作中，事无巨细，眉毛胡子一把抓，终日忙碌不堪。待静下来一想，工作成效并不显著，也不清楚自己忙了些什么。可见，科级领导要能做到真正干科级领导的事，说起来容易，做起来还真有些学问。为了做到这一点，科级领导应注意以下几个问题：

（1）要善于自我约束

所谓自我约束，就是作为科级领导，要明确自己所具有的职权，只应做自己职权范围内的工作，也就是把自己“约束”在自己的职权范围内，明确自己职权范围内应负的责任。这是对自己的工作有清醒认识的表现。在这个前提下，只干自己职权范围内的工作，工作干好了也就是负起了责任。不该管的事则不直接去管，这就可以从忙乱的工作中“超脱”出来了。

（2）尽量排除其他不必要的工作

科级领导为了做到只干科级领导应干的工作，还应尽量排除那些可做可不做的工作。自我约束可以排除不属于自己干的一部分事情，但这还不够。科级领导还可以把属于自己的工作再理一理，看能不能再减少一些，即自己只应当做非做不可的工作。凡可做可不做的工作则应排除。

（3）下属的事情让下属去干

凡属于下属应干的事情，科级领导一定要让下属自己去干。

第一，不给下属拿具体工作意见。除了对新下属要“传、帮、带”外，一般情况下，科级领导可以为他们提供一些支持帮助，如提供条件、提供信息情况、提供思路、提供反馈情况，但不要给下属提供解决具体工作、具体问题的具体意见。

第二，只要下属的工作还在进行就不要插手干预。在下属的工作正在进行、全貌还没有显示出来的时候，科级领导就不要随意干预、插手下属的具体工作。

第三，要求下属在提出问题的同时提出建议。一般情况下，下属的工作应由他自己拿主意、想办法。所以，下属在提出问题时，科级领导可要求他们同时拿出解决此问题的建议。这样做不只是节省时间和精力，而且能调动下属的工作积极性和主动性，培养他们的能力和工作责任感。树立这样的信条，即自己的事情必须自己想办法解决。

第四，不允许越级请示。科级领导应在下属中建立逐级请示的意识，除特殊情况外，不允许下属随意越级请示。

2. 抓住具有决定意义的问题

科级领导的工作往往同时有许多事情要干，但工作忙要忙到点子上。列宁曾说："管理和政策的全部艺术在于，适时地估计并了解应该把主要力量和注意力集中在什么地方。"科级领导应当把自己注意的重心，放到那些最具有决定意义的问题上。抓住了牵一发而动全身的问题，全局就会别开生面。

（1）要找到关键问题、部位或中心环节

作为科级领导，要善于从多种工作头绪中确定并抓住能够影响全局、带动整个链条前进的关键问题或关键环节以及制约整体结构优化的关键性因素。

（2）找到瓶颈因素

瓶颈即带有"卡脖子"性质的制约因素。它不一定是主要矛盾，但又必须解决；它不一定是关键因素，但在具体条件下又有关键性。找到"瓶颈"因素，就找到了问题的突破口。抓住了问题的突破口，打通了这个"瓶颈"，就将工作中的主要障碍排除了。科级领导工作繁多，为了打开局面，形成工作的活力，单打一地只抓一项工作是不行的，东抓一把，西抓一把，也是解决不了问题的。有效的领导方法和工作方法只能是在确定目标的前提下，找准“瓶颈”所在，切实地打通“瓶颈”，由此带动各个方面的工作。

3. 统筹兼顾，全面安排

统筹兼顾，全面安排，指的是在具体工作中既要突出重点，抓住具有决定意义的问题，又要照顾其他，善于主次配合、协调一致，安排好全盘工作秩序，使各方面的工作有重点、有秩序地向前发展。

毛泽东同志把“统筹兼顾，全面安排”的方法形象地称为“弹钢琴”。他说：“弹钢琴要十个指头都动作，不能有的动，有的不动。但是，十个指头同时都按下去，那也不成调子。要产生好的音乐，十个指头的动作要有节奏，要互相配合。”

科级领导要学会“弹钢琴”的艺术。在抓具有决定意义问题的同时开展其他方面的工作，既不可漫无中心，平均使用力量；也不可顾此失彼，搞单打一，把具有决定意义的问题孤立起来。

4. 化繁为简

化繁为简，是科级领导摆脱忙乱，提高工作效率，有序摆布工作的重要方法。其实质是把繁琐复杂的工作分清条理，分门别类，使之简明化，用简便的活动代替那些费时费力的活动。

要化繁为简，就要注意做到以下几点：

第一，善于在繁杂的事务中抓住矛盾，集中力量打歼灭战。

第二，简化不合理的工作程序，不因循守旧。

第三，“模糊”处事。面对繁多的工作，如果事事都要强调精确，大小事都要事必躬亲，既不现实也无必要。科级领导工作中要讲究“模糊”处事，抓事物的本质和概要。这样一来，看似“粗”了，但工作却简明了。

第四，要“合并同类项”。对于相同的、类似的工作进行综合、并拢，放在一起干。

第五，按轻重缓急一件件地干。每个科级领导对所遇到的工作应分清哪些是重要的，哪些是次要的；哪些是急事，哪些是缓事。然后按轻重缓急一件件地去完成。

（二）授权的方法

授权既是一种领导和管理方法与艺术，也是一种提高工作效率的方法。日本学者片方善治说："在管理者要掌握的技能中，放权，恐怕算是最最重要的了。这是一种通过别人来获取成功的能力。放权，既是管理者履行职务的尺度，也是他们行使职权的手段，不论从哪个角度看，都是至关重要的。作为管理者，一旦职务超过了他个人的能力，那么成功与否的关键就在于他有没有通过下属来发挥以一当十的作用。"

1. 授权的涵义和意义

（1）授权的涵义

授权就是领导者将其所属部分权力授予下级，使下级在一定的监督之下，在一定的范围内，有相当的自主权和行动权，独立自主地处理问题。简言之，授权就是把部分权力从上级手里移交到下级手里。

授权后，科级领导对下属有指挥权和监督检查权，下属对科级领导有沟通汇报情况及完成任务的责任。

授权与分配工作不同。领导者把属于自己的部分工作交给下属，叫做授权；领导者吩咐下属去做一项在下属正常职务范围内的工作，叫做分配工作。

（2）授权的意义

第一，授权有利于领导者摆脱琐碎具体的事务，集中精力干好自己该做的事。通过授权可以使领导者从琐细的事务堆中解脱出来，减轻本身负担，从而可以腾出手来，集中主要精力和较多的时间去考虑和处理作为领导该干的事情，去做下属做不了的只有领导者才能做得了的工作。授权可以说是领导的"分身术"，它能使领导一身变众身，一脑变多脑，使领导的智慧和能力放大。

第二，授权还有利于调动下属的积极性、主动性和创造性，充分发挥下属的作用。通过合理而适当的授权，给下属压担子，把权力和责任一起交给了下属，意味着领导对下属的尊重和信任，那么下属会获得更强的参与感。他们在日后的工作中必将信心提高，责任心和荣誉感增强。他们的积极主动性、创造性和敬业精神也能更大地发挥出来。科学授权使下属有机会提高水平，自我发展，可以增进下属的工作经验，发挥下属的专长、才智和能力。

此外，授权还有利于上下级之间的信任、支持和合作，提高工作效率等。

2. 授权的程序和原则

(1) 授权的程序

授权的程序一般可以分为以下几个步骤：

第一，分派工作。向下属明确无误地说明你要他们完成什么任务，什么时间完成，要获得哪些预期结果，达到什么目标及责任范围。

第二，阐明前因后果。向下属解释完成此项任务的必要性、重要性，如何融入整体的流程，以及可能遇到的困难、障碍，应注意的隐患和问题。

第三，设定检验评估标准。与下属商定任务结束后用来检测评估他们工作的标准。设定标准时，要做到标准的现实性与可达到性相结合。

第四，下放权力。领导必须给执行工作任务的下属以相应的权力，以减少他们与别人之间的摩擦与矛盾。

第五，全力引导、协助和支持。领导决定完成任务所必需的条件并给予接受任务的下属必要的引导、协助和支持。这应抓好两方面工作：一是帮助下属制定大政方针，提出工作规划；二是把握下属的工作进程，及时为下属提供完成任务所需的各种资源和培训等条件支持，及时予以引导、协助，必要时追加授权。

第六，最后确认。确信你的下属已把任务承担下来，重述你的要求和下属对任务的理解及完成任务所做的承诺。

（2）授权的原则

第一，视能授权原则。要根据任务轻重、业务性质与下属素质、能力、工作意识状况决定授什么权，授多少权。要防止两种倾向：一种是授权过度，使下属承担不了职权和责任；另一种是授权不足。

第二，带责授权原则。授权的同时要明确下属的责任，将权力和责任一并授予下属，要向下属交代清楚权限，让下属知道在行使权力的过程中需要遵守的是什么，对工作任务结果该负的责任有哪些。领导带责授权时，不能授出最后责任，工作任务的最后责任要由领导全部承担。

第三，充分信任原则。本应一次授予的权力就一次授权给下属，授权后应该充分信任他们，使其保持独立性。凡已经授权给下属的，就尽可能大胆放手让人家干，不要过多干扰、干涉下属。

第四，宽容大度原则。完成工作任务的过程中存在着失误和出错的可能性。领导者对已授权的下属要宽容大度，要允许他们犯“合理”的错误。

第五，有效监控原则。授权并不是丢权、弃权，也不是放任、撒手不管，而是保留某种控制程度的授权。可控授权主要表现在：一是对下属进行及时必要的指导、检查、督促、监督和修正。二是授权的范围、时间要灵活掌握。可根据需要随时调整，做到能扩大、能缩小，能延长、能缩短，必要时可以随时收回授出的权力。

3、授权应注意的问题

（1）慎重选好被授权者

选好“被授权者”是授权工作的基础和关键，应慎重对待。

授权之前，应对“被授权者”进行严格的分析和考察，力求选中最合适的人选。要尽可能根据下属个人的品德、能力、精力、体力所能承受的程度和热情、兴趣、意愿并综合考虑授权工作的性质特点进行授权。

（2）掌握学习曲线

被你授权的下属在开始时也许干得不如你原来想象的那么好，这时先不要急于收回权力，而应当权衡一下下属进行工作练习所损失的时间，与他学成后帮你工作所节省的时间之间的得失。一开始，先下授低风险的工作以便降低风险。这能将失误可能造成的损失降至最低点。同时也可建立下属的自信心。

（3）要防止“反向授权”

反向授权是下属自己职权范围内的工作问题、矛盾推给上级去做。在一个组织里，由于下属不愿冒风险、担责任而喜欢矛盾上交；由于下属水平不高，缺少独立工作的能力或由于领导者过于揽权，对下属工作不放心等，发生反向授权的现象。领导者应根据不同情况，采取具体对策防止反授权；或批评帮助；或为下属提出解决问题的途径和办法；或要求下属在提出问题的同时提出解决的方案；或自觉放权，放手让下属开展工作等。

（4）要防止放弃职权

授权并不等于放弃职权。授权要弄清哪些权该授，哪些权不该授，授权授到什么程度。授权应以领导者能够妥善而及时处理好最重要的工作为度。领导授出责权后，必须保留自己必要的权力和责任，防止放弃职权。一般来说，领导工作权责的核心部分和关键部分，责任重大，不能授权，如最后决策权、指导协调权、检查监控权、奖惩权、修改权等等。

（三）提高领导效率的方法

1. 提高领导效率的原则

（1）工作秩序条理化

木工师傅的箱子里，各种工具排列有序，不同长度的钉子分别放好，使用起来随手可得。相反，如果用完工具胡乱堆放，待到用时就要花费大量时间去寻找，甚至找不到。可见，工作秩序条理化非常重要，它是提高工作效率的一条重要原则。

工作秩序条理化原则，要求领导在工作安排上有条不紊，秩序井然，形成规范。

（2）工作目的明确化

讲究工作的有序性，首先要有明确的工作目的。只有明确自己的工作是什么，才能认识自己工作的全貌，并从全局着眼观察整个工作，防止每天陷入杂乱的事务堆中。

只有明确办事的目的，才能正确掂量个别工作之间的不同比重，弄清工作的主要目标在哪里，避免走错方向，防止眉毛胡子一把抓，既耗费了时间，又办不好事情。

只有明确自己的责任和权限范围，才能在处理自己的工作和下级的工作、同事的工作和上级的工作时，防止互相扯皮和打乱仗的现象。

（3）工作方法多样化

工作目的、工作任务明确后，能不能很好地实现，就在于进行合理的组织工作。组织工作首先要做好选择、区分的工作，剔除那些完全没有什么价值或者只有很小意义的工作，接着再排除那些以后再干也不要紧的工作。

对于那些必须目前就干的工作，也要很好地进行组织。组织工作的方法有如下几种，既可以单独使用其中一种，也可以相互配合使用。

第一，综合。在同一时间内综合进行多项工作，统筹安排，提高效率。

第二，结合。即把若干步骤结合起来。例如有两项或几项工作，它们既互不相同，又有类似之处，互有联系，服务于同一目的。这样就可以把这两项或几项工作结合为一，利用其相同或相关的特点，一起研究解决。这样自然就能省去重复劳动的时间。

第三，重新排列。即改变步骤的顺序，也就是要考虑做工作时采取什么样的顺序最合理。要善于打破自然的时间顺序，采取电影导演的“分切”、“组合”式方法，重新进行排列。

第四，变更。即改变工作方法。改变工作的方法大体有两种：一种是“分析改善方式”，即对现行的手段方法认真仔细地加以分析，从中找出存在的问题，找出那些不合理和无效的部分，加以改进，使之与现实目标相适应。另一种是“独创改善方式”，即不受现行的手段、方法的局限，在明确目的的基础上，提出实现目的的各种设想，从中选择最佳的手段和方法。

第五，穿插。把不同性质的工作内容互相穿插，可避免打疲劳战。如写报告需要几个小时，中间写不下去时可以找人谈谈别的事情。

第六，代替。即把某种要素换成其它要素。如能打电话的就不写信，并非必要写信的改为写便条。

第七，标准化。即用相同的方法来安排那些必须时常进行的工作。比如，记录时使用通用的记号。对于经常性的询问，事先可准备好标准答复。

2. 时间管理

时间是一种不可替代、无法贮存、没有弹性和不可或缺的特殊资源。做任何事情都少不了时间，任何工作都是在时间中进行，都需要耗用时间。美国著名的管理学家杜拉克认为：“不能管理时间，便什么也不能管理。有效的管理者，并不是从他们的任务开始，而是从掌握时间开始，他们并不是以计划为起点，认清楚他们的时间花用在什么地方才是起点，然后管理他们的时间，减少非生产性工作所占用的时间。”有效地管理时间，是提高领导工作效率的重要途径和方法。

（1）时间管理的诀窍

第一，填写工作清单。科级领导，每天或每周都应填写自己所干工作的清单，是使自己工作明确化的最简单的方法和诀窍。其过程是在一张纸上首先试着毫不遗漏地写出你正在做的工作。凡是自己必须干的，且不管它的重要性和顺序怎样，一项也不漏地逐项排列起来。然后按这些工作的重要程度，重新列表标序。重新列表时，要试问自己："如果我只能干此表当中的一项工作，首先应该干哪一件呢?"然后再问自己："接着，我该干什么呢?"用这种方式一直问到最后就行了。这样，自然就按着重要性的顺序列出了自己的工作一览表。其后，对你所要做的每一项工作，写上该怎么做，并根据以往的经验在每项工作上注明你认为是最合理、最有效的解决方法。这样，本来不太明确的事也就明确了，应做的工作和应办的事也就有条理了。

第二，统一运筹工作时间。把要完成的工作，按小时、按天、按周的先后时序全盘考虑、周密计划、合理划分、科学组织，然后通过有条理的连续工作，来保证按正常计划和速度执行、完成任务。首先，对自己的工作进行认真分析并分类；其次，预测分类后的每项工作分别需要花多少时间；最后，制定并填写行动预定表。

第三，制定工作日程表。制定一个好的工作日程表，这不但可以节约时间，也是提醒科级领导记住某些事情的手段。工作日程表和计划不同，计划是对工作的长期打算，而日程表是指怎样处理现在的问题。比如今天的工作，明天的工作，这就是逐日的计划。

制定工作日程会因工作性质、本人生理状况和气质等的不同而不同。总起来说应注意以下几个方面：

一是以重要活动为中心制定一天的工作日程。有效工作是关键的或者说是带战略意义的重要活动。进行工作时应以这样的重要工作为中心。

二是以当天必须首先要做的那件工作为中心制定一天的工作日程，要挑出那些在一天内必须做完，一旦受干扰中断就不太好办的工作。

三是把有联系的工作归纳在一起做。种种琐事归纳到一起，会使工作有节奏和气势。

四是使工作日程与自己的生理状况、能量的曲线相适应。要充分利用自己的最佳工作效率时间去办最重要、最困难或最有挑战性、创造性的工作。

第四，善于区分重要工作和一般工作。把自己每天的工作按轻重缓急分为三类并区别对待：重要的急件——必须先做；优先件——尽量去做；普通件——有空去做。

第五，办事果断，迅速有力。必须做的事情一件事一次做完。一次做不完的也要从速进行。一般性的事情当即处理，不拖拉、不积压。

第六，把零碎的时间集中起来使用。把由你自行控制的零碎分散的时间集中起来做自己该做的或重要的事情。

第七，减少干扰，专心致志。要设法减少、排除外界琐事的干扰和冲击，最大限度地集中注意力，专心致志地处理所要完成的工作。

第八，养成良好的工作习惯。科级领导要每天整理好办公桌；养成记录并整理工作笔记的习惯；每天上班前先抽点时间思考一下当日的工作安排，下班前检查一下哪些工作未做完，并将任务布置一下；开会要准时等等。

第九，善于挤时间，扩大时间容量。科级领导要把身边琐事压缩到最低限度；把空白的零星时间加进充实的内容；对工作、学习统筹安排，利用各种能用的有利时间。

第十，把握最佳时机。要善于审时度势，抓住时机，当机立断。乘势而为，随机而做，很多问题就会迅速解决。优柔寡断、坐失良机，往往费力耗时，造成损失浪费，追悔莫及。

(2) 时间管理的现代方法

ABC 时间管理法：

ABC 时间管理法就是把工作分为 ABC 三类，按它们不同的价值分布区别对待，进行重点和一般管理，把有限的时间花在关键工作上，以收到事半功倍之效的一种方法。

ABC 时间管理法是建立在“关键的少数与次要的多数原理”的基础上的。这个原理是意大利经济学家巴雷特于 19 世纪末 20 世纪初首先提出来并应用于管理工作中的。其含义是：在任何特定的群体中，重要的因素通常只是少数，而不重要的因素则占多数。因此，只要能控制住那些具有重要性的少数因素，就能控制全局。这个原理经过多年的演变和概括，就成为现在管理界所熟知的“80/20 原理”，即 80％的价值集中在 20％的事项上，其余 20％的价值集中在 80％的事项上。所以，一个有效的领导者就应集中 80％的时间和精力去处理 20％的关键事项，而用 20％的时间和精力处理 80％的次要事项。这就是著名的“二八律”。

当然，“80/20 原理”并不意味着是一个区分事物重要程度的绝对标志，人们只是借用它的形式来说明现实中存在着大量的“关键的少数与次要的多数”现象。在“关键的少数与次要的多数”原理基础上，人们经过实践演变出了一种按事情的重要程度安排工作的方法，称作 ABC 时间管理法。

这个方法的具体做法是：

一是分析自己要做的工作。即运用美国著名的管理专家伯纳姆提出的提高工作效率的方法，分析自己要做的工作，对每项工作逐次提出三个问题：能否取消这项工作？能否与其它工作合并？能否用更简便的方法来代替？经过这样的筛选、过滤之后，把那些必须做的工作根据其重要性、关键性、迫切性和有效性分为 ABC 三类。

A 类：凡是具有本质上的重要性和时间上的紧迫性、完成与否将直接关系到全面结果或目标达成的工作归入此类。A 类是最重要、最迫切、会产生重要影响和后果的工作。A 类工作约占全部工作的 20%—30%左右。但必须花费 60%—80%的时间去完成。只要这 20%左右的工作做好了，对全部的工作来讲也就完成了 70%—80%。这就等于用一二分努力，获八九分成果。领导者对 A 类工作必须集中精力和时间去处理。必须要做好，必须现在做，必须亲自做。

B 类：凡是一般性的、重要性和迫切性较小或比较重要和迫切，但无太严重后果和影响的工作归入此类。这类工作约占工作总量的 30%左右。对这类工作不必花费大量的时间和精力，所花费时间控制在 20%—40%。B 类工作可由自己去做，也可委托授权别人去办。

C 类：那些无关紧要也不迫切，后果微小无碍大局的工作，归入此类。约占工作总量的 50%左右。对 C 类工作，领导者完全可以分派给他人去做，自己不必亲自劳神。

二是判断关键工作（A 类）的方法。只有同时具备下列四性的工作才可以归入 A 类。关键性是指是否具备为达到既定目标所需要的完整条件或活动系统中影响全面的环节；重要性是指该工作的完成对实现计划和目标的影响大小；迫切性是指时间上是否刻不容缓；有效性是指是否具备促进、限制工作效果的因素。这“四性”归结为一点就是看这项工作对实现目标所起的作用，并依这种作用大小分类。在这里，“最重要”和“最迫切”的是两个概念，最重要的不见得是最迫切的，反过来也是一样。因此，只有两点兼备才可列入 A 类工作。

实行 ABC 时间管理法的步骤：

分类。每天上班前或下班后抽出 10—20 分钟时间，把应该做的工作列入清单，分为特殊工作和日常工作两类。仔细思考各项工作的特征，确定 ABC 三类，并确定实施顺序，填入 ABC 工作分类表中。

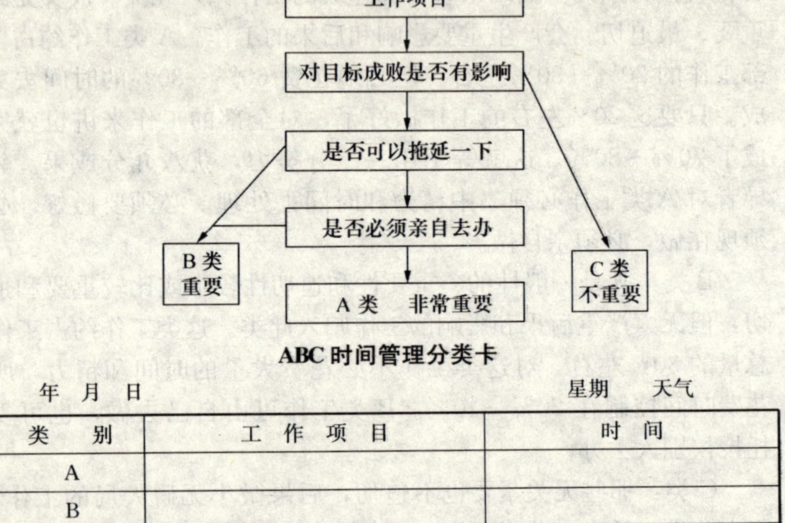

ABC时间管理分类卡

年 月 日　　　　　　　　　　　　　　　　星期 天气

类 别	工 作 项 目	时 间
A		
B		
C		

实施。遵循“先重后轻，先急后缓”的原则，要集中精力，集中时间，全力以赴，专心致志处理最重要的A类工作，直到坚持完成或取得预期效果，接着再处理比较重要的B类工作，不重要的C类工作不必去做，如有人催办，可列入B类。

时间管理因果分析法：

这是一种寻找造成时间浪费原因的方法。这种方法把时间的原因归结为组织、自身、上级和环境因素四大原因。人们可以从这四个方面着手，检讨自己的时间浪费情况如何，并查找出具体的原因，直到能够采取适当的措施控制住时间浪费的现象为止。

3. 会议管理

会议是领导活动必不可少的一项重要内容和基本形式，也是科级领导的重要领导方法之一。要提高领导效率，就必须有效地管理会议，提高会议效能。

（1）会议管理的主要环节

第一，确定是否有必要开会。只能确定召开非开不可的会议，可开可不开的会坚决不开，能用其它途径（如简报、公告、广播、板报等）取代的会议则予以坚决取消。

第二，明确会议目的，确定会议议题。每次会议必须有明确的目的，确定议题。议题要少而精，不能过于空洞或宽泛。

第三，安排会议议程。会议若有几项议题，安排议程时要先急后缓、先重后轻、先同后异、先宽后窄。

第四，确定与会人员。要本着“工作需要”、“精兵简政”的原则和会议的性质、目的确定会议的参加人员。与议题无关的人，原则上不列入与会者人选。

第五，决定会议时间和地点。会议时间包括起、止时间。一般情况下确定的会议时间不宜过长。要选择适宜的地点及进行会场的准备。

第六，计算会议成本。日本太阳公司计算会议成本的公式是：会议成本＝会议的人数×会议的时间（小时）×全体员工平均每小时工资×3×2。公式中之所以乘3，是因为如果员工在上班时间离开工作岗位，那么他每小时就要少生产许多“钱”，这些“钱”不仅包括员工的工资，还包括利润及一些额外支出。因此用平均工资的三倍来表明生产价值。乘2，是因为某个人开会走了，他的工作需要别人代替，也就是说因为开会，经常性的工作的停顿所造成的损失要以两倍计算。

第七，准备会议材料。如有必要事先准备一些需用的材料。各项准备工作基本就绪后，可发出会议通知，将会议的名称、议题、要求、范围、会期、时间地点、需带资料、联系电话等有关事项，提前通知与会人员和单位。

会中要严密组织：

第一，严肃会风。要准时开会；会前宣读会议的要求和注意事项，如限定的发言时间，发言要简明扼要，不重复别人的观点，不能偏离主题，不要私下交谈等等。

第二，控制会议进程，使会议按部就班进行。会议要紧紧围绕开会的目的、议题进行讨论发言。

第三，及时总结，议而有决。会议议题经过讨论，大家意见趋于一致或达成共识时，主持人就要简明扼要地归纳总结，使与会者接受并给予确认，然后形成决议，留下记录。

第四，准时结束会议。如果议题较快解决，可提早结束。

会后要妥善收尾：

会后，领导者对一些善后事宜要妥善收尾，如编写会议纪要分发有关人员；对会务进行小结；财务结算；对与会者提出问题的处理；向上级写出报告；下一步如何检查落实等等。

（2）主持会议的艺术和技巧

冷场、离题、争执等是开会过程中容易出现的问题，为了提高开会的效率和质量，科级领导还应注意摸索驾驭这类问题的办法。

第一，克服冷场。造成冷场的原因：一是与会者缺乏准备。这常发生在会前不打招呼、会议临时召开的情况下，与会者毫无准备，担心话不对题而沉默。二是与会者缺乏自信。与会者在众人面前说话胆怯、害羞、缺乏自信和勇气。三是对议题不熟悉或缺乏理解。由于主持人文件不清，与会者对议题不熟悉或是议题比较复杂，使得与会者对议题不清楚、不了解，理解不透，心中无数，因此感到无从开口。四是与会者的态度偏差。如对议题漠不关心，持无所谓的态度；话不投机、懒得发言等。五是与会者不愿、不敢发表看法和意见。在议题比较敏感、组织缺乏民主氛围、领导者作风专断、心胸狭窄的情况下，与会者担心言多语失，不愿或不敢把真心话说出来。六是与会者敌对情绪。在议题触犯了与会者中一部分人的既得利益或与会者对主持人有意见抱敌对情绪等情况下，也会出现冷场。

避免冷场的对策和技巧。其对策有：一是复杂或多议题的会议，应事先将议题及有关材料分发给与会者，让他们早做准备。二是严格控制会议人数，只邀请或召集与会议有直接关系的人参加，考虑好出席会议的成员的适当比例。三是改进领导作风。做一个民主、开明、虚心的领导者。其技巧有：一是主持人提出有趣并不离题的话题与实例活跃气氛，引起与会者的兴趣，使之乐意发言。二是耐心启发与会者的思路，以引起发言的积极性和兴趣。三是引导、鼓励缺乏自信者的发言，并表示对他的发言很有兴趣。四是根据与会者的个性，选择平日善于言谈、勤于思考问题和观察问题的人率先发言，以启发引导他人踊跃发言。五是对与自己有意见者，主持人可用风趣的语言表明自己的度量，引其开口；也可以找个机会，让其发泄一下，交换一下意见。六是对真诚献计献策的人，应表现出格外的赞扬。七是对涉及到与会者切身利益的议题，在会前要做好摸底和酝酿工作，会上或提出方案让大家表决，或让比较公道者首先发言等。八是征求一言不发者的意见，迫使他参与。

第二，控制跑题。造成跑题的原因：一是会议的目的、议题没及时说清楚。二是部分与会者干扰会议，如一些转移型、散漫型的与会者操纵会议，在会上海阔天空、闲话连篇；一些夸耀型的与会者为炫耀自己的才能和高见在会上大出风头，滔滔不绝地说了很多与议题无关的话。三是会议时间太长，时间过长的会议，使与会者的注意力不能集中于议题。

避免跑题的对策：一是主持人开门见山，会议一开始就讨论正题，并牢牢控制讨论的中心。二是利用机会巧妙接过离题者的话，或插上一句话做转移，巧妙柔和地使议论顺势回到议题上来，或联系议论中的某一层意思，提出新的话题，言归正题。三是用礼貌的方式表示自己对跑题有点厌烦。四是必要时打断或提醒跑题者停止与议题无关的谈话。五是严格规定发言时间。六是会议时间较长时，中间穿插休息时间。

第三，调节争执。发生争执的原因：一是与会者看问题的角度、立场不同，对问题的理解不同。二是彼此产生误解。三是偷换论题。四是某人借机发泄对他人的不满，进行人身攻击。五是主持人在会议上公开批评某人等。

调节争执的对策：一是请争执双方换位思考，从对方的角度考虑问题，增进理解。二是指出双方互相误解之处，使其相互理解。三是首先指出各方有理之处，然后指出逻辑上的错误。四是主持人可用目光、手势、起身等暗示制止带有人身攻击性的争执。五是在判明是非的情况下直接裁决。六是暗示有威信者发言调停缓解。七是让双方求同存异，各自妥协、让步，停止争执。八是主持人要讲究说话和批评别人的技巧。九是引导大家分析、比较各种对立意见、看法的优缺点，进行价值判断，逐步缩小分歧，消除隔阂。十是在全体与会者各自自觉地分析、比较、价值判断的基础上，领导者进行全面总结，作出决议让大家统一执行。十一是对会上不能得出结果的争执，要及时做出“会后再议”的决定。

案　例

下放权力

高科级领导的妻子李瑛在电话里对何主任说：“你真得好好劝劝小高了。自从他当上科级领导以来，早上7点离家，晚上9点前不会跨进家门。而且，他还常带着科里许多的工作回来，吃完晚饭接着干，有几次一直干到12点多。最近，他连周六、周日都在工作！”

李瑛的丈夫高华在三个月前被提升为新华街道办事处居民科科长。作为刚上任不久的高科长，在工作方法和领导方法上还缺乏足够的经验。

何主任放下电话后考虑了一下，决定下周找高华聊一聊。

星期一上午 10：30 分，按照约定高华来到了何主任办公室，简短地寒暄之后，谈话转入正题。何主任逐渐把话题引到了高华的工作上来。

高华很坦率地承认："要干的事情很多，我有那么多工作，在单位干不完，我只好带一点回家。有时工作繁多，我不得不占用休息日工作。"

何主任对高华说："你工作很努力也很辛苦，但你得下放一些事情，否则，说不定什么时候，你会被压垮。我看这样吧，今天下午两点你再来见我，带上你这周还没做完的工作。"

那天下午，他们俩人坐下来把高科级领导的工作分了三类：(1) 应该下放给科室工作人员的；(2) 可以由副科级领导来完成的；(3) 自己必须亲自做的。分析的结果是，50%的工作归入了第一类，30%的归入了第二类，20%的归入第三类。然后，何主任与高华一起商定了居民科中能委以前两类工作的各种合适人选，两个人商定星期五再次碰头。

到了星期五，高科级领导向何主任汇报说，已有 3/4 的工作放下去了，下属表示愿意干这些工作。其中一个人告诉他："你要我干这件事，我很高兴。过去你把工作常常带回家，让我感到可能你不信任我们。现在我觉得自己很重要，工作干劲也比以前足了。"

第二周，高科级领导的妻子李瑛打电话感谢何主任："小高对他的工作感到很顺畅，我们相聚的时间又跟过去一样多了，谢谢你！"

结合上述案例，你认为在时间管理和授权方面，这个案例说明了什么？为什么下属愿意接受高科级领导下放给他们的工作？

思 考 题

1. 什么是科学分析的方法、包括哪些内容？
2. 简述时间管理的现代方法？

第四章 科级领导的行政执行能力

党的十六届四中全会决定加强党的执政能力建设，其任务是：按照推动社会主义物质文明、政治文明、精神文明协调发展的要求，不断提高驾驭社会主义市场经济的能力、发展社会主义民主政治的能力、建设社会主义先进文化的能力、构建社会主义和谐社会的能力、应对国际局势和处理国际事务的能力。科级行政组织是基层行政组织，党和国家的执政思想和策略都是经其贯彻和落实的，所以科级领导在行政执行中必须以五大执政能力为原则和指导。

同时也应看到，科级组织是基层组织这一特征，决定了科级领导的基本职能是执行上级下达的政策、决策、指令及工作任务，高效地完成执行工作是履行科级领导职责的重要内容。行政执行是一种复杂的、由种种因素相互作用的动态过程，有其独特的运行规律及特点。注意研究并把握执行工作的规律、特点和关键环节，及时发现并处理执行中的问题，选用适用的执行方法与手段，既是提高执行工作效率、当好科级领导的基本前提，也是科级领导执行能力的重要体现。

一、行政执行的特点及要求

（一）行政执行的涵义和作用

1. 行政执行的涵义

执行含有落实、贯彻、推行、实施的意思。行政执行是指行政机关及其工作人员，为贯彻实施决策中心发出的决策指令，以达到预期目标的全部活动。科级领导的执行工作主要包括以下内容：

第一，贯彻执行政府及上级部门制定的各项方针政策，使之在本部门得以落实。

第二，执行国家颁布的法律、法规及规定，并使本部门的活动及行为合法化和规范化。

第三，执行上级行政机关的决策、指令或任务，包括对例行性任务的执行。这类性质的执行在科级领导的执行工作中所占比例最大。

2. 行政执行的作用

行政执行是行政管理的重要环节和阶段，在行政管理中占有重要地位，其作用是不容忽视的。

首先，行政执行是行政决策目标得以实现的保证。任何决策的终极目的都是为了实现决策目标，把决策意图变为现实，而执行是使决策产生效果的基本途径和手段。良好的决策没有有效的执行作保证，决策将失去意义，而脱离决策的执行也将是盲目的执行。

其次，行政执行是现代行政领导的一项主要责任，是科级领导的基本职责。从宏观角度看，行政管理主要由决策和执行两个基本环节所构成，一个称职的领导既要善于决策，又要善于执行。

再次，行政执行的效果是检验科级领导是否称职的重要标准。执行是一种实践活动，实践是检验真理的惟一标准，它不仅能够检验决策的质量，也能考察执行者的素质、能力水平及履行职责的情况。执行的结果是对科级领导称职与否的最好检验。

（二）行政执行的特点

行政执行的特点是执行活动的内在规律的集中表现和反映。科长的执行工作主要有以下特点：

1. 目的性

行政执行是一项目的性极强的活动，执行中的一切行为都是为了有效地实现决策目标。因此，行政执行是有的放矢的行为过程，具有明显的方向性。一旦失去方向，不仅会降低执行的意义，更会造成人力、物力、财力、信息等资源的浪费。行政执行的这一特点要求科级领导必须做到：

第一，树立强烈的目标意识。目标意识是建立在对目标体系的准确、全面、深刻的认识基础之上的。目标的性质、程度、表述及量化标准是把握目标的关键要素，对目标的任何曲解和误解，往往是发生方向性失误的诱因或开始。另一方面，执行中所采用的一切措施、方法及手段必须与实现目标相一致，它们是为实现目标服务的。

第二，善于抓住对完成行政目标起关键作用的环节。意大利经济学家巴莱多认为：任何工作如果按其价值顺序排列，那么总价值的80%往往来源于20%的项目。另一种说法是，如果把所做的工作分成十项的话，那么只要把其中最重要的二项工作做好。其余八项工作就能比较顺利地完成。这一观点表明，执行者要善于抓住执行中的主要矛盾和主要环节，它们对实现目标起着决定性作用。主次不分、本末倒置是迷失方向的重要原因。

第三，对把握方向干扰最大的因素主要来自于部门利益和个人利益，二者对实现目标的负向牵引作用远远大于其它因素。部门利益使执行者目光短浅，因而产生短期行为。个人利益往往造成执行资源的流失。所以，执行者要树立全局观念，正确处理好国家利益、部门利益、个人利益三者之间的关系。

2. 务实性

从某种意义上讲，决策是一种认识活动，带有一定的“务虚”色彩，它主要解决“能不能干”、“干什么”的问题。而执行是一种实践活动，带有明显的务实性，它主要解决如何实施、如何有效实施并实现决策目标的问题。决策与执行是认识与实践的关系，一虚一实是其内在规律的反映，执行的务实性的品格，要求执行者做到：其一，要具备务实的精神，脚踏实地、扎扎实实去落实；其二，精心设计执行方案，方案应包括执行程序、步骤的确定、人员配备、方法手段的选取、制定纪律等内容。这些都是执行的务实性的体现形式和保证。

3. 强制性

行政执行具有很强的强制性和权威性，主要表现为：上级行政部门或领导握有全面指挥的权力，通过命令、指示、纪律等强制性手段，对下级工作部门或成员进行指挥和控制。强制性是使执行工作保持有序和高效的基本前提，它要求执行者做到：下级服从上级，局部服从全局。另外，良好的逐级统一指挥和汇报的机制是强制性的有力保证，该机制的主要内容为：每个执行者都有单一的上级或领导，并向其负责；一级指挥一级，一级向一级负责；不越级指挥或汇报。

（三）对执行的要求

1. 坚持目的与手段相一致的原则

执行的根本目的在于实现决策目标，执行的手段是实现决策目标的途径和方法。二者的一致性在于决策目标决定着行政执行的手段，决定着执行手段的类型、性质和内容。手段是为目标服务的。因此，手段必须满足目标的要求。

第一，准确把握目标。准确把握目标是选择和确定手段的前提，可以从两个方面去把握：一是从定性角度，即把握决策目标或任务目标的构成要素、作用范围、约束条件等；二是从定量角度，即把握目标的定量参数，如质量、数量、时间等要素的细化标准。这种从宏观与微观两个层面认识目标的思维方式，有利于全面、准确地把握目标体系。

第二，依据目标选择手段。决策的目标体系为执行手段的选择提供了标准和框架。执行者要紧紧围绕决策目标和实现决策目标这个中心，结合具体的执行环境和条件，选择最佳的行政执行手段。最“佳”主要体现在实现目标的速度最快、代价最小、效益最高等方面。

第三，手段应是合理、合法的。执行的方法与手段具有多样性的特点，选择的余地较大，但必须选择那些合理合法的，这是由目标的合理、合法性及环境因素所决定的。合理，是指符合客观事物的发展规律；合法，是指不违背现行法律、法规及国家政策。

2. 坚持原则性与灵活性相统一的原则

执行需要在精神实质上忠实于决策，不打任何折扣，以确保决策的完整性和实施的有效性。由于执行的对象和环境是具体的、千差万别的，又是发展变化的。所以，为了更好地实施决策，把决策落实到实处，就需要在不离开决策的前提下，结合具体情况，灵活地加以执行。

第一，在决策精神指导下，对具体情况具体分析，针对不同的情况，采取不同的措施。这种方法上的灵活是为了更有效地实施决策。

第二，在决策精神指导下，针对变化了的情况，采取变通的措施。任何决策都是事先制定的，它不可能预测出今后将要发生的每一件事情，一旦问题出现，在决策或政策中又找不到现成的答案，这时就需要变通，创造性地解决问题。这种灵活既是客观实际的需要，又是实施决策所必需的。

第三，避免认识上的误区。一是片面强调原则性而否定灵活性，把政策变成了僵死的教条，纯粹的抽象。二是过分强调灵活性而忽视忠实性，使灵活变成了随意，使执行偏离了决策的指向。这二种错误认识的本质在于割断了忠实与灵活的内在联系，把二者孤立了起来，没有看到忠实是灵活的指导，灵活是忠实的方法这种二者之间的有机联系。

3. 追求高效益的原则

执行决策通常都追求高效益。高效益既体现在执行的速度上，又体现在执行的投入产出上，它是一个综合指标。

首先，决策的过程是个构思的过程，常言道："三思而后行"，就是说决策构思要稳妥。而执行过程是个操作过程，说干就干，要求快速。因此，执行力求及时、果断、雷厉风行、不拖拉、不积压、不欠帐，在规定的时间内有效地实现决策目标。

其次，合理控制投入。任何活动都需要一定的消耗，执行活动也不例外。维持执行活动顺利进行的材料、能源、机器设备、办公用品、人力等资源的消耗就是对执行的投入。一般而言，在不影响执行效果的情况下，投入越小则效益越高。因此，要合理控制投入，最大限度地减少不必要的消耗和浪费。在这方面可采取以下措施：其一，事先认真核算执行过程中各项工作环节的损耗，并以量化的形式表示出来；其二，在条件允许的情况下，对物资进行统一采购，堵住物资在进入系统前的流失漏洞；其三，建立健全物资发放、使用制度，以防止使用中的流失和浪费。

（四）行政执行的程序

程序的本质是对所要进行的活动规定时间顺序。行政执行的程序是由执行活动的内在规律和时空要素所决定的。一般认为，执行的程序是由准备、实施、总结三个阶段构成。为了便于抓住执行中的主要矛盾，突出重点工作，我们按照执行的程序把执行工作分解为相互关联的四个部分，这四个部分也是行政执行的关键环节，按先后顺序表述为：分析执行条件、制定执行计划、有效进行控制、进行评价和兑现。我们只要抓住这些关键环节，就能使执行工作纲举目张、化繁为简、化艰巨为顺利，最终圆满地完成执行任务。

1. 分析执行条件

任何事物都是在一定的条件下发生发展的，行政执行也不例外，它需要成熟的执行条件为保证。因此，分析执行条件是执行的首要环节，其目的在于开发和完善执行的有利条件，回避或消除不利条件。

(1) 认同程度分析

认同程度是指人们对某一件事达成共识的程度。一致的认识才能导致统一的行动。行政执行是一项由多人配合，并对内部环境和外部环境产生影响且受其制约的活动，需要参与者认同一致，共同行动。执行的认同可划分为二种：一是内部认同，指组织内部的执行人员对执行的目的、意义是否有统一的认识，如果思想不一致或对执行有误解，必将影响人们的态度，而导致执行行为的混乱使执行工作处于被动局面；二是外部认同，是指执行的外部环境，即同级部门或其它单位及社会公众对执行的认可程度。执行者往往过多地关注内部认同，而忽视外部认同，大量的实践表明，来自外部的干扰和制约，同样也可使执行处于被动局面。

解决内部认同的基本思路在于分析不一致的原因，然后对症下药。主要措施有以下几点：首先，在组织内部要建立符合组织发展的价值观体系，人们对某一问题的不同认识，主要是由于价值观的不同所致，而共同的价值观取向必将导致认识的一致性；其次，领导者要发扬民主精神，让执行人员参与执行方案的制定，这样既能让其了解执行的目的、意义和细节，又能调动其积极性；第三，领导者在布置执行工作时，尽量让每一成员知道自己所承担的工作在全局中所占的位置及其重要性，以使他们自觉地、统一地、有效地行动。

解决外部认同问题可以从以下两个方面入手：一是认真评价和审查执行工作对外部环境可能会产生哪些影响，如果存在负面影响，就要积极采取措施给予消除或将其减小到最小程度；二是加大对外宣传力度，让外界全面了解执行的意义和积极作用，以获取理解和支持。

（2）人员能力素质分析

执行人员的素质，诸如学识、知识、智慧、能力、经验等，对执行有着不可低估的影响，其能力素质的高低往往决定着执行的效果。因此，执行前对其素质进行正确的分析与评估是十分必要的。依据评估结果，遵循知人善任的原则，结合工作特点进行工作配置。应该指出，人们的能力素质，在一定时期内是一种稳定的存在，一般情况下它不会产生飞跃或突变。在这种情况下，现有人员如果不能满足执行的需要，有必要采取以下措施：

第一，执行前进行有针对性的培训。一般情况下，缺什么补什么，按需施教，有的放矢地进行培训。为了提高培训效果，培训结束时要进行考核。

第二，建立有效的竞争制约机制。如竞争上岗制度、奖励制度、惩罚制度和纪律约束制度等，这些制度能有效地激励执行人员，最大限度地开发其潜在能力，同时也有利于快速提高他们的能力素质。

第三，通过上级组织对执行人员进行调剂。把急需的人才调进来，将不适合执行工作的人员调出去。

（3）物质条件分析

任何执行都需要物质条件作为保证，物质条件主要是指资金和设备。前者表现为经费预算，后者表现为对办公用品、车辆、通讯器材等设备的需求。这种物质投入的额度都需要事先进行科学地、详尽地计算，并报请上级批准。在制定预算过程中要做到：

以最小的投入获取最大的产出为原则，减少不必要的开支；从实际出发，“避免头戴三尺帽，拦腰砍一刀”的现象出现；对于执行的关键环节或部位，要留有余地，不能满打满算。

（4）法律条件分析

依据党提出的依法治国方略，并在九届二次全国人大会议上将这一内容写进了《中华人民共和国宪法》。行政人员依法行政是依法治国的重要内容，各类行政执行必须符合法律、法规的规定，并在其规定的范围内活动。行政执行的法律条件分析主要考虑以下因素：

第一，考察执行的内容是否与法律、法规相符。

第二，考察执行的方法、手段是否与法律、法规相符。

第三，考察执行人员的法律意识。

2. 制定执行计划

制定执行计划主要是指，依据决策目标和内容及内外环境条件所制定的达到预期目的的行动方案。制定执行计划是行政执行前的必要准备工作，计划质量的高低是影响执行效果乃至完成执行任务的重要因素之一。

（1）计划的作用

第一，计划是行动的指南。计划能使执行者明确各自的任务和要求，使其各就各位、尽职尽责，使整个组织有条不紊地运转，以达到最大效果。

第二，计划为执行中的控制活动提供了标准。执行活动离不开控制，有效的控制离不开标准，计划中的定性定量指标为控制活动提供了宏观和微观的标准。

第三，计划对未来做出了预测。计划是建立在预测基础之上的，同时计划本身就是一种预测，计划的这种预测功能为执行提供了适应未来变化的能力。

（2）计划的内容

计划的内容及其需要解决的主要问题包括：对决策目标的整体分解；筹划人力、物力、财力；确立实施的微观程序；选取适当的方法与手段；建立相关制度与纪律等。概括地讲，计划主要解决三个核心问题：其一，预先确定做什么，即分解明确任务；其二，谁来做？即组织落实问题；其三，怎么做？即解决执行中的方法与手段问题。

（3）评价计划的标准

对计划要进行可行性评价。可行性主要取决于以下七个方面的因素或原则：

一是顺势而为的原则。“势”是一种带有方向性的力量，就像从山顶向下滚落的石头，石头在运动中就形成了向下的势不可挡的力量。“势”具有普遍性，当前最大的“势”就是改革开放，势的源头即为邓小平理论。因为“势”是执行的背景和条件，所以计划的制定者首先要认识势，即审时度势，并找到势源，使计划与势保持一致。

二是实事求是原则。行政执行要按客观规律办事，要排除主观臆断性。执行部门必须具备执行条件，要根据现有的力量及资源情况，“有多少钱办多少事”，不干力所不及的事。同时还要考虑客观环境的情况，做到不脱离实际，不急于求成。

三是全局原则。切实可行的执行计划，要对内统筹安排，主辅兼顾；对外力求做到利己利他，不给其他部门或社会造成妨害。

四是弹性原则。在计划的关键环节或部位，要考虑周全，必要时有应变方案或措施，以使其具备适应未来变化的较强能力。

五是一致性原则。要求计划的内在环节和要素相互呼应，密切衔接。如计划中的程序、策略、制度、预算、手段等，都是为实现目标服务的，必须相互一致。

六是具体性原则。计划的内容、要求、标准等，力求明确具体，既要有定性要求，又要有定量定时要求，要通过具体的计划体现行政执行的可把握性和可操作性。

七是发展原则。计划总是在一定的时间内执行的，因此要预见到未来的发展与变化，用发展的眼光制定计划。凡是没有远见的计划，在执行中必将遭到挫折或造成浪费。

3. 有效进行控制

控制一词在《辞海》中被解释为驾驭和支配。执行中的控制是指领导者为保证实际工作和计划相一致而采取的管理行为。控制的功能是对下属的工作进行衡量和纠正，以确保达到预期的工作效果和目的。控制的本质是对人的控制，通过对人的行为的控制，使实施活动按计划有序地进行。控制过程由三部分组成：

（1）制定控制标准

标准是实施控制的依据和尺度。标准来自于计划，是含在计划中的子目标、指标、定额、要求等要素的程度性参数。值得引起注意的是要少使用定性标准，多使用定量标准，否则标准的尺度作用将会降低。

（2）确定问题

“问题”是实际情况与标准的差距，确定差距的主要步骤为：第一步，通过调查、汇报、报表、图表、反馈等手段，及时准确地掌握实施中的最新信息；第二步，把“最新信息”同衡量标准作比较分析，从而发现差距；第三步，界定问题。准确描述或说明问题及差距发生的时空、性质、程度、发展趋势等要素；第四步，从责任主体、问题性质、影响程度、发展趋势等方面对问题进行分类分析，分类分析的过程也是寻找问题原因的过程；第五步，找出并核实问题的原因。

（3）纠正偏差

根据产生偏差的原因，采取有效措施及时修正和消除偏差，这是控制的目的所在。需要指出的是，某一偏差的纠正方法不是惟一的，可能存在多种，控制者要对纠偏方法进行比较，从中择优。同时还要考虑纠偏措施的使用条件，使之与环境相适应。

4. 进行评价和兑现

评价和兑现是执行的最后一个阶段，是对已完成的工作情况和成果进行系统的总结、考核与评价，并兑现奖惩的管理活动。其目的在于：总结经验教训，强化对完成目标的有利行为、价值观和态度，弱化其相反内容，促进组织氛围的良性循环，为新一轮的执行奠定基础。

评价内容包括：目标完成度；工作进度；工作效率；工作质量与数量；工作制度、措施的有效性；工作人员的情况。评价要求：评价要有客观依据和标准，评价方法要科学，评价要实事求是，评价要公开、公平、公正。

兑现奖惩，是有效的激励手段，是依据考核评价结果对当事人的奖励与惩罚。通过奖惩的实施为新的执行提供动力。兑现奖惩需要注意以下问题：奖惩的标准只能是惟一的，不能使用双重或多重标准；以奖为主，以罚为辅，正负激励结合使用；奖惩要及时。一般而言，奖惩实施的时间距离结果或事件发生的时间越近，效果则越佳。

二、行政执行的方法

行政执行方法是保证执行工作正常高效地运转、快速实现目标的途经和手段。执行的方法具有多样性，采用什么样的方法，主要取决于执行工作的类型和性质、执行人员的特点及使用者的素质。同一种方法，不同的人使用，可能会产生不同的效果，它是综合能力素质的体现和反映，因而具有艺术性。下面介绍几种使用频率较高的方法。

（一）行政方法

行政方法是指依靠行政组织或领导者的权威，运用命令、指示、条例、规定、指令性计划等手段，按照行政系统自上而下地直接组织、指挥、协调下属工作行为的管理方式。强制性、权威性、服从性是其主要特征。该方法在行政执行中有着不可替代的作用，主要表现在以下方面：

第一，任何行政执行都有赖于统一的思想的行动，这是完成执行任务的必要条件。行政方法有助于使执行者明确目标和规范，进而形成统一的认识、遵守统一的纪律、产生统一的行动。它是使执行工作有序进行的有力保证。

第二，行政方法是解决突发问题的重要手段。行政执行具有复杂性，执行中可能会出现各种难以预料的问题，如环境的突然变化、人际矛盾冲突、错误行为倾向等等。在这种情况下，采取行政命令的方式，可以迅速排除阻力和干扰，有效地解决问题。行政方法的这一作用是其他方法所不及的。

尽管行政方法有很多优点，但它不是万能的，在实际运用中，要考虑作用对象及使用条件。

首先，要考虑作用对象的内在规律及特殊性，不同的执行工作对执行方法有不同的要求，不考虑这一因素，就会犯主观主义的错误。

其次，过多地使用行政方法而忽视其他方法，其结果会束缚执行人员的手脚，阻碍其积极性和创造性的发挥，同时也会造成瞎指挥或形式主义。

再次，行政方法与思想教育、双向沟通、激励等方法有机结合，其效果比单纯使用行政方法要好。

（二）经济方法

经济方法是相对于行政方法而言的，它指国家行政机关运用诸如价格、信贷政策、利率、税收、奖金、罚款等这样一些与经济和物质利益相关的手段来管理国家事务的一种方法。在社会主义市场经济条件下，具有广泛的适用性，既可用于宏观管理，又可用于微观管理。对科级领导的执行而言，主要是运用奖金、罚款等方式来激励、约束和引导下属的执行行为。使用中注意以下问题：

第一，该方法是以工作责任制为依托的。工作责任制是把责任、权力、利益联系起来的一种制度，其实质是把工作任务与个人利益有机结合，利用利益驱动机制调动执行人员的积极性，并开发其潜在能力。这一方法有效性有赖于工作责任制、监督制、考核制、奖励制的配套实施。

第二，把经济方法与行政方法有机结合，以行政手段为先导，以经济手段为保证，则会事半功倍。

（三）目标管理方法

目标管理方法是执行活动所普遍使用的方法，它具有很强的操作性和广泛的适用性。

1. 目标管理的理论依据

目标管理是以现代管理理论中的系统论、控制论、激励理论为基础而形成的一种管理方法。系统论为目标的确定和分解提供了方法；控制论为目标管理的过程提供了控制手段；激励理论中的需求理论、双因素理论、期望理论为目标管理提供了动力。

2. 目标管理的涵义及特点

目标是指所要达到的目的，也可理解为想要达到的境地或取得的结果。目标管理，简而言之，就是根据目标进行管理，它要求执行中的各项活动都要围绕目标进行，最终有效地实现目标。其特点如下：

导向性。目标管理是以目标为导向的管理，它不以任务为导向，而是把任务转化为目标体系，使执行部门和人员都有明确的目标，并以此引导自己行动，从而实现了由被动管理向主动管理的转移。有利于调动和发挥各种人员的积极性和主动性。

成果性。目标管理是面向成果的管理，它始终把目标成果放在首位，并将对目标成果的评价作为部门和公务员绩效考核的依据。所以目标管理改变了“只管耕耘，不管收获”的管理倾向，也有利于克服形式主义、事务主义等作风，对于减少无用功，提高工作效率具有积极作用。

灵活性。对领导者而言，目标管理的关键是抓两头，即抓住目标确定、分解、分配和目标考评两个端点，放宽中间环节。这样就给执行者提供了较大的活动自由度，使其能够因地制宜、灵活地去工作。

3. 目标管理的程序与过程

程序与过程如图所示：

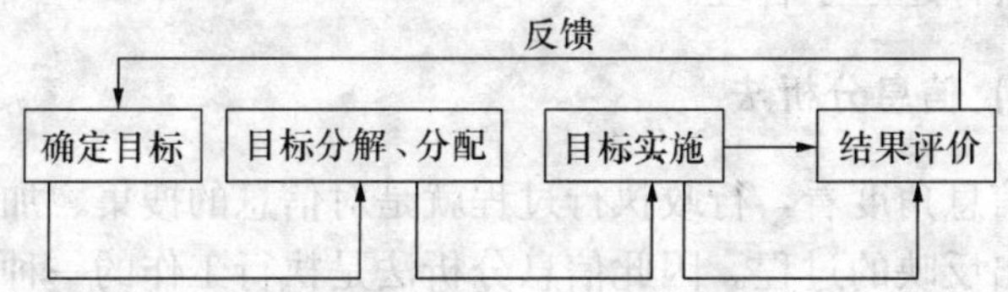

论证分解并下达目标指导、协调、控制检查、考核、评价。

目标管理的关键点：

目标管理的关键点和难点在于目标的具体化和定量化，目标缺少具体性和定量性，将使目标管理无法操作。西方一些学者认为，一切目标都是可以量化的，对此国内有不同的观点。我们认为绝大多数目标通过对比、数学转换等方式是可以达到量化的，但操作者必须掌握定量分析方法与技术。

目标量化方法：

常见或经常使用的目标量化方法有：时间顺序法、滑动平均法、目标权数计算法、趋势外推法、线性回归法、马尔可夫链状法等。这里我们仅介绍比较实用的趋势外推法。

趋势外推法基于两个前提：一是在一定时间内，决定过去事物发展的原因，在很大程度上也决定着事物未来的发展；二是在一定时间内，事物的发展是渐进式的。

趋势外推法的使用条件是：当目标值涉及二个变量，而且当一个变量变大或变小时，另一个变量呈上升或下降的规律，即可用趋势外推法确定目标值。该方法包括图析法和数学模型法两类，数学模型法较为复杂，我们仅介绍图析法。图析法的操作步骤如下：

第一步，收集内外信息，并以数据的形式表示出来。

第二步，建立平面坐标体系，在坐标中把数据做成散布图。

第三步，根据散布图画出趋势线。

第四步，用趋势线确定目标值。

这一方法的关键在于获得大量的准确数据，数据越多越准确，其目标越趋于合理。

（四）信息分析法

从信息角度看，行政执行过程就是对信息的搜集、加工、处理并做出反映的过程。因此信息分析法是执行工作的一种基本方法，其它行政方法与手段，也是以信息分析法为依托的。科级领导对这一方法的掌握是十分必要的。信息分析法主要有定性和定量两类，这里只介绍定性分析方法。定性分析方法是通过人的思维活动对信息进行横向、纵向比较分析，运用归纳、演绎、综合、推理等逻辑思维方式来揭示信息的本质，开拓其内涵，发现其使用价值的方法。

定性分析法主要包括：结构分析法、逻辑推导分析法、综合分析法、顿悟分析法、逆向追溯分析法。

1. 结构分析法

结构分析法是建立在信息的内在结构基础上的一种方法。信息的内在结构通常由形式信息、内容信息、实质信息三个层次构成。

形式信息是信息的表现形式或载体，可以比喻为信息的“皮”。

内容信息是信息的要素、含量和表述，可以比喻为信息的

“骨”。

实质信息是信息的本质、精华和使用价值，可以比喻为信息的“髓”。

该方法是按照信息的这种结构层次，像剥笋一样逐层脱皮：首先获得形式信息，在此基础上了解内容信息，然后把握实质信息。这一过程也是对信息由表及里、由浅入深、由现象到本质的认识过程。我们想要达到的目的是把握实质信息，但由于实质信息深藏于形式信息与内容信息之中，所以，对形式信息的获得和研究，是开发实质信息的前提。

2. 逻辑推导分析法

逻辑推导分析法是依靠逻辑思维能力，以信息作为基本事实，对其进行科学的逻辑处理，推导出更多的意义，使信息的价值增值。该方法包括以下三个子方法：

（1）放大式推导

放大式推导是以信息所反映的事物的性能为出发点，对其有用度作范围放大的推导，从而使信息的用途扩大。例如，飞机是一种空中运输工具，用以载人或载物，它的应用范围仅限于此吗？能否用飞机将人或卫星送上太空并返回来，以减小用火箭的巨大投入？美国人想到了这点，发明创造了可以反复使用的航天飞机。

这种推导是以事物的内在联系为依据的，脱离这一依据，推导就失去了客观性和科学性。航天飞机的发明，是飞机性能的扩大，其内在联系表现为同属空中运载工具，只是航天飞机比普通飞机飞得更快、更远、更高而已。不认识这种内在联系，就无以推导。

这种推导的最大障碍是保守，因为推导的结果往往是信息的新用途和新价值的被发现，而头脑守旧、封闭或框框很多，就会排斥新事物。所以解放思想、开拓进取是这一方法的思想基础。

（2）辐射式推导

辐射式推导是以信息所反映的事实为中心，向未知方向作合乎逻辑、符合客观实际的推导，从而发现其新价值。例如，我国正在进行社会主义市场经济建设，市场经济是法制经济和契约经济，其核心是竞争，这种竞争的机制必将引入到社会的各个领域。政府系统也不例外，公务员也要竞争上岗或下岗，因此公务员只有不断提升自己的素质，才能适应这种竞争。

辐射推导的使用需要考虑以下条件：

第一，原信息必须是准确无误的。

第二，推导过程要符合逻辑规律。

推导的结果需要与其他信息加以印证，以检查推导结果的有效性。

(3) 因果式推导

因果式推导是把已获得的信息作为原因，推导其可能引发的后果，从而得到信息的新的价值。

这种方法是以信息论为理论依据的，系统论最重要的观点是，世间万事万物都是相互联系、相互制约的。某一事物的变化，必将直接或间接地引起其它事物的变化，这种变化就是因果变化。例如，知识经济时代的到来，会引发社会各个方面的一系列变化，这些变化包括：社会价值观念、分配观念、经济结构、社会就业、公共政策、管理模式、文化教育、生活方式等等。其中最重要的变化是使人们更加重视知识及对人才的培养，教育（普通教育与岗位培训）必然会成为朝阳产业，才的竞争也会加剧。因果式推导的最大功用，在于能够根据现有信息推断未来或在其他空间将要发生的事情，具有预测性和前瞻性。

3. 综合分析法

综合分析法是对获得的各种信息加以系统的有机结合，从信息群体中找出带规律性的东西，从而得到有价值的信息。这种综合属于兼容综合。使用这一方法的要求如下：

第一，大量占有信息。通过各种渠道大量搜集与被分析事物有关的各种不同信息，信息量越大越全面则越好。如美国人在第二次世界大战期间，大量搜集了德国人在报刊上公开发表的有关工厂开工、工人就业、能源消耗、进出口等情况的数据，从这些数据中准确地综合分析出了德国军工生产的规模和产量，为战胜德国做出了贡献。

第二，在综合分析中注意对信息做扬弃综合与全息综合。扬弃综合是对所获信息中的矛盾信息或对立信息的去伪存真。全息综合是从众多信息中选取有代表性的信息，以此做出整体性地判断。

以上三种信息分析方法在行政执行中，具有很高的使用价值，要给予重视。顿悟分析法和逆向追溯分析法是两种特殊的方法，具有特殊用途，这里就不做介绍了。

案　例

失地农民生存状态与政府执政能力

据统计，我国失地农民总数已超过 4000 万人，并仍在以每年约 200 万人的速度递增。土地是农民的命根子，是维持家庭生计的可靠和稳定的收入来源。一旦土地被部分或全部征用，农民就要重新考虑就业、社会保障等问题，生计也势必受到影响。

中国社会科学院一份研究报告显示，在东部某省历年累计 200 余万失地乡村人口中，有 30 万人左右是失地贫困人口。中西部地区问题更为突出，西南某省 20％的失地农户仅靠土地征用补偿金生活，25.6％的失地农户最急需解决的是吃饭问题，24.8％的失地农户的人均纯收入低于 625 元，处于绝对贫困状态。农民失去土地以后何以生存，已成为政府不容回避的课题。

西部某市经济试验区农民刘福秀，2002年土地和房屋都被征占，因无钱修建“试验区”统一标准的琉璃瓦屋顶的4层小洋楼，一家三口被迫住在修路工人留下的工棚里，四处透风，常常冷得无法入睡。

刘福秀介绍说，征地拆迁前，她家住的是近200平方米的两层小楼，有1.6亩耕地，养了1000多只鸡，还自办了一个养猪场，年收入达三四万元。征地拆迁时，花了8万多元的房屋和养猪场仅拿到6万多元补偿费。而且，耕地没了、养猪场没了、养鸡的地方也没了，家中断了经济来源，只能靠丈夫每月打零工的400多元收入维持生活。

诸如刘福秀这样的事件，在全国各地屡见不鲜。本来给农民合理补偿，中央为解决他们的后顾之忧是有政策的，但在执行中往往“走了样”。有的地方政府“暗箱操作”“低征高卖”；有的补偿标准混乱，拖欠压低补偿费用；有的为了“形象工程”快上马，不顾农民安置是否完成，强行征地拆迁。这个过程中，牺牲的是农民的利益，失去的却是政府的权威和群众的信任。来自江西农村的吴木根代表说，土地越来越少了，要解决这个问题首先想办法保护好现有的耕地，政府要把住用地关，不能再随意圈占了。

结合上述案例，你认为农民失去土地后所出现的一系列问题的症结何在？农民失地问题与政府执政能力有何关系？对于解决好农民失地问题，你有何思路和对策？

思考题

1. 行政执行的涵义和作用是什么？
2. 行政执行的要求包括哪些内容？
3. 行政执行应当注意哪些方法？

第五章 科级领导的依法行政能力

“依法治国，建设社会主义法治国家”，是党的十五大报告确定的治理国家的基本方略，也是我国的一项宪法原则。依法治国要求各国家机关都严格依法行使其权力，依法处理国家事务，治理国家。行政权是与社会公共利益和公民个人利益联系最经常、最广泛、最密切的国家权力，将行政权力的行使纳入法制化轨道，全面推进依法行政，不仅是加强行政法制建设的必然要求，而且是实践“三个代表”的必然要求和重要内容。党的十六大把发展社会主义民主政治，建设社会主义政治文明，作为全面建设小康社会的重要目标之一，并明确提出“加强对执法活动的监督，推进依法行政”。中国共产党第十六届中央委员会第四次全体会议通过的《中共中央关于加强党的执政能力建设的决定》提出，“必须坚持科学执政、民主执政、依法执政。”依法执政要求政府在实施行政管理过程中必须坚持依法行政。依法行政的能力是党的执政能力建设的重要内容。行政机关及其公务员依法行政是依法治国的基本要求，是新时期党的执政方式的要求，也是建设法治政府、构建社会主义和谐社会的要求。

科级领导作为政府部门的基层领导者，必须全面深刻地领会依法行政的精神实质，提高对推进依法行政的紧迫性和重要性的认识，从根本上转变那些已经不能适应依法治国、依法行政要求的传统观念、工作习惯和工作方法，主动学习法律知识，不断增强法律意识，提高法律素养，提高依法行政的能力和水平，以适应全面建设小康社会的新形势和建设法治政府、构建社会主义和谐社会的需要。

一、依法行政的认识

依法行政能力是指行政机关工作人员依据依法行政的原则和观念，按照法定职责和权限实施行政行为并承担相应行政责任的能力。提高依法行政的能力和水平首先要求公务员深刻理解、准确把握依法行政原则的基本涵义和内容要求，自觉树立依法行政观念。

（一）依法行政的涵义

依法行政是现代法治国家政府行使权力时普遍奉行的基本准则，它反映了社会从人治向法治转变的历史进程。不奉行法治原则，谈不上依法行政。人治与主观随意性相联系，权力的行使由个人主观意志决定；依法行政与法治相联系，权力的行使以法律为依据和评判标准。

虽然目前对依法行政的概念学者们有不同的表述，但其基本的涵义主要是指各级行政机关必须依据法律行使行政权力，管理公共事务。法律是行政机关据以活动和人们对该活动进行评价的标准。依法行政是对整个国家行政活动而言的，它要求一切抽象的与具体的行政行为都要遵循法律。依法行政是对各级行政机关提出的要求，也是反映市场经济对政府活动的客观要求。随着法制建设的发展，政府管理所涉及的各个领域基本上都能做到有法可依，这就为依法行政提供了依据，奠定了基础。各级行政机关要依法律来管理公共事务，要求公民、法人或其他组织依据法律享受权利，履行义务，对不正当行使权利和不很好履行义务的公民、法人或其他组织追究法律责任。然而在行政管理领域里，法律决不仅仅是只约束作为被管理者的相对人，作为管理者的各级行政机关，也应当受到法律的约束。各级行政机关及其工作人员必须严格依照法律规定进行管理，行使行政权力必须有明确的法律授权，在职权范围内按法律规定的要求和程序管理公共事务。没有对管理者的要求，就无法对被管理者提出要求。管理者根据法律规定进行管理，实际上也就是要求被管理者严格依法行使权利，履行义务。只有各级行政机关及其工作人员的依法行政，才可能会有公民的严格遵守法律。

依法行政是社会主义国家行政管理的必然要求，这是由行政机关的性质决定的，其根源在于人民主权。宪法规定，国家的一切权力属于人民，人民通过人民代表大会行使权力，人民的意志主要通过人民代表大会制定的法律来表达，法律是人民行使权利的主要形式。行政机关是权力机关即人民代表大会的执行机关，它理所当然应该执行表达人民意志的法律，依法行政的要求即由此产生。

（二）依法行政的基本要求

根据国务院《全面推进依法行政实施纲要》，依法行政的基本要求包括以下六项内容：

1. 合法行政

行政机关实施行政管理，应当依照法律、法规、规章的规定进行；没有法律、法规、规章的规定，行政机关不得作出影响公民、法人和其他组织合法权益或者增加公民、法人和其他组织义务的决定。

2. 合理行政

行政机关实施行政管理，应当遵循公平、公正的原则。要平等对待行政管理相对人，不偏私、不歧视。行使自由裁量权应当符合法律目的，排除不相关因素的干扰；所采取的措施和手段应当必要、适当；行政机关实施行政管理可以采用多种方式实现行政目的的，应当避免采用损害当事人权益的方式。

3. 程序正当

法律的正义只有通过正义的程序得到实现。公正的程序是正确选择和适用法律，从而也是体现法律正义的根本保证。有的学者提出“所谓的依法行政，其核心与实质，是指依行政程序法行政。离开行政程序法，无以言依法行政。”这种观点抓住了法律对行政的控制只有藉行政程序的作用才能实现的本质。行政程序是指行政机关实施行政行为，行使其行政权力过程中所遵循的步骤、顺序、方式及时限的总和。行政程序在现代行政法治中具有重要地位，它可以有效地控制行政实体权力的运作，保护相对人的合法权益，并在保障相对人对行政的参与及提高行政效率方面发挥着重要作用。

程序正当要求行政机关实施行政管理，除涉及国家秘密和依法受到保护的商业秘密、个人隐私的以外，应当公开，注意听取公民、法人和其他组织的意见；要严格遵循法定程序，依法保障行政管理相对人、利害关系人的知情权、参与权和救济权。行政机关工作人员履行职责，与行政管理相对人存在利害关系时，应当回避。

4. 高效便民

行政机关实施行政管理，应当遵守法定时限，积极履行法定职责，提高办事效率，提供优质服务，方便公民、法人和其他组织。

5. 诚实守信

行政机关公布的信息应当全面、准确、真实。非因法定事由并经法定程序，行政机关不得撤销、变更已经生效的行政决定；因国家利益、公共利益或者其他法定事由需要撤回或者变更行政决定的，应当依照法定权限和程序进行，并对行政管理相对人因此而受到的财产损失依法予以补偿。

6. **权责统一**

权力机关授予行政机关以行政权力，是要求行政机关运用它去履行职能，达到行政管理的目的，否则就没有必要授予其权力。行政机关的职权是法律授予行政机关管理社会公共事务的权力，它与公民的权利不同。公民的权利是私权利，既可以行使也可以放弃；而行政机关的职权是公权力，公权力必须行使且不得放弃。法律授予行政机关职权，实际上也就是赋予行政机关以义务和责任，因此，行政机关的职权从另一角度来说，就是职责。行政机关的职权和职责是一个统一体。行政机关依法履行经济、社会和文化事务管理职责，要由法律、法规赋予其相应的执法手段。行政机关违法或者不当行使职权，应当依法承担法律责任，实现权力和责任的统一。依法做到执法有保障、有权必有责、用权受监督、违法受追究、侵权须赔偿。

（三）依法行政的观念

当前依法行政已成为政府工作的主要任务之一，公务员作为行政职权的具体实施者，其依法行政能力的强弱直接决定行政机关依法行政的水平。公务员坚持依法行政原则，应树立以下五种观念：

1. **法律至上的观念**

一切行政活动都要在法律规定的范围内进行，法律是行政机关及公务员行使行政职权，从事各项行政管理活动的最高依据。行政机关做出的各项行政处理必须符合现行法律。任何机关和个人都不能有超越于法律或者凌驾于法律之上的特权，不得以权代法、以权压法。公务员应当尊重法律、崇尚法律、遵守法律，自觉维护法律的权威，真正做到只唯法、不唯权。

2. **职权法定和权责统一的观念**

行政机关的职权只能来自法律的授权。行政机关在管理经济和社会事务中只能行使法律授予的与其职能相适应的行政权力，凡是法律没有授权的，行政机关就不得行使此项权力，否则就是越权。行政机关在享有某一职权的同时也就承担了合法行使该职权的义务，即职责。职权和职责是统一的，不行使职权就是失职。行政机关违法行政，必须承担相应的法律责任，接受法律的必要制裁。

3. 依程序行政的观念

随着越来越多的国家制定行政程序法或建立行政程序制度，依程序行政已经成为规范和监督行政权力的普遍规则。公务员应当充分认识程序对实体公正的价值和意义，在作出影响行政相对人的行为时，严格遵守法定程序；在行政决定过程中平等对待相对人；与相对人存在利害关系时主动回避；在作出不利于相对人的行政决定时应当给予陈述和申辩的机会。

4. 服务群众的观念

行政机关及公务员的行政权力是人民赋予的，因此，他们必须用这些权力为人民服务。经济体制改革越深入，市场经济越发展，对行政管理秩序和行政服务质量的要求就越高。行政机关和公务员在行政管理过程中必须积极行政，更新执法方式，强化亲民意识，把为民思想贯穿到执法活动的各个环节，尽可能为相对人提供方便、快捷的服务，大力提高行政服务水平，积极、全面、有效地履行法定职责。

5. 自觉接受监督的观念

不受监督的权力必然走向腐败。对行政权力的行使进行有效监督是依法行政的必然要求。行政机关和公务员应当树立自觉接受监督的观念，自觉接受权力机关、司法机关、新闻媒体和社会各界对政府工作的广泛监督。增强行政工作的透明度，主动将政府活动置于公众和新闻媒体的直接监督下，保证公正与效率的实现。

二、依法行政的实践

依法行政要求领导者必须懂法、通晓与其专业相关的各种法律知识，并且要求领导者首先能够在复杂的社会环境中恰当地运用法律规范，严格依照法定的权限、程序和方式作出行政行为，并自觉地维护法律的权威与尊严。

（一）依法行政的主体

依法行政的主体是行政机关及其公务员。行政机关的性质、任务、职权、组成、活动方式以及成立、变更和撤销的程序，由行政机关组织法和行政机关编制法规定。公务员的录用、任命、晋升、奖惩、待遇等由公务员法规定。行政机关组织法和公务员法统称为行政组织法。行政机关、公务员的产生和活动，必须依据行政组织法，这是依法行政的重要内容，不能把行政主体本身的依法行政排除在外，否则依法行政将失去基础。具体到行政执法行为的实施，依法行政原则对其主体有以下要求：

1. 行政执法的主体是特定的

行政执法是行使国家行政权力的活动，实施这种活动的主体只能是依法享有行政执法权的行政机关和法律、法规授权的组织以及行政机关依法委托的组织。除此之外，任何其他国家机关和组织都不能实施行政执法活动。只有法律明确授权的行政机关及其他组织才具备行政执法的主体资格，这是行政执法行为能够产生法律效力的必备条件之一。行政执法的主体包括三类：其一是行政机关，行政机关是行政执法活动的主要承载者，行政机关属于执行性的国家机关，权力机关制定法律，行政机关执行法律，执法是其固有的职能。随着现代行政的发展，行政机关所承担的行政执法任务越来越重。行政机关必须以法律为依据建立健全行政执法机构，合理配置行政执法权力，以适应现代政府管理的需要。各执法机构之间的职责权限应有明确的分工，避免出现职权的交叉和重叠，否则执法时容易造成有利大家争着管，有麻烦则互相推诿的混乱现象，损害相对人的合法权益。其二是经法律、法规授权的组织，这些组织虽然不属于行政机关序列，但被赋予了某项行政管理职能和相应的权力，也可以成为行政执法主体。法律法规授权的组织实施行政执法行为时应当注意在授予的权限范围内行使权力，以自己的名义作出行政执法的处理决定。其三是行政机关依照法律法规或者规章的规定，可以在其法定权限内委托依法成立的管理公共事务的组织实施行政执法活动，这种受委托的组织也可以作为行政执法的主体。委托的组织实施行政执法行为必须在委托的权限范围内，并且以委托的行政机关的名义实施，由此产生的法律后果由委托的行政机关承担。委托的行政机关应当对受委托组织行使委托权力的活动进行监督。

2. 行政执法人员合法

行政执法人员是行政执法权的具体实施者，这些人员必须具备一定的条件，所实施的行政执法行为方有效。人员合法主要是指实施行政执法行为的人员必须是在行政机关具有法定职务、法定的资格，并能代表行政机关对外行使职权的工作人员，即必须具备合法的公职身份。对法律、法规授权组织和受委托组织中从事行政执法活动的人员的要求亦是如此。

行政执法活动是一种特殊的执行公务的活动，法律实施的效果如何，立法的目的和宗旨是否能够实现，很大程度上取决于执法人员的素质及其责任心和创造性。因此，行政执法人员除了应当具有法定资格外，还应注意以下几个方面的要求：

第一，行政执法人员应具备相应的法律知识。行政执法人员必须精通与本职工作相关的法律、法规知识，能够准确理解和把握法律、法规的精神实质，只有这样才能做到合理利用规则，准确适用法律。

第二，行政执法人员应严守职业道德。行政执法人员面临的社会现实情况复杂，各种干扰和诱惑较多，因此应当加强自身的道德修养，遵守职业道德规范。行政执法人员职业道德的基本要求是勤政、廉政。勤政指行政执法人员在依法行政的基础上，在崇高的事业心和执法责任感驱使下，在单位时间内实施更多数量、更好质量的执法活动或者是自愿地在非工作时间内超额完成行政执法任务。廉政指行政执法人员在执法过程中不利用执法权力谋私，秉公执法。廉政的执法者能给人以公正、可靠的形象。

第三，行政执法人员应当树立权利意识，增强服务观念。行政执法人员在执法过程中应当注意尊重和保护相对人的权利，不能简单地把执法视为对行政相对人的强制。同时应树立为人民服务的公仆意识，摒弃特权思想，坚持服务中执法，执法中服务。

第四，行政执法人员应具备较强的守法意识。行政执法人员的行为能够对社会公众产生一定的影响，执法者能否依法行政直接影响到社会公众是否会自觉地去按照法律的要求去做，认真守法。行政执法人员自身若不依法行使职权，就不可能去指引、教育、强制或激励社会公众去遵守法律。

科级领导在行政执法活动中既是法律法规的具体执行者，又负有组织实施的领导职责，因此，不仅要有较高的政治和业务素质，还要有较高的法律素质，特别是运用法律、法规实施行政管理的能力。无论是进行决策还是实施管理，都必须按照法律、法规行使权力，合法有效地运用权力。

（二）依法行政的“法”

依法行政首先应明确的一个问题是依什么“法”行政。对于依法行政所依之“法”究竟应该为何，理论界的回答可谓见仁见智，但在以下几个方面的认识是趋同的：

1. 依法行政的“法”应该具有体系性

依法行政的“法”，它应当是以宪法为顶点构筑起来的，由法律（包括基本法律和部门法律）、行政法规、行政规章以及地方性法规等等组成的规范体系。不具备法的形式的行政命令是不能作为行政活动合法性判断的根据的。

2. 依法行政的“法”不仅包括具体成文的规范，也应包括抽象的法律原则

依法行政并非意味着唯条文是举，因为法律不仅仅是条文，还包括隐含在条文背后的法律的目的和精神。行政执法机关作出具体执法行为既要符合法律本身的规定，也要符合法律的原则、精神和目的。这里的法律原则一般包括平等原则、诚信原则、比例原则、法律安定性原则、信赖保护原则等。

3. 依法行政的“法”应是“良法”、“合法之法”

法有良法与恶法之分。所谓良法要求法从形式上必须是由国家机关制定或认可的，从实质上讲，法应反映大多数人民的意志和利益，反映自然社会的客观规律，体现公平和正义。如果不符合形式或实质标准，便不能成为依法行政中的所依之法。例如，在市场经济快速发展的今天，某市的酒类专卖办竟然用二十几年前的革委会文件作为执“法”依据，管理酒类市场，对经销外埠啤酒的商户进行行政处罚，实行地方封锁，大搞不正当竞争（见2000年4月22日《法制日报》第一版）。如此依“法”行政，恐怕执法执得越到位，社会效果越差，会产生极坏的影响。行政机关如果依恶法或非法之法办事，公民应该享有抵抗之权。

总之，依法行政并非对行政活动的限制，而是要求行政机关以法为根据积极管理社会。依法行政并不是要求行政机关在履行职能、管理国家事务过程中处处唯条文是举。对依法行政，不能机械地、僵化地去理解，强调依法行政，并非消极地限制行政活动。只要宪法、法律未加禁止的，不直接影响相对人的具体权利义务，行政机关在其职权范围内，为了社会的改革、发展和稳定，为了增进公共利益和福利而开展的各项活动，都是符合依法行政的原则的。依法行政更为重要的是通过行政的管理实现社会公平和激活社会自身的活力。

（三）依法行政对行政执法的要求

目前国家所颁布的法律法规中，80％都要由行政机关执行，因此依法行政能否实现很大程度上取决于行政执法活动是否能够合法有效地实施。科级领导作为政府部门的基层领导者，其日常工作与行政执法密切相关，不少人还专门从事行政执法工作。因此，科级领导要想做好依法行政工作，就要从依法行政的关键环节——行政执法入手，结合自己的工作实际，学习相关的法律知识，提高依法行政的实践能力，组织实施好行政执法工作。依法行政原则对行政执法行为的要求主要有以下几个方面：

1. 行政执法行为必须在法定权限范围内作出

行政执法是执行法律的活动，这种性质要求行政机关不能自己给自己授权，而只能在法律授权下从事行政管理活动。行政机关必须在法律规定的职权范围内活动，超越职权所作出的行政行为是无效的。超越职权既包括横向的越权，如技术监督机关行使了工商行政管理机关的职权；也包括纵向的越权，如下级行政机关行使了上级行政机关的职权。职权法定，越权无效，是依法行政的基本要求之一。

2. 行政执法的内容合法

行政执法行为的内容就是该行为对行政相对人权利义务所产生的具体影响，主要表现为：赋予相对人权利或者为相对人设定义务；剥夺相对人的权利或者免除相对人承担的义务；确认某种法律事实或法律地位等。不管是哪种内容都必须以法律为依据，符合法律的明确规定。内容合法有以下几个方面的要求：

首先，要有事实根据，证据确凿。行政执法内容合法，必须以有事实根据为前提。例如，行政机关实施行政处罚行为，必须有行政相对人实施了违法行为的事实，否则不能适用行政处罚。行政执法不仅要有事实根据，还要有确凿的证据证明该事实的存在。否则，该行政执法行为会因缺乏可靠的证据基础而受到相对人的指控，最终可能被有权机关撤销。

其次，要正确适用法律规范。行政执法的过程也即适用法律规范处理具体行政事务的过程。行政执法的内容合法要求行政机关正确适用相关法律规范。所谓正确适用，包括四层含义：一是正确把握法律规范的效力位阶，先适用高位阶的法律规范，然后再适用低位阶的法律规范，法律规范之间发生冲突时，则应适用高位阶规范而不适用低位阶规范；二是要有针对性。即行政执法主体及其执法人员应在大量的法律规范中选择与解决相应问题相适应的规范；三是应选择现行有效的法律规范；四是应全面适用法律规范，如对某一问题，同时有几个法律规范对之进行调整的，应选择同时适用所有有关的规范。

第三，要合乎立法目的。这是对行政执法人员主观动机、目的的要求。行政执法行为的实施，应当是为了实现相应立法所要达到的目的，而不应是通过行政职权的行使去实现自己的某种私利，否则即为滥用职权。

3. 行政执法的程序和形式合法

行政机关实施行政执法行为时，应当严格按照法定程序行使权力、履行职责。行政机关作出对行政管理相对人、利害关系人不利的行政决定之前，应当告知行政管理相对人、利害关系人，并给予其陈述和申辩的机会；作出行政决定后，应当告知行政管理相对人依法享有申请行政复议或者提起行政诉讼的权利。对重大事项，行政管理相对人、利害关系人依法要求听证的，行政机关应当组织听证。行政机关行使自由裁量权的，应当在行政决定中说明理由，还要接受事后监督、司法监督和司法救济。我国目前已经有《行政处罚法》、《行政许可法》等法律对行政执法程序作出了具体明确的规定，能够有效地保障相对人的程序权利，促进行政机关依法行使职权。行政执法行为还必须符合法律关于形式的要求，一般来讲，除了法律特别说明可以采取口头形式的以外，都要采取书面形式。

4. 行政执法行为应公平、合理

行政执法活动中存在大量自由裁量权的行使。依法行政原则要求行政机关在行使自由裁量权时，必须正确理解和把握立法意图和精神实质，实施自由裁量行为应具备合理的动机和目的，出于善良和正义，不能将行政机关的主观意志乃至于个人的好恶、偏见强加于相对人；必须考虑一切应当考虑的因素，如果没有充分考虑相关因素而考虑了不相关的因素就会滥用自由裁量权；执法者在行使自由裁量权时应根据具体情况作出判断，作出适当的行为，不得带有偏见，应平等对待所有相对人。行政机关应当严格遵守回避、听取当事人意见等制度，排除各种可能影响公正执法的因素的干扰。

5. 行政执法活动应公开

行政公开是现代行政的必然要求。公开是制止自由裁量权专横行使最有效的武器。“阳光是最好的防腐剂”，秘密的程序和秘密的规定是产生不公正的渊源。行政机关作为权力机关的执行机关，其执法活动不仅应当让公众了解，而且应当允许公众直接参与，将政府的活动置于公众监督之下。公开的主要内容包括：

实施行政执法行为的依据公开。行政执法行为的法律依据必须是已经公布的发生法律效力的法律规范。如《行政处罚法》第4条规定：“对违法行为给予行政处罚的规定必须公布；未经公布的，不得作为行政处罚的依据。”《行政许可法》第5条规定：“设定和实施行政许可，应当遵循公开、公平、公正的原则。有关行政许可的规定应当公布；未经公布的，不得作为实施行政许可的依据。”如果以未予公布的规范作为执法依据而对相对人作出处理决定，要求其承担某种义务则违反了最基本的公平原则。公开行政执法的法律依据是行政执法机关的一项义务。不仅法律依据要公开，而且据以作出行政执法行为的事实依据也要公开，如行政执法机关的调查记录、对现场进行检查勘验所作的笔录、为解决专门问题聘请专家鉴定所作的鉴定结论等，凡是用来支持行政执法决定的一切事实材料，只要不属于法律规定应予保密的情况，应当允许公民个人查询，让社会了解。公民一旦获知执法机关的有关信息，就可以使行政执法机关的自由裁量权及其运用展示在公众面前，行政执法机关在行使该自由裁量权时就不得不慎重、妥当。

实施行政执法行为的过程公开。即作出行政执法行为的调查、决定、听证、执行等不同行为阶段均公开。这方面主要包括执法者身份的公开；执法机关的办事制度、办事程序、办事期限、办事进度、收费标准的公开等。

行政执法的决定公开。行政执法机关及执法人员要向当事人公开所作的执法处理决定，让当事人了解该决定的内容，以便于当事人充分了解情况，陈述自己的意见和进行申辩。

6. 行政执法应讲求效率

行政机关在执法过程中要严格遵守法律关于各办事环节的期限的规定，及时处理行政管理事务中的各种社会关系，使行政权力及时得到有效运用，同时也可以对公民组织的合法权益及时实现起到一定的保证作用。法律没有明确规定期限的，行政执法机关也应当在合理的期限内完成，而不能久拖不决，损害相对人的利益。

三、依法行政的司法保障

行政诉讼、国家赔偿等法律制度，是依法行政的司法保障。对行政机关依法行政的行为，法院将予以维护，必要时提供司法强制；对违反依法行政的行为，法院将予以撤销和纠正，由此保障行政机关必须依法行政。对因行政机关及其工作人员违法行使行政权力而受到侵害的公民、组织给予赔偿，以保护公民、法人和其他组织的合法权益，促进行政机关依法行政。

（一）行政诉讼制度

行政诉讼是指行政相对人认为国家行政机关或其他具有行政管理职权的组织作出的行政行为侵犯其合法权益，向人民法院提起诉讼，人民法院在各方当事人的参与下，对该行政行为进行审查并做出裁决的活动。行政诉讼是独立于行政机关以外的人民法院所提供的一种外部救济制度，即通常所说的司法救济制度。同时，行政诉讼也是监督、促进行政机关依法行政的有效方式。

行政机关及其公务员由于受各种主客观因素的影响，在行使职权过程中违反依法行政原则的要求，侵犯行政相对人合法权益的现象是难以避免的。当行政相对人与行政机关就行政行为发生争议时，可以向法院提起行政诉讼，由法院审查行政行为是否违法，并做出是否撤销、变更或宣布该行政行为无效的判决。行政机关为了避免其行政行为遭到司法审查以及审查后作出对其不利判决的风险，就要自觉地严格依法行政。因此，作为外部力量的司法审查能促使行政机关及其公务员依法行政。而且，由于司法权是最终解决纠纷的权力，司法审查也就是解决行政争议的最终的、最有效的手段。因此，行政诉讼具有确保依法行政最终能够实现的保障功能。

1. 行政诉讼的受案范围

根据行政诉讼法的规定，人民法院受理公民、法人和其他组织对下列具体行政行为不服提起的诉讼：(1) 对拘留、罚款、吊销许可证和执照、责令停产停业、没收财物等行政处罚不服的；(2) 对限制人身自由或者对财产的查封、扣押、冻结等行政强制措施不服的；(3) 认为行政机关侵犯法律规定的经营自主权的；(4) 认为符合法定条件申请行政机关颁发许可证和执照，行政机关拒绝颁发或者不予答复的；(5) 申请行政机关履行保护人身权、财产权的法定职责，行政机关拒绝履行或者不予答复的；(6) 认为行政机关没有依法发给抚恤金的；(7) 认为行政机关违法要求履行义务的；(8) 认为行政机关侵犯其他人身权、财产权的；(9) 人民法院受理法律、法规规定可以提起诉讼的其他行政案件。

人民法院不受理公民、法人和其他组织对下列行为提起的诉讼：(1) 国防、外交等国家行为；(2) 行政法规、规章或者行政机关制定、发布的具有普遍约束力的决定、命令；(3) 行政机关对行政机关工作人员的奖惩、任免等决定；(4) 法律规定由行政机关最终裁决的具体行政行为；(5) 公安、国家安全机关依照刑事诉讼法的明确授权实施的行为；(6) 调解行为以及法律规定的仲裁行为；(7) 不具有强制力的行政指导行为；(8) 驳回当事人对行政行为提起申诉的重复处理行为；(9) 对公民、法人或者其他组织权利、义务不产生实际影响的行为。

2. 行政诉讼中的被告

根据行政诉讼法以及最高人民法院司法解释的有关规定，行政诉讼中的被告有以下几类：(1) 公民、法人或者其他组织直接向人民法院提起行政诉讼的，做出具体行政行为的行政机关是被告；(2) 经复议的案件，复议机关决定维持原具体行政行为的，作出原具体行政行为的行政机关是被告，复议机关改变原具体行政行为的，复议机关是被告；(3) 两个以上行政机关作出同一具体行政行为的，共同做出具体行政行为的行政机关是共同被告；(4) 法律、法规授权的组织作出的具体行政行为，该组织是被告；(5) 行政机关委托的组织所作出的具体行政行为，委托的行政机关是被告；(6) 行政机关被撤销的，继续行使其职权的行政机关是被告；(7) 与非行政机关共同做出具体行政行为的行政机关为被告。

3. 行政诉讼的特有原则

人民法院审理行政案件除了遵循以事实为根据、以法律为准绳等一般原则外，还必须遵循以下特殊原则：

(1) 对被诉的具体行政行为进行合法性审查的原则。人民法院在审理行政案件时，只对具体行政行为是否合法进行审查，不审查抽象行政行为，原则上也不审查具体行政行为的合理性，只有在法定的例外情况下，人民法院才审查具体行政行为的合理性。

(2) 被诉行政机关对做出的行政行为承担举证责任的原则。

在行政诉讼中，被告对其作出的具体行政行为承担举证责任。被告应当在收到起诉状副本之日起 10 日内提交答辩状，并提供做出具体行政行为的证据、依据。被告不提供或者无正当理由逾期提供的，应当认定该具体行政行为没有证据和依据。在诉讼过程中，被告不得自行向原告和证人收集证据。

（3）人民法院审理行政案件不适用调解的原则。即人民法院在审理行政案件时除法律、法规另有规定外，不得以调解作为审理程序和结案方式。调解的基础在于当事人对自己的实体权利、义务具有处分权，而在行政诉讼中，作为被告的行政机关享有的是一种公共权力，行政机关的义务是为着公共利益必须履行的法定职责，处分这种权力和职责，意味着违法失职；另一方面，如果具体行政行为侵害了行政相对人的合法权益，而法院为了平息纠纷而让其做出让步，则无异于让相对人承认侵害合理，甘心承受其损害。如此，行政诉讼的救济功能便不能真正实现了。

（4）司法变更有限原则。在通常情况下，人民法院对行政案件审理过程中，无权变更原具体行政行为，只有在特定情况下如行政处罚显失公正的才能变更原具体行政行为。

（5）行政诉讼期间具体行政行为不停止执行原则。在行政诉讼过程中，当事人争议的具体行政行为不因原告提起诉讼而停止执行，只有在法律、法规规定的例外情形下才能停止执行。确立这一原则的目的在于保证行政管理的连续性和效率性。

4. 行政诉讼的法律依据

人民法院审理行政案件，以法律和行政法规、地方性法规为依据。地方性法规适用于本行政区域内发生的行政案件。人民法院审理民族自治地方的行政案件，并以该民族自治地方的自治条例和单行条例为依据。

人民法院审理行政案件，参照国务院部、委以及省、自治区、直辖市和省、自治区的人民政府所在地的市和经国务院批准的较大的市制定、发布的规章。所谓“参照”规章，是指人民法院在审理行政案件时，对具体行政行为所适用的规章在参、鉴定之后来决定是否依照，既不是无条件地适用，也不是一律拒绝适用，而是有条件地适用规章。由此可见，规章不能作为法院审理行政案件直接适用的法律依据。

（二）行政赔偿制度

行政赔偿是指国家行政机关和行政机关工作人员在行使职权时，违法侵犯公民、法人或其他组织的合法权益造成损害的，由国家向受害人负责赔偿的制度。国家负责赔偿的主要表现是赔偿费用由国库支出。行政赔偿是国家赔偿制度的重要组成部分，它不仅能够切实地保障公民、法人或其他组织已经遭受侵害的权利得以恢复和补救，而且也可以减少和防止侵权现象的发生，促进行政机关及公务员严格遵守依法行政原则。

1. 行政赔偿责任的构成要件

（1）主体要件。引起行政赔偿责任的侵权行为主体必须是国家行政机关及其工作人员。此外，法律、法规授权的组织所实施的侵权行为，国家也要承担赔偿责任；被委托人实施的侵权行为造成的损失应由国家承担赔偿责任；自愿协助公务的人员在执行公务的范围以内所为的行为，国家也应当承担赔偿责任。但假冒公务人员“执行职务”造成他人损害的，应由假冒者个人赔偿受害人的损失，国家不承担赔偿责任。

（2）行为要件。并非国家行政机关及其工作人员的一切产生损害公民、法人或其他组织合法权益后果的行为都能构成行政赔偿，引起行政赔偿责任的行为必须是国家行政机关及其工作人员的执行职务的行为，同时该行为必须是违法的行为。合法的职务行为造成损害的，引起的是行政补偿而不是行政赔偿。

（3）结果要件。违法的职务行为造成了公民、法人或其他组织合法权益的特定、现实、直接的损失，是行政赔偿责任的结果要件。国家只对因违法的职务行为所造成的以下损害承担赔偿责任：损害必须是已经发生的、现实的，而不能是未来的、主观臆想的；损害必须是直接损害，而不包括间接损害。只有上述要件同时具备，国家才对损害承担行政赔偿责任。

2. 行政赔偿的范围

行政赔偿的范围是指国家对哪些行政行为造成的损害予以赔偿，对哪些损害不予赔偿。根据国家赔偿法的规定，行政赔偿的范围包括以下三个方面的内容：

（1）侵犯公民人身权的赔偿范围：违法拘留或者违法采取限制公民人身自由的行政强制措施的；非法拘禁或者以其他方法非法剥夺公民人身自由的；以殴打等暴力行为或者唆使他人以殴打等暴力行为造成公民身体伤害或者死亡的；违法使用武器、警械造成公民身体伤害或者死亡的；造成公民身体伤害或者死亡的其他违法行为。

（2）侵犯财产权的赔偿范围：违法实施罚款、吊销许可证和执照、责令停产停业、没收财物等行政处罚的；违法对财产采取查封、扣押、冻结等行政强制措施的；违反国家规定征收财物、摊派费用的；造成财产损害的其他违法行为。

（3）国家不予赔偿的范围：并非一切由国家行政机关及其工作人员作出的侵犯公民、法人和其他组织合法权益的行为都必然产生国家赔偿责任，以下几种情况国家就不承担赔偿责任：行政机关工作人员与行使职权无关的个人行为；因公民、法人和其他组织自己的行为致使损害发生的；法律规定的其他情形。

3. 行政赔偿请求人和行政赔偿义务机关

在行政赔偿中，因行政机关及其工作人员违法行使职权造成其合法权益受到损害、而有权请求国家予以行政赔偿的受害者是行政赔偿的请求人。行政赔偿请求人包括公民、法人和其他组织三种。当享有赔偿请求权的公民死亡时，其继承人和其他有扶养关系的亲属可以作为行政赔偿请求人；当享有赔偿请求权的法人或者其他组织终止时，承受其权利的法人或其他组织可以作为行政赔偿请求人。

行政赔偿义务机关是指代表国家处理赔偿请求、支付赔偿费用、参加赔偿诉讼程序的行政机关。根据国家赔偿法的规定，行政赔偿义务机关可以分为以下几种情形：(1) 行政机关和行政机关工作人员在行使职权时违法侵犯公民、法人或其他组织的合法权益造成损害的，该行政机关或工作人员所在的行政机关为赔偿义务机关；(2) 两个以上行政机关共同行使行政职权时侵犯公民、法人和其他组织的合法权益造成损害的，共同行使行政职权的行政机关为共同赔偿义务机关；(3) 法律法规授权的组织在行使授予的行政权力时侵犯公民、法人和其他组织的合法权益造成损害的，被授权的组织为赔偿义务机关；(4) 受行政机关委托的组织或者个人在行使受委托的行政权力时侵犯公民、法人和其他组织的合法权益造成损害的，委托的行政机关为赔偿义务机关；(5) 赔偿义务机关被撤销的，继续行使其职权的行政机关为赔偿义务机关；没有继续行使其职权的行政机关的，撤销该赔偿义务机关的行政机关为赔偿义务机关；(6) 经复议机关复议的，最初造成侵权行为的行政机关为赔偿义务机关，但复议机关的复议决定加重损害的，复议机关对加重的部分履行赔偿义务。

4. 行政追偿

行政追偿是指国家在向行政赔偿请求人支付赔偿费用之后，依法责令有故意或重大过失的工作人员、受委托的组织或个人承担部分或全部赔偿费用的法律制度。行政赔偿义务机关代表国家行使追偿权，必须具备两个条件：(1) 行政赔偿义务机关已经向受损害的公民、法人和其他组织履行了赔偿责任；(2) 行政机关工作人员或受委托的组织或个人有故意或重大过失。

(三) 行政应诉能力

法律赋予了公民、法人和其他组织通过行政诉讼维护自身合法权益的权利，对于相对人提起的行政诉讼，行政机关及其公务员应当正确对待。在行政诉讼的实践中，存在一个突出问题就是绝大多数行政长官漠视法律程序，拒不出庭参与诉讼。有的甚至作出对相对人的起诉不应诉、不举证、不到庭、不答辩、即使败诉也不上诉的极端之举。这种做法非但使合法行政行为不能得到有效支持，而且还会严重损害政府形象。要改变行政长官拒不出庭的被动局面，首先要消除他们的心理障碍，通过进一步解放思想，树立正确的权力观、平等观，增强现代法治意识，尊重司法，崇尚法律，塑造行政机关依法行政，执政为民的良好形象。行政机关积极应诉也是依法行政原则的必然要求。行政机关应诉应做到：

1. 了解作为行政诉讼被告的行政机关在行政诉讼中享有的权利

根据行政诉讼法的规定，行政机关作为行政诉讼当事人享有的诉讼权利主要有：辩论权、上诉权、委托代理权、申请回避权、申请执行权等。行政机关应当了解并在行政诉讼过程中充分行使这些权利。

2. 明确参加行政诉讼的目的

作为被告的行政机关参加诉讼的目的，是证明其行政行为的正确性、合法性。在行政诉讼中，行政机关不能消极放弃诉讼权利。消极不应诉或者不提供证据而导致败诉，实际上受损害的不单是该行政机关本身的利益，而更重要的是国家利益、公众利益。所以，在行政诉讼中，作为被告的行政机关必须积极答辩应诉，忠于事实，忠于法律，及时地向法庭提供自己作出具体行政行为的证据和规范性文件，尽快实现自己的参诉目的。

3. 积极举证

行政诉讼法第 32 条规定：“被告对作出的具体行政行为负有举证责任，应当提供作出该具体行政行为的证据和所依据的规范性文件。”这是行政诉讼由被告——行政机关负举证责任的法律依据。作为被告的行政机关如果不举证或所举证据不足，就要承担败诉的后果。

行政诉讼中双方当事人诉讼地位是平等的。因此在行政诉讼中，行政机关首先要从平时管理者、掌权者的地位转变到与行政相对人平等的地位，要从思想认识上完成角色的转换，听从法庭的指挥，遵循举证的规则。

在行政诉讼中，法庭审查的中心和重心，是对行政机关即被告的具体行政行为的合法性进行审查。作为被告的行政机关有义务对自己的具体行政行为承担证明责任，行政机关参与诉讼的中心任务，是证明其具体行政行为的正确性、合法性。被告如果不举证或者举证不足，就要承担由此造成的败诉后果。

行政诉讼中，被告的举证期限则受到严格的限制。行政诉讼法第 43 条规定："被告应当在收到起诉状副本之日起 10 日内向人民法院提交作出具体行政行为的有关材料，并提出答辩状。……被告不提出答辩状的，不影响人民法院审理。"

为遏制行政机关"先裁决、后取证"等滥用职权行为的发生，行政诉讼法不仅规定了被告的举证期限，而且在第 33 条进一步规定："在诉讼过程中，被告不得自行向原告和证人收集证据。"这是一条禁止性规定。因此，那种在一审程序中不积极举证或举证不全、或在诉讼中继续搜集证据以至等到二审再举证的做法都是非常错误的。

（四）行政法律责任的承担

现代政府是责任政府，没有法律责任也就没有依法行政。行政机关违法行使职权时必须承担相应的法律责任，接受必要的制裁。要求行政权力主体承担法律责任是保障行政机关及其工作人员依法行政的根本方式。严格的法律责任制度可以规范和制约行政机关行使权力的行为，促使其树立依法行政的观念，提高行政执法的水平。追究行政权力主体的法律责任必须由法定的国家机关依照法定的程序和方式进行。科级领导应当明确了解违法失职的行政行为所产生的法律后果，增强法律责任意识，自觉约束自己的行为，并且督促下级工作人员依法行使职权，防止滥用权力侵害公民、法人和其他组织的合法权益行为的发生。

行政违法行为一方面表现为行政机关不履行法定义务，另一方面由于其具有违法性，必然会对相对人的权益产生程度不同的损害，因此，行政法律责任从内容上也应体现出对行政违法行为两方面后果的追究，即责任包括两方面：一是惩罚性的；一是补救性的。惩罚性责任是对违法主体自身的一种惩戒。补救性责任是通过强制违法行为者弥补受害者的损失而对违法行为者实行惩戒。两种责任的性质不同，因此其承担的方式也有所区别。

惩罚性行政法律责任的承担主体包括行政机关和公务员。行政机关承担行政法律责任的方式主要有：纠正行政违法行为（可以是上级行政机关基于监督权而纠正，也可以是由其责令行政机关自行纠正）；撤销违法的行政行为；变更违法的行政行为；责令履行法定职责；行政赔偿。

对行政机关法律责任的追究由权力机关、上级行政机关、复议机关或人民法院根据各自的职责和权限依照法定程序进行。

公务员承担行政法律责任的方式主要是行政处分和行政赔偿：

（1）根据《国家公务员暂行条例》，公务员必须严格遵守纪律，不得有违纪行为。公务员有违纪行为，尚未构成犯罪的，或者虽然构成犯罪但依法不追究刑事责任的，应当给予行政处分。行政处分的形式包括警告、记过、记大过、降级、撤职、开除。受撤职处分的，同时降低级别和职务工资。受行政处分期间，不得晋升职务和级别；其中受警告以外的行政处分的，不得晋升工资档次。

对公务员的行政处分依法分别由任免机关或行政监察机关决定，其中给予开除处分的，应当报上级机关备查。县级以下行政机关开除公务员，必须报县级人民政府批准。

（2）根据《国家赔偿法》关于追偿的规定，有故意或者重大过失的公务员可被责令承担部分或者全部赔偿费用。

此外，根据相关法律规定，公务员的违法行为已经构成犯罪的，应当依法追究刑事责任。

补救性行政法律责任的承担方式主要有：赔礼道歉、恢复名誉、消除影响；履行法定职责；撤销违法行为；返还财产、恢复原状、行政赔偿。

行政法律责任对行政机关及其公务员而言，是一种惩罚，对相对人而言，实际上是一种救济，很多承担方式本身体现了这种双重性，究竟采用哪一种承担方式，应该依据具体的法律、法规的规定。

案　例

既为患者维权　工商缘何败诉

2001年4月24日，湖南省涟源市工商局在省煤矿机械厂制氧分厂检查时，发现该厂在不具备生产医用氧的条件下，于2000年9月30日与涟源市人民医院签订了供应医疗用氧的合同，向医院供应工业氧，涟源市工商局遂决定立案查处。经调查，涟源市工商局查明，该市将工业氧代替医用氧用于临床的主要有三家医院：涟源市人民医院、涟邵矿务局总医院、涟源市妇幼保健院。涟源市工商局认为，这三家医院的行为已构成违法——医用氧是药品，其标准属于保障人体健康和人身、财产安全的国家强制性标准。三家医院将不符合强制性药品标准的工业氧代替医用氧用于临床，其行为违反了消费者权益保护法第十八条的规定，损害了消费者的合法权益。

2001年10月15日，在为当事人举行听证会后，涟源市工商局根据消费者权益保护法第五十条第一项、产品质量法第四十九条的规定，向涟源市人民医院下达行政处罚决定书：责令立即停止违法行为，并处以罚款9.8万元。在此前的6月29日，涟源市工商局还分别对涟邵矿务局总医院和涟源市妇幼保健院作出罚款4万元与1万元的处罚。

对于工商部门的行政处罚，涟邵矿务局总医院及涟源市妇幼保健院均无异议，但涟源市人民医院却表示不服。10月18日，就在涟源市工商局下达处罚决定书之后的第三天，涟源市人民医院一纸诉状，将涟源市工商局起诉到涟源市人民法院，状告涟源市工商局行政违法，要求法院撤销其行政处罚决定。

2002年3月22日，涟源市人民法院公开审理此案。庭审中，原、被告双方争辩激烈。争辩的焦点首先围绕“工商是否具有执法主体资格”这一问题展开。涟源市人民医院认为，医院作为医疗单位，为病人治疗使用的产品是“药品”。对医疗单位使用药品是否存在问题，根据药品管理法的规定，有权查处并作出相应行政处罚的应当是药品监督管理部门，而非工商行政机关，本案被告执法主体资格错误。同时，被告适用的法律也是错误的。医院如果使用假药、劣药有损病人的身体健康，执法部门处罚的法律依据应是作为特别法的药品管理法，而不是作为普通法的消费者权益保护法，更不是产品质量法。

涟源市工商局则称，我局查处的是原告使用工业氧代替医用氧用于临床的违法行为。工业氧是“工业产品”和“一般商品”，不是药品，它与医用氧是两个不同的法定名称。医用氧与工业氧两者在技术指标与生产流程上不同，适用的领域也不同，药典中规定的“氧”毫无疑问应特指医用氧，如果不是医用氧它进入的就不是“药”典！我们不能因为工业氧这种工业产品进入了医疗领域就摇身一变而成为了“药品”。如同不法分子用工业酒精代替饮用酒、用工业盐代替食用盐坑害广大消费者一样，用工业氧代替医用氧用于临床，对患者（消费者）构成了潜在的不利影响与损害，根据消费者保护法的规定，工商部门自然有权查处。

2002 年 7 月 5 日，经审判委员会讨论，涟源市人民法院对此案作出了一审判决。涟源市人民法院认为，涟源市工商局对涟源市人民医院作出的行政处罚决定，认定涟源市人民医院临床使用工业氧违反了消费者权益保护法、产品质量法的规定，事实依据、法律依据不足。药品管理法作为药品监督管理的特别法，已对药品的监督和管理作出了明确的规定，医疗机构的临床用氧，依法应由药品管理法来调整，本案原告涟源市人民医院临床使用的是药品，故应由药品管理法调整。被告涟源市工商局的处罚决定书适用消费者权益保护法、产品质量法有悖于我国法律适用的原则，对原告的处罚属越权行为，被告不是符合对原告处罚的适格主体。工商部门在行政执法过程中，有对市场经济领域的各项服务、经营活动进行管理的权力，但根据消费者权益保护法第五十条、标准化法第二十条之规定，被告涟源市工商局作出的行政处罚书适用法律错误，执法主体不符。据此判决：撤销被告涟源市工商局涟工商经检处字（2001）第 91 号行政处罚决定书。

收到一审判决后，被告涟源市工商局不服，于 2002 年

8月2日向娄底市中级人民法院提出上诉。2002年10月29日，娄底市中级人民法院对此案进行公开审理。由于一审判决撤销被告行政处罚决定的理由主要是被告的执法主体资格不符，因此，在庭审中，双方当事人就此问题再一次展开了针锋相对的争辩。

2002年12月，鉴于本案涉及如何正确理解法律规定，如何维护法律严肃性，保障人民法院执法的统一性，娄底市中级人民法院层报湖南省高级人民法院。省高院又将此案作为请示案件请示到最高人民法院。2003年9月5日，最高人民法院就此案正式作出书面答复如下：药品管理法第三十二条规定，药品必须符合药品标准。国务院药品监督管理部门颁布的《中华人民共和国药典》和药品标准为国家药品标准。医用氧被列入《中华人民共和国药典》，制定有相应的国家标准，应当按照药品管理。产品质量法和消费者权益保护法规定，有关法律、法规对处罚机构和处罚方式有规定的，依照法律、法规的规定执行。医疗机构购买工业氧代替医用氧气用于临床的行为违反了药品管理法的规定，由药品监督管理部门予以处罚。

根据最高人民法院的《答复》，2003年10月15日，娄底市中级人民法院再次召开审判委员会会议，就该案作出终审判决：驳回上诉，维持原判（该案例出自2004年1月19日《人民法院报》第4版，作者建新、红菱）。

相关法律、法规：《药品管理法》第五条 、第三十二条；《消费者权益保护法》第十八条第一款、第十六条、第五十条；《产品质量法》第四十九条；《标准化法》第七条、第十四条、第二十条 。

结合上述案例，你认为涟源市工商局败诉的原因是什么？有何启示？行政机关及公务员应当如何依法行政？

思 考 题

1. 依法行政的含义及基本要求是什么？
2. 依法行政对行政执法的要求是什么？
3. 行政诉讼制度对于推进依法行政的作用？

第六章 科级领导的沟通与协调能力

现代管理已逐渐重视组织内部的信息交流，而且它将成为21世纪管理非常重要的内容之一。每个组织内部都是由形形色色的人构成的一个纷繁复杂的人际关系群体，上、下级之间，同事之间若不能进行正常的思想信息交流，则会使组织信息链条中断，人员之间的关系疏远，组织内部就不可能有团队精神的产生。很难想象，一个人心涣散、人员之间互相猜疑的组织能在竞争激烈的21世纪立于不败之地。所以，分析如何建立组织内部良好的人际关系，如何在组织内部进行沟通，已成为当前和未来管理科学的重要内容。特别是随着政府管理体制改革的不断深入，知识创新工程的推进，使得领导的决策以及政策的执行都面临新的课题。对于科级领导来说，由于年龄、阅历、背景等方面的因素，其领导知识、领导经验、领导技能诸方面都需要有一个提高过程。因此，科级领导干部要适应新时期发展要求，不断提高沟通与协调能力就显得尤为重要。

一、领导沟通与协调的作用

所谓沟通，是人们进行思想或情况交流，以此取得彼此了解、信任和建立良好人际关系的活动。同时，沟通又是保证人们在共同活动中协调一致的基础。一切组织的存在与发展都必须以成员间的沟通为基础，只要是两个以上的人在一起共同活动，就需要用沟通的手段来保证他们的动作协调一致。领导就是要使沟通规范、有序地进行，以保证领导管理体系的运行处于协调互动的良性发展中。

所谓协调，主要指通过领导者运用自己的权力、威信、各种方法和技巧，使领导活动的各个因素、各个环节、各个层次、各个方面的行动和谐一致，以便获得最佳的整体效益。沟通是协调的条件、手段；协调是沟通的目的和结果。

沟通协调的作用主要体现在以下四个方面：

（一）理顺关系，交流信息，提高组织生命力

首先，有效的沟通协调可以按整体目标求同存异，有效地避免因认识分歧而导致的内耗。对同一事物，不同的成员可能有不同的看法，如果不同成员之间不能坦诚地交换意见或在非原则问题上争论不休、各持己见，势必影响团结。领导者通过积极有效的沟通协调，在寻求共同点的基础上进行协商，取得共识能够有效地防止不团结因素的发生，为团结协作奠定思想基础。

其次，有效的沟通协调可以使领导系统各部门、各环节明确职责，统一运作避免因推诿扯皮而造成的内耗，使成员各司其职、各负其责，形成较强的整体工作合力。

第三，有效的沟通协调可以及时地互通情况、交流信息，有效地避免因误解而造成的组织涣散，及时地化怨恨为谅解、化干戈为玉帛、化矛盾为合力，提高组织的生命力。

（二）统一思想，步调一致，维系共同目标

首先，有效沟通协调可以统一思想，使方方面面的思想统一到整体目标上来，形成最大范围的思想共振，使不和谐因素控制在最低限度，使人的精神潜能和主观能动性最大限度地发挥出

来。

其次，可以科学地制定决策。通过积极有效地沟通协调，了解和掌握上情和下情以及与决策目标相关的各种实际情况，通过与主管领导和部门超前协商，听取各方面的意见和建议，逐步形成科学一致的共识，避免决策失误。

第三，可以顺利地实施决策。通过有效的沟通协调工作，可以防止有关部门和人员的推诿扯皮，避免工作停留在会议和文件上，得不到很好的贯彻和落实。通过有效沟通协调，使有关部门和人员明确任务、量化目标，并解决随时可能出现的新情况、新问题，疏通梗塞，顺利实施决策。

（三）积极平衡，实施激励，调动积极性

平衡是事物发展必备的和谐状态。积极的沟通协调可以有效化解不和谐因素，使领导系统保持相对平衡。领导者应通过有效的沟通协调，发现和支持先进，因势利导，使之在新的基础上达到新的平衡。对由于个体差异和客观条件限制造成工作质量不好，进度缓慢引起的滞后失衡，领导者应通过积极的沟通协调，解决困难，创造条件，使之赶超先进，维系平衡。同时，领导者的有效沟通协调，更是积极的平衡，通过实施激励，能够调动下级的积极性。

（四）整合要素，形成整体，发挥作用

1. 指向作用。从某种意义上说，领导者的工作就是带领组织成员去完成一定的任务，实现预期组织目标。通过积极有效的沟通协调，可以使领导系统内每一位成员的动机指向组织目标，把各方面的积极因素有机组织起来，为有计划、有步骤地实现既定目标而努力工作。

2. 枢纽作用。领导者是领导系统的中心和指挥中枢，是沟通协调的主体，有效的沟通协调可以更好地发挥枢纽作用。

3. **衔接作用**。领导工作是一个系统工程，其有效性可以通过领导者的有效沟通协调，把领导系统中的各种因素合理有效地衔接起来，既不重复又不脱节，最大限度地发挥整体效能。

4. **凝聚作用**。通过有效的沟通协调，可以使各成员团结一致，协同运作，把单独的行动化为合作的行动，把个人的力量化为集体的力量，产生巨大的凝聚力和向心力。

5. **节约作用**。通过有效的沟通协调，可以减少领导系统在人力、物力、财力上的不必要消耗，避免浪费，使一定的人、财、物发挥更大的作用。

6. **增效作用**。有效的沟通协调可以提高领导工作的质量，提高整个领导系统运行的效能。

二、沟通与协调的障碍因素分析

（一）沟通的障碍因素分析

在领导活动过程中，沟通障碍是普遍存在的，而且往往困扰着领导者，使他们的领导效能下降。信息沟通的障碍会阻止信息的传递或歪曲信息，这些障碍可能来自于信息发送者，也可能来自于信息接收者，或者来自于环境因素，但无论障碍来自何方，均会破坏整条信息沟通链的连续性和有效性。由于沟通是人与人之间的沟通，所以沟通必然会受到人的性格、气质、态度、情绪、见解、处世方式、思想观点、文化水平、工作经验、思维能力等各种主观因素的影响。组织结构造成的职位差别是沟通的客观障碍，特别是在等级森严的组织内，往往只能实现下行的单向沟通，而上行沟通就比较困难。沟通方式的障碍主要表现在沟通方式选择不当所造成的沟通低效和沟通无效。此外，沟通还会遇到语言、信息超载、环境“噪音”的干扰等障碍。

在领导活动中常见的沟通障碍包括：

1. **词不达意**。用词不当、陈词滥调、废话连篇、概念不清、逻辑混乱等等。

2. **错误译述**。传递上级意图时，理解错误或翻译成自己的语言而产生偏差，或表达不清楚使人误解。

3. **缺乏注意力**。接收者注意力不集中，接收不良，使传递产生失误。

4. **不明确的假定**。所传递的信息中含有不明确的假定，日后执行时发生问题。如指令“十点整务必准时点火”，含有不明确假定：不论情况如何，到时候就执行指令。结果到时候有可能发生爆炸的危险迹象，却由于没有人认真检查、请示，就点火而导致事故发生。正确的做法应改为：“点火时间定为十点整”则好一些。

5. **没有足够的调整时间**。有的改变，人们需要时间来考虑，才能体会整个信息的意义，如果给予的时间不足，就会使人们难于接受。

6. **对沟通者不信任**。领导者自身朝令夕改，没有信用，使信息接收者失去信心，从而产生不信任感。应当由领导者发布的重要信息，却由与其身份不相称的人来发布——身份不当，接收者不相信。

7. **不成熟的评价**。交谈时，一方不虚心听取他方的意见，乱加评说，造成互相沟通失败。

8. **畏惧**。上级摆出不必要的“威严”，下属畏惧，不能正确上传信息，使沟通难以进行。

（二）协调的障碍因素分析

在常见的科级领导协调工作中，存在下述几个方面的障碍因素：

1. **直接介入，充当“裁判员”**。领导者协调部下矛盾，尤其是进行现场协调时，往往不能保持自己的“超脱地位”，直接介入矛盾双方，就事论事，具体表态。对领导者来说，协调本身就是一种深入的探索，如果只是简单地充当“裁判员”的角色，也就往往抓不住问题的本质，掌握不了事物的规律，结果不能从根本上解决问题或者为矛盾双方说“公道话”，简单地判定孰是孰非，结果“胜”者看不到自己的短处和错误，“负”者也往往由于自己正确的地方没有被认可，口服心不服，达不到使被协调双方统一认识、取长补短、统一行动的目的。

2. **协商调解与指令制约相对立。**领导者的协调，具有协商调解与指令约束性双重职能，有些领导者不能深刻地理解二者的统一，将其截然分开，完全对立。在实际工作中，不能根据不同协调环境、协调客体，采取适宜的协调方法，综合运用两种协调职能，也收不到良好的协调效果。如领导者在对下协调时常处于组织领导、调度指挥之中，对协调的客体具有制约作用，但有的领导者过分强调这种指令性，采取简单命令式的做法，而不能立足于说明情况，讲清道理，以协商的姿态进行协商，下级也就不能心悦诚服地配合行事。而在权力协调中，在克服无人负责、推诿扯皮的弊端时，往往又缺乏协调力度，体现不出制约功能，达不到协调目的。

3. **位置不正，地位作用不明。**领导者在不同的协调环境中，所处的地位和起的作用各不相同。而有些领导者往往摆不正自己的位置。如在对外协调时，违背平行关系的横向协调应该遵循平等协商的重要原则，而以领导者自居，使协调陷入僵局。又如在领导者作为协调主体与上级机关、上级领导进行协调时，又存在两种错位：一是不能明确自己的主体地位，对上级被动听命，唯上是从，不能把单位具体情况如实地反映给上级，对是非分明确实应该坚持的意见，不能反复向上级陈述利害，取得上级的理解；二是不能明确自己在隶属关系上被领导、被制约的地位，不能以请示、汇报、协商的态度进行协调；对众说纷纭、难以定论的问题，固执己见，对不符合自己意愿的协商结果，拒不执行。

4. 不顾大局，“职能偏见”。从某种意义上说，任何一级、任何一个单位的领导者都是相对的，都有自己的上级，都有与自己平行的领导者。有些领导者，在协调中往往不能着眼于全局，不顾整体，而是以“我”为中心，站在本单位、本部门的立场上去协调问题和处理问题，久而久之就形成一种“职能偏见”，认为本单位、本部门是最重要的，从不考虑其他单位、部门的利益和情况。这种狭隘的本位主义，使得各单位、各部门自立山头，互不配合，难以协调，造成目标不一致，行动不统一，破坏了团结，影响了整体目标的实现。

5. 感情用事，处理不公。领导者是下属矛盾的最后协调者。在协调过程中，公平原则是最基本的原则，特别是下级为维护本部门的局部利益而发生的冲突，一般不带感情纠葛和个人恩怨，只要做到公平，双方矛盾就会达到协调。但有些领导者与下属有某种私人交往和特殊关系，如老同学、老同事、老战友、老邻居等，往往被某种感情所纠缠，带有感情色彩去协调问题，做出有利于某一方而有损于公正的调解。这种协调会降低威信，失去权威。

6. 事实不清，武断裁决。领导者在没弄清事实之前，主观臆断，分不清矛盾的性质，不能对症下药，糊涂官断糊涂案，结果弄巧成拙，激化矛盾。或者在处理矛盾时，只听一面之词，武断裁决。这种协调方法，往往会造成“冤案”，留下后遗症。

7. 忽视差异，方法不当。协调客体包括协调对象和被协调的具体问题，这方面存在的偏颇主要有以下几点：一是不顾协调对象的阅历、学识、能力、性格、现状等个体差异，方法不当以至达不到良好的协调效果。如对于性格比较内向的客体，在公共场合下进行面对面协调，因被协调对象放不下面子和架子，产生自卑心理和误解，达不到思想感情上的沟通与理解。二是不顾协调对象、协调问题的具体状态，采取不适时、不恰当的方法，同样达不到良好的协调效果。三是不能根据被协调问题的性质，采取不适宜的协调场合和协调方法，处理不当，同样影响问题的解决。

8. **语言不妥，缺乏艺术。**一是对上协调时，不能做到谦虚谨慎，语言不够委婉，不留余地；对下协调时语言强硬，不容协商。二是协调具体问题时，不能切中要害，开导说服不着边际，不得要领。三是不分客体心理，不能针对不同的心理素质和心理活动，没有语言艺术。四是不分场合和对象，滥用批评，语言过激，使人难以接受。五是对错误的观点和不同意见，挖苦讽刺，挫伤协调对象的自尊心和积极性，破坏畅所欲言的气氛，影响协调效果。

三、沟通协调的原则

在实际工作中，领导者要提高沟通协调能力，切实有效地发挥沟通协调功能，就必须遵循一定的原则。

（一）实事求是的原则

领导者沟通协调的问题十分复杂，有原则性的，也有非原则性的；有实际性的，也有感情性问题；有主观认识上的，也有客观造成的；层次有高有低，影响面有大有小，内容不一，原因很多。领导者在沟通协调过程中，要突破事实不清、武断仲裁、处理不公、方法不当等障碍，必须遵循实事求是的原则。领导者有兼听明辨，调查研究，根据问题的内容、层次和影响等特点，判明实质，弄清原因，以正确分析矛盾，采取恰当的方法进行沟通协调。

（二）正确导向原则

领导者作为沟通协调主体，必须坚持正确导向，从而使沟通协调客体各方统一思想，步调一致。这样才能够摆脱沟通协调无力和丧失原则、偏离沟通协调目标的误区，才能教育和引导沟通协调客体，维系领导系统的权威性和导向性，按整体目标做好工作。

（三）统一原则

领导者要解决沟通协调过程中存在的各种问题，必须坚持统一原则。统一原则有以下三个方面的涵义：一是作为沟通协调主体的领导者，一般情况下只能有一个，这样才能保持其沟通协调的权威性，以便统一指挥、统一领导。二是使沟通协调的内容统一，就某一特定的问题，单独进行沟通协调、一事一议。为了使沟通协调的目标一致，必须明确所要达到的沟通协调目的，为实现这一目的，并采取适当的沟通协调方法和手段，实施沟通协调行为。三是在沟通协调过程中，始终坚持引导、沟通协调客体统一认识，统一行动。要通过沟通协调，使各方面的思想认识统一到组织目标上来，统一到领导意图上来，进而统一各方的行动，步调　致，协调运作。

（四）整体原则

只有坚持整体原则，领导者才能站在比部下更高的角度去看问题，时刻顾全大局，把握趋势，使局部利益服从全局利益。坚持整体原则还要求领导者教育、引导沟通协调客体，为了全局利益，有时要放弃和牺牲一些局部利益。

（五）适度原则

坚持适度原则，一是在沟通协调的具体时间上适度，根据不同的问题，把握恰当的时机。对原因未明、问题关键把握不准的，避免急于超前解决，而应先维持现状，待深入调查研究之后，稍缓解决；对原因清楚，是非分明的问题，应及时地解决，而不能优柔寡断，犹豫不决，以避免使问题复杂化。二是在沟通协调深度上，要深浅适度，既能解决问题，达到协调的目的，又能避免领导者大包大揽，琐事缠身，在充分发挥协调客体积极性的基础上，还要避免就事论事、不解决深层次、实质性的问题。

（六）统筹兼顾原则

协调利益冲突，要解决处理不公、协调方案不合理的问题，就必须坚持统筹兼顾的原则。领导者作为沟通协调的主体，必须同时兼顾各方面的利益，寻找出各方面利益的共同点，在充分考虑到各方面具体情况的前提下，选用公平合理的协调方案，以便取得最佳的协调效果。

（七）严己宽人原则

领导者作为沟通协调主体，必须坚持严己宽人原则，这样才能避免由于缺乏威信、方法简单所导致的协调效果不佳的问题。在协调过程中，凡涉及到领导的，领导者要严于律己，不推卸责任，不强调客观。有时协调不当，要有错必纠。同时，要尊重别人、体谅别人的难处，维护别人的正当利益，才能取得别人的理解和支持，使沟通协调得以顺利进行，取得满意的结果。

四、沟通与协调的对象和方法

（一）同上级的沟通与协调

1. 基本原则

要站在国家和人民利益的立场上，坚持按照组织原则进行正当的沟通，促使下情如实上报，上情能够及时下达；而不能欺上瞒下，甚至曲意奉承，迎合上级旨意，拿原则做交易。遇到问题要主动进行协调，充分运用好上级领导的才能和权力优势，调动上级的积极性，赢得领导的支持。

2. 主要内容

上级部门的大政方针、工作思路、重大的改革创新设想、领导工作中遇到的带规律性的重大问题，以及领导管理过程中发生的重大事件等重要的信息、情报，需要上级协助解决的有关执行工作的条件，单位、部门领导管理人员调配，以及上级主管部门规定的一些问题，都应该形成一定的工作惯例，随时或定期地向有关上级领导、部门进行汇报和请示。

3. 讲究方式方法和技巧

作为一个领导者，一定要慎重处理好与上级的关系，这既需要遵循一定的原则，也需要讲究方式方法。

首先，要学会当好下属。作为一个能让上级接受和满意的下属，是沟通和协调的基础。在上下级关系中，好的下属至少有四个标准：一是能够非常爽快地接受上级的命令和指示，即对上级的部署和决定要先接受下来，然后加强学习和理解，在理解上级意图的基础上，落实执行的方法与对策。一般不要通过强调困难，强调客观条件来改变上级的决定。二是要积极提合理化建议。要把工作中的问题、难点和困难，变成合理化建议，而不要以抱怨的方式发泄出来。提合理化建议，既是责任心的体现，也是上情下达的途径。但合理化建议要适度，一定要对建议的结果进行预期，不要使建议变成对上级的压力，更不能强迫上级采纳或答复。三是适当报告。所谓适当，主要包括频度和方法适当。要区分“一事一报”和“捆绑报告”两类情况。通常情况下，领导交办的事项和突发性事件需要一事一报，而职责范围内的常规事项可以定期汇报。另外，还要根据具体情况，适当采用当面报告、书面报告、电话报告和网上报告等形式。四是诚恳地接受批评指正。工作中的一些疏忽、失误或不当行为，作为下级和同级一般很少给你提出，至少不能及时地为你进行分析。但你的上级却能够及时指出或纠正，虽然不愉快，但能使你头脑清醒并获得解决问题的新思路。因此，对于批评一定要耐心、冷静地倾听，一般不要过多地解释，更不能狡辩甚至抵赖。能虚心听取别人的意见，接受别人的指正，也体现着一个人的胸怀和雅量。

其次，要主动沟通。沟通，是人们进行的思想或情况交流，以此取得彼此了解、信任和建立良好的人际关系的活动；同时，沟通又是保证人们在共同活动中协调一致的基础。在与上级领导进行沟通时，特别要注意以下五点：(1) 要事先整理、准备好要谈的话题。与上级领导进行谈话，要言简意赅，思路清晰，条理清楚，主题突出，不能漫无边际，东拉西扯。(2) 要选择沟通的时机。一般说来，许多沟通失败的案例表明，时机选择不当或时机不成熟，是造成沟通失败的主要原因。例如，当一个人疲劳的时候、心情灰暗的时候、兴趣在别处的时候，或者缺乏相应信息和其他资源支撑的时候，是很难达到有效沟通的。所以，有时合适的时机是成功沟通的一半。(3) 准确理解和领会上级的意图。在与上级领导进行沟通时，“听”比“说”更重要。听就要听清楚，理解透，领会对，尤其是对意图的把握更是这样。有时上级领导不用明确指示，而用意图的方式表达某种意思，是有多种原因的。比如，当对某一新生事物的处理缺乏相应政策支持的时候；当处理棘手问题和进行平衡的时候；当分配稀缺资源和机会的时候。(4) 当与上级领导出现矛盾分歧的时候，要遵循大局为重的原则，学会运用“老板定律”来处理意见分歧，切忌自以为是，固执己见。(5) 在解决问题的过程中，要适时反馈。

(二) 与同级的沟通与协调

单位与单位之间，部门与部门之间，互不隶属的成员之间的沟通与协调，涉及的方面众多，人员复杂，是科级领导沟通与协调工作的一个难点，因此必须认真对待。

1. 基本原则

同级沟通与协调应以平等协作的精神，谋求实实在在的共同利益，坚持组织、部门和个人的正当权益，兼顾沟通与协调对象的利益，在公正合理的基础上寻求解决问题的最佳途径。同级沟通与协调要有整体意识和长远眼光，在组织之间，反对斤斤计较和本位主义的做法。

2. 主要内容

领导者的同级沟通与协调，首先要解决好领导班子的团结问题。既要搞好分工负责的本职工作，又要与别的部门密切配合，搞好协作。以团结协作为条件，以利于实现组织整体目标为宗旨。

3. 方式方法与技巧

首先，沟通与协调可以健全组织的信息系统。沟通与协调可以使重要的消息能够及时传达，信息可以在组织内部流通顺畅，避免了信息系统不健全和不对称造成的矛盾冲突。在日常工作中，领导成员之间存在的合作空间广阔，利害关系也会存在一些交叉，沟通与协调必须经常随时进行。领导者尤其应从制度上重视领导的同级沟通与协调，克服以人划线，看脸色办事的毛病，防止出现部门之间动辄推诿扯皮的现象。

其次，提倡协作奋斗精神。领导成员之间互相尊重，遇事充分交换意见，多作商量，工作中彼此协助，总结时成绩共享，尽可能将各部门的利益和荣誉统一起来。这样可使领导成员之间形成信任感，从而焕发出巨大的工作热情。建立在信任和共识基础上，通过沟通达到上下齐心，实现统一的目标。通过沟通，成员之间彼此了解相互的需要、组织的需要，彼此间相互宽容和忍让，共同承担压力和困难，使每个成员感到自己在组织中的价值，从而激发能动性和职业自豪感。平日里领导之间要相互关心、以诚相待，彼此让对方了解熟悉自己部门的工作，利用有利时机开展一些联谊活动，培养同事间的友谊和集体的荣誉感。

第三，领导者要鼓励下属独立开展工作，明确各部门自主开展协调工作的权限，表扬同级部门关系协调、合作愉快的成功事例，反对部门间遇事“顶牛”、彼此“软泡硬磨”的拖拉作风，或者假借维护领导权威的名义，搞“矛盾上交”的敷衍塞责作风。把对方看作是自己的朋友，是平级沟通与协调的一大技巧。如果矛盾是由于组织资源缺乏或分配不公造成的，可以让矛盾双方直接会晤，通过坦率真诚的沟通和讨论来确定问题并寻找解决问题的途径。随后，通过与其他部门的沟通与协调来开发资源以消除冲突的根源。

第四，冲突真正发生之后，回避和压制都不可取，只有沟通才是最有效的武器。沟通可以确定问题、发现问题根源并寻找解决问题的途径。如果冲突的产生是由于领导成员个人的处事风格与沟通能力造成的，组织可以通过面谈、座谈、研讨会、恳谈会、举办社交性大、中、小型聚会等，正式和非正式沟通协调的方法来消除彼此之间的误会和过节，增进彼此之间的了解和感情。实践证明，组织中如果能建立定期或不定期的沟通恳谈会，对化解不满情绪特别有效，可减少或消除冲突。

总之，沟通可以构筑信任，消除组织内部猜疑、不信任的气氛。通过沟通与协调达到上下齐心，形成良好的组织文化，统一大家的目标，树立共同的价值观，就可以解决目标不一致所导致的冲突。

（三）与下级的沟通与协调

领导与下级人员保持经常的良好沟通与协调，是组织管理系统得以正常运行的前提。美国著名的情绪心理学家拉扎勒斯提出，当前面临的事件触及个人目标的程度是所有情绪发生的首要条件，当该事件的进行促进个人目标的实现时，产生积极的情绪情感，反之，则会产生消极的情绪情感。

1. 基本原则

领导与下级的沟通与协调，应立足于服务、依靠、信任。要积极创造条件，帮助下级部门和人员排除工作中的障碍，以最大限度地实现领导效能。建立诚实公正、充满信任的上下级关系，既是科级领导搞好同下级沟通与协调的基础，也是公务机关人际关系管理上的一个目标。

2. 主要内容

一般情况下，在公务机关管理中，领导与下级的沟通与协调，主要的内容是决策之前听取下属部门和人员意见、建议，决策实施之后，解释工作决定和解决下属同级部门或组织之间出现的纠纷。

3. 方式方法与技巧

任何不良的沟通与不协调都会给组织带来不利影响，削弱组织凝聚力，影响组织团结和士气，这对组织行为合理化及绩效道德提高都会造成不良影响。但是如果能处理好，矛盾不仅不会产生消极作用，而且还能成为组织正常发展的有利因素。因此，我们要积极研究各种矛盾形成的原因，可能产生的后果，寻找化消极为积极的办法。沟通与协调不失为一种解决矛盾问题的良药，它不是解决矛盾的惟一方法，却是一种必要的方法。我们应该在实践中灵活的运用这种有效的方法，并在实践中不断摸索经验，完善沟通与协调方法，并使之不断创新和发展。

首先，协调沟通可以化解下属的抱怨情绪，可以创造奇迹。许多人际误会、矛盾乃至冲突都源于人际沟通障碍。一项调查表明，在下属人员中80％的抱怨是由小事引起的，或者说是由误会引发的抱怨。对于这种抱怨，领导者决不能掉以轻心，一定要给予认真、耐心的解答，因为有时误会造成的裂痕是永远无法弥补的。另外20％的抱怨往往是因为组织的管理出了问题。对这种抱怨，领导者要及时与下属进行平等沟通，先使其平静下来，然后采取有效措施，尽快加以解决。沟通与协调在一定程度上可以化解下属的抱怨情绪。

其次，深入群众，促膝谈心，是掌握真实情况，了解群众愿望的基本方法，也是解释领导意图、化解对立抵触情绪的基本途径。鼓励下级参与组织管理，奖励积极提出合理化建议的人，营造出上下齐心协力的组织环境，可以奠定成功实现沟通与协调的基础。当然，学会个别地做下级的工作，更加容易得到沟通协调的好效果。同样，以征求工作意见的方式，来转达领导的思路，运用小型座谈会、办公会议等方式，有针对性地召集下级来发表意见，这样可以十分自然地缩小上下级之间的心理距离，听到群众的呼声，吸取群众的智慧。

第三，被领导者是领导活动过程的重要组成部分。因此，不能轻视自己的下属，而应与下属平等地协商问题，并尽可能运用集体的力量来解决问题。科级领导要经常深入第一线，带头工作，有问题虚心向下属请教。在领导工作中，经常与下级保持沟通交流，可深层次了解下属的专业能力和个人背景（包括性格、爱好、特长、价值观等）。在工作分配的初期便考虑到下属们的个人因素，对下属的工作匹配性，应尽可能设计的完善，避免个人差异造成的冲突。当然，由于人与人之间差别的存在，随着相处时间的加长，了解的加深，彼此的不一致也会加强，增加了下级之间冲突的可能性，此时双方只是意识到而没有明显的行为表现。这时，通过组织一些娱乐活动或一起工作的机会，来加强下级之间的沟通，为解决个人之间的矛盾创造条件。同时，要挤出时间多做下属的家访，多注意全面掌握自己下级人员的工作和生活情况，多帮助他们解决好一些生活中的实际困难和问题。

第四，出面做下级的工作时，要注意聆听对方的表述意见。自己讲话要少而精，主要谈一些已经了解到的具体情况和问题；征求意见时要明确、具体；解释政策时要言简意赅，切忌目中无人，空讲道理。在解决纠纷的过程中，注意扶持正气，遏制歪风，培养优良的组织风气，带头严格自律。如果出现不正常的小团体风气，就要实事求是地果断加以处理，做到不欺软，不怕硬，必要时，还可以作出恰当的行政裁决，来保证沟通与协调结果的严肃性。

案　例

一位科级领导者的自述

我在一个县里工作，我经常发现这样的情况，有些部门的工作，局长说了算，副局长拖着不办，局长和副局长之间貌合神离，坐不到一起。工作人员根据局长的安排开展工作，副局长就讽刺说："跟紧了，小心栽跟头"。工作人员如果听了副局长的，局长就质问："谁叫你干的?"甚至有的领导之间拍桌子互相指责。领导者之间不团结的原因我说不清，我自己也有这样的经历，我觉得这个问题值得研究和探讨。

我的经历是：我在县里一个部门任副职时，觉得正职是值得尊敬和信赖的好人。但在心里却为工作暗暗不痛快。认为正职总是把什么事都定了之后，才告诉我如何去干，把我不当回事。我说话不算数加在中间受气，有劲使不上。因此，对正职只是在人格上尊重，在感情上却很一般。干工作，高兴时就多干，不痛快时就消极应付。

我任正职之后，也与副职之间曾出现过两次危机：

第一次是在我任县民政局长期间。原来的副局长总是否定我的意见，对我的一些意见、举措，不是含蓄地进行顶撞，就是有意无意的嘲笑，我总是有一种不顺心、合不来的感觉。因此，心里很不高兴。但我也不好发火，因为一是觉得这个人正直并有领导经验；二是他否定我的意见时，有一些较为充分的理由。

第二次，是在县广播局任局长期间。一段时间里，我总是认为副局长是我力排众议，一手提拔起来的。因此，在使用上很随便，有什么事推开窗子就喊他，有时他就别别扭扭不痛快。我认为他工作上不配合，方法不恰当。他认为我作风不民主，对他不尊重。有近一年时间我俩在闹矛盾。好在他政治素质较好，从不在背后说闲话，外人一般也看不出来，对工作也没有太大的影响。可能有很多科级领导有与我相同的经历，也有很多科级领导能够很好地处理正副职之间的微妙关系。根据这一案例，请大家讨论两个问题：一是在日常工作中，作为副职，如何正确处理与正职的关系，具体怎样做？二是在日常工作中，作为正职，如何正确处理好与副职的关系，具体怎样做？

思考题

1. 沟通与协调的作用是什么？
2. 影响沟通、协调的因素有哪些？
3. 如何提高沟通与协调的能力？

第七章 科级领导的激励能力

激励是领导心理学的核心问题，它贯穿于领导者与被领导者心理与行为研究的全过程。激励理论是领导心理学的基本原理，许多领导的方式、方法和艺术都是建立在激励理论的基础之上的。善于激励下属，是科级领导必须具备的素质和任职能力。要使科室的各项工作始终处在积极、进取、向上和充满活力的态势，就必须在科室内部建立完备的行之有效的激励机制。

一、激励的涵义及其作用

（一）激励的涵义

激励从其词意上看，就是指激发鼓励的意思。所谓激发就是通过某些刺激使人发奋起来。现代管理心理学中的激励涵义，是指激发人的行为动机，使人有一股内在动力，以促使个体更好地实现行为目标。对于科级领导来说，激励可以说是调动下属积极性的过程。从人的行为规律来看，下属行为的每一个阶段，每一个过程都存在着如何激励的问题。

科级领导激励的特点是：被激励的下属的行为都是由动机支配的，而产生这种动机的原因是需要；下属被激励的动机强弱，即积极性的高低是下属的一种内在变量，他不是固定不变的；他只能通过观察由这种积极性所推动而表现出来的下属行为和工作绩效来加以判断。

（二）激励的作用

激励，有利于调动下属潜在的工作积极性和主动性，创造性地进行工作，出色地去实现既定的工作目标，不断提高工作效率。科级领导的激励作用具体表现以下几个方面：

首先，在社会发展与变革面前，每一个组织都必须不断加强和改进管理，有效地组织并充分地利用人力、物力、财力资源。其中最重要的，是应加强对人力资源的管理和利用，因为只有下属才是组织活力的真正源泉。科级领导要采用积极有效的激励手段，最大限度地激励下属，充分挖掘其内在的潜力。

其次，科级领导通过激励可以调动不同层次下属的工作积极性。组织中下属表现有好、中、差之分，通过采用行之有效的激励措施，可以使那些表现好的人继续保持其积极行为，使那些表现一般的和差的人向表现好的人看齐，逐步把他们转变成为主动积极为组织多做贡献的因素，从总体上提高人们的积极性，促使更多的下属自觉自愿地去为实现组织目标而努力奋斗。

第三，通过激励，科级领导可以把组织所需要的有才能的人吸引过来，为实现组织目标奠定人才基础。人才就是财富，而吸引人才最主要的就是要采取行之有效的激励办法，使有用之才看到满足内心需要的希望之光，看到这里才是他们的用武之地。

第四，通过激励，科级领导可以使下属最充分地发挥其技术和才能，变消极因素为积极因素，从而有效地提高工作效率。美国哈佛大学的詹姆斯教授，在对下属的激励研究中发现，按时计酬的下属仅能发挥出其能力的 20%－30%，而如果受到充分的激励，下属的能力则可发挥出 80%－90%。可见，下属在与受激励前相比，潜力的发挥程度相差很大。因此，激励可显著提高下属的工作效率，这已被众多的实践所证明。

第五，通过激励，科级领导可进一步激发下属的创造性和创新精神，大大提高工作绩效。通过激励，激发下属的创造性和创新精神，对于加速我国的社会主义现代化建设显得尤为重要。当今世界科学技术的突飞猛进，对人的自身素质提出了越来越高的要求，激励下属努力提高自身素质，进行创造性地工作，已成为提高工作效率的必由之路。

二、科级领导激励下属需注意的几个问题

（一）激发动机要以满足下属的需要为诱因

个体的需要都是发展、变化的，个体行为动机是在不断满足需要的基础上产生的。需要之所以能够转化为工作动机，主要在于它能够通过工作得到满足。假若一个人认为工作不能够满足他的任何需要，他就不会产生任何工作动机。因此，科级领导激发下属的工作动机，应以满足需要为诱因，应使下属能够通过工作取得尽可能大的需要满足。当然，如果在动机激发时，还能使成员确信，通过工作可以满足自己多种需要的话，动机的激发将更为有效。因为，如果某种工作可以满足一个人的多种需要的话，那么，这多种的需要都可能转化为工作动机。多种需要产生的动机之和，就会形成一种“合力”，促使人们发挥出最大的积极性和工作热情。

（二）关心下属生活是激发工作动机的有效途径

科级领导关心下属生活，实质上是一种“感情投资”。感情投资之所以能够激发下属的工作动机，是因为人都有一种以自己的劳动报答他人为自己付出劳动的心理。如果科级领导确实以自己的辛勤劳动帮助职工解决了工作和生活中的一些困难问题，下

属不但可以解除后顾之忧，能够安心工作，而且他会对组织抱有一种感激之情，总觉得自己应该多为组织做点什么，以报答组织对自己的关心和为自己付出的劳动。否则，就会感到内心不安，有“亏对”之感，因而不由自主地会增强工作动机。

（三）激发工作动机，培养工作兴趣

一个人抱负水准的高低，兴趣范围的大小，价值观的正误，对工作动机的形成会产生巨大的积极作用或消极作用。科级领导在激发成员的工作动机时，必须注意帮助成员调整自己的抱负水准，培养其工作兴趣，促使其形成正确的价值观。因为，抱负水准是个体在从事某项工作之前就已经意识或估计到的自己所能达到的成就目标。但是，在实际工作中，一个人的抱负水准可能高于自己的实际成就，也可能低于自己的实际成就。如果一个人高质量地提前完成了任务，达到了预期的目标，就会进一步提高自己的抱负水准。因此，在领导工作中，必须注意帮助下属正确地调整和确定他的抱负水准，使之能经常地保持高昂的士气和工作热情。

（四）强化激发工作动机的方法

强化包括积极强化与消极强化，内部强化与外部强化。积极强化，是指对良好的工作行为给以奖励和表扬，这能够使下属获得物质和精神上需要的满足，进一步增强做好自己本职工作的动机；消极强化，是指对不良行为的批评与惩罚，这能阻碍、制止下属不良动机的继续产生。但是，消极强化只能告诉人“哪条路不通”，不能告诉人“哪条路最好”，有时还可能引起被批评 、被惩罚者的不满和对抗情绪。积极强化则直接指明了“哪条路通”和“哪条路最好”。因此，在管理工作中，应以积极强化为主，不到万不得已，最好不使用消极强化手段。领导者在使用以上两种强化手段激发下属的动机时，还应十分注意把握好两个方

面的问题：一方面掌握“及时”的原则，另一方面，应掌握“合理”的原则。及时、合理的奖励，是对下属所期望达到的行为目标的肯定。这种肯定，就等于承认了他的工作成就或结果，而他所获得的物质与精神的报酬，对他会产生积极的反馈作用，增强他的工作动机，使之越干劲头越大，就像有一种取之不尽的内在动力，支配他一直向前进取。

另外，科级领导在激发下属的工作动机时，还必须配合地运用外部强化和内部强化两种手段。外部动机指向的工作目标是在工作过程之外，工作只是满足某种需要的行为手段，如工作只是为了获得金钱、地位、荣誉等；内部动机指向的目标原则是工作本身，工作即是满足需要的对象，如通过工作过程获得生理刺激、新异体验、责任感体验、成就感体验、自我价值感体验等等。内在动机产生的前提是个体必须对工作过程或工作本身感兴趣，愿意从工作中学得知识、获得刺激、做出成就而得到内在的满足。否则，内在动机则无从产生。为了提高工作效率，领导者应同时激发和强化下属的这两类工作动机。但是，由于当前人们多以生活保障、经济收入等为优势需要，工作还仍然处于一种满足各种需要的手段。显然，领导者应重视刺激和强化成员的外部动机。但这决不是说应该减弱或忽视对内部动机的强化。事实上，只有不断强化下属的内部动机，将工作作为满足需要的对象，才能使之由“被动工作的人”转变为“主动工作的人”，才能使之产生更强的工作主动性和积极性。

（五）激发下属正确地解决动机冲突和战胜挫折

动机冲突是指一个人在同一时间内有几种不同的需求满足，或者有几种不同的目标希望达到而又不能同时兼得的心理状态。例如，一个下属需要荣誉，他就会产生努力工作的动机。但由于担心受到别人的嘲讽和嫉妒，又会产生甘居中游的动机。这时，他就会出现进退两难的心理状态，即动机冲突。如果积极工作的动机战胜了甘居中游的动机，他就可能强化工作动机；反之，则可能削弱原有的工作动机。事实上，人在工作中的“劲头”往往是这两种动机的强度相抵之“差”。作为领导者，如果能通过细致的观察，摸清下属的心理状态，并帮助他们正确地解决工作中出现的动机冲突，使之增强积极工作的动机或减弱甘居中游的动机，对提高下属的工作积极性和热情，无疑是十分有益的。

人们的生活不是一帆风顺的。每一个人在动机引发下以某种行为方式向目标前进的过程中，总会遇到这样那样的障碍和困难。当这些障碍和困难与原来的抱负水准或愿望发生矛盾时，就会产生挫折。一部分人可能会战胜挫折，继续向着既定的目标迈进，但另一部分人则可能由此一蹶不振，失去工作信心。这样，就会减弱其原有的工作动机。因此，领导者必须帮助下属战胜生活中出现的挫折，这也是激发下属的工作动机时应该注意的一个重要问题。

由于人的动机有积极和消极之分，积极的动机能推动个体产生良好的工作效果，消极的动机则会使其产生不良行为。因此，在现代领导过程中，领导者除了要善于激发人的积极动机外，还要能够科学地抑制人的消极动机。能否做到对消极动机的抑制，对领导工作的成效也具有很大的影响。

现代领导的其中一项职责，就是要正确地分析和把握人的心理及其行为，使人的行为合乎理性，以利于组织目标的实现。同时，组织目标能否得以顺利实现，在很大程度上取决于人们的行为是否积极，即人们是否能够积极主动、满怀热情地投入到工作中去。而人们的积极性的高低，在很大程度上取决于领导者善不善于把激励理论运用到管理实践中去，认真分析人的需要，满足人们的合理需要，通过多种激励措施去激发人们的积极性，促进领导工作效率的提高。

三、科级领导对激励理论的应用与实践

激励理论在领导科学管理中占有十分重要的地位。多年来，心理学家们围绕着这个问题进行了大量的研究，取得了不少成果。科级领导要做到准确把握和应用激励理论，就需要学习和了解有关激励理论的主要内容，以用来指导自己的领导实践，取得好的领导效果。

（一）期望理论

期望理论是研究需要与目标之间规律的一种激励理论。它是由美国心理学家弗鲁姆在 1964 年出版的《工作与激励》一书中首先提出的。该理论认为，人总是渴求满足一定的需要和达到一定的目标，这个目标反过来对一个人的动机激发具有一定的影响，而这个激发力量的大小，取决于目标价值（效价）和期望概率（期望值）这两个因素的乘积。其公式是：

激发力量＝效价×期望值

其中，激发力量是指被激发的工作动机的强度，即积极性的高低。期望值是指一个人根据自己的经验判断一定的行为能够导致某种结果和满足需要的概率。效价，又称为目标价值，它是指一个人从事某项工作或达到一定的目标对于满足个人需要的价值。对同一个目标，由于各个人的需要、兴趣及所处的环境不相同，因而人们心目中该目标的效价（目标价值）也往往各异。比如，对一个希望通过自己的努力工作得到“提拔”机会的人来说，“提拔”在他心目中的效价就很高；如果他对“提拔”毫无要求，漠不关心，那么“提拔”对他来说，其效价就等于零；如果这个人不仅对“提拔”毫无要求，而且对提拔感到厌恶，那么“提拔”对他来说，其效价就是负值。可见，效价即目标价值有正值、零值、负值之分，有大小、高低之别。上述公式表明，假

如一个人把目标价值看得越大，估计能实现的概率越高，那么激发的动机也就越强烈，人的积极性也就越高。反之，如果目标价值和期望概率的不同结合，会产生不同的激发力量。用 E 表示目标价值，用 V 表示期望概率，用 M 表示激发力量，则有以下几种情况：

(1) E(高)×V(高)=M(高)

(2) E(中)×V(中)=M(中)

(3) E(低)×V(低)=M(低)

(4) E(高)×V(低)=M(低)

(5) E(低)×V(高)=M(低)

可见，要使被激励对象的激发力量最大，目标价值和期望概率都必须高，不论其中哪一项处于低值，都会使激发力量弱化，不利于目标的实现。期望值所以能够影响一个人的积极性，是由于目标价值的大小直接反映和影响一个人的需要和动机，因而影响其实现目标的情绪和努力程度。期望概率也直接影响着人的行为动机和对实现目标的信心。假如期望概率很低，经过一定的努力仍达不到目标，其动机强度就会削弱，甚至会放弃原有目标而改变行为。为了使激发力量达到最佳值，弗鲁姆提出了人的期望模式，该模式可概括如下：

个人努力→个人成绩(绩效)→组织奖励(报酬)→个人需要

根据弗鲁姆的期望模式，科级领导为了有效地激发下属的工作动机，需要处理好以下三方面的关系：

1. 努力与成绩的关系。人总是希望通过努力达到预想的结果。如果他认为通过努力能够达到目标，即个体主观上认为达到目标的期望值很高，就会充满决心和信心，从而激发出强大的力量。但如果他认为目标过高，可望而不可及，或者是目标太低，唾手可得，就难以激起强大的内部动力。可见，努力与成绩的关系，在很大程度上取决于个体对目标的期望值。期望值作为个体对目标的主观估价，既受个人认识、态度、气质、能力、信仰等个性倾向的影响，又受个人社会地位、别人对他的期望等社会因素的影响。因此，个体对某目标的期望值是一个由主观和客观条件相互作用而决定的函数。

2. **成绩与奖励的关系。**人总是期望在达到预期的成绩后，能够得到适当的奖励，如给予奖金、提级、晋升、表扬、荣誉等。如果科级领导只要求下属做贡献，而没有行之有效的奖励措施来进行强化，时间一长，被激发起来的积极性就会逐渐消失。

3. **奖励与满足需要的关系。**只有能满足人们需要的奖励（报酬）才能成为动力。下属之所以重视奖励，就是为了满足某种需要。由于下属之间存在年龄、性别、资历、爱好、经济条件、社会地位等方面的差别，反映在需要上也有明显差异。因而对同一种奖励，下属所体验的效价就有所不同，其吸引力也不同。所以，科级领导应根据人们的不同需要，采取多种奖励形式，才能最大限度地挖掘出人的内部潜力，提高工作效率。

奖励在未实现前只是一种期望，而期望则是一种估计，还不是现实，实际如何还要看最后结果。期望与现实之间一般有三种可能性：（1）期望小于现实，即实际结果大于期望值。一般来说在这种情况下，人们会感到格外高兴，有助于提高人们的积极性，增强激发力量；（2）期望大于现实，即实际结果小于期望值。这种情况使人出乎意外，会令人产生挫折感，对激发力量产生削弱作用；（3）期望等于现实，即人们的期望变为现实。这种情况也有助于提高人们的积极性，但如不继续给以激励，则积极性只能维持在期望值的水平上。

期望理论揭示了激发力量与效价和期望值之间某些规律性的联系，具有一定的科学性，对于科级领导有效地调动人们的积极性，把握下属的思想脉搏，有着一定的启发和借鉴意义。科级领导应从实际出发，研究在什么情况下应该使期望大于现实，在什么情况下使期望等于现实。应该充分研究目标的设置、效价和期望值对激发力量的影响。要恰当地设置目标：第一，要把下属的物质需要和精神需要相联系，使他们从组织目标中看到自己的利益，提高目标价值；第二，要让下属看到目标实现的可能性很大，这样，期望值就高；第三，要善于使下属的个人目标与组织目标结合起来；第四，要考虑目标的科学性、阶段性和可变性。科级领导既要合理地设置目标，又要设法提高目标在下属心目中的效价和期望值。此外，还应采取有力的措施，建立行之有效的保证体系，从总体上保证目标的实现。

（二）双因素理论

双因素理论是美国心理学家赫茨伯格于20世纪50年代后期提出的，其全称是激励因素—保健因素理论，简称为双因素理论。

赫茨伯格在研究人的行为动机时，为了获得第一手资料，对匹兹堡地区的11家工商企业机构中的200多名会计师、工程师进行了大量的调查研究。通过对调查所得大量资料的分析，他发现影响人们工作积极性的满意因素和不满意因素是不同的。前者通常是由工作的本身产生的，而后者则往往是由外界的工作环境引起的。赫茨伯格把引起人行为动机的这两种因素：一种叫保健因素，如工作条件、人们之间的关系等；另一种叫激励因素，如工作责任的大小，个人成就的高低等。

赫茨伯格从他对1844人次的调查中得出结论，认为造成下属不满的原因，主要是由于公司的政策、行政管理、工作条件、工资水平、地位、安全以及各种人事关系处理不善。如若这些因素改善了，虽然不能使职工变得非常满意，真正地激发起职工的工作积极性，但却能消除职工的不满情绪，防止因职工的不满情绪而引起的损失。赫茨伯格把这类因素称为保健因素。他告诫管理者应十分注意这个问题，如果这方面的工作做得不好，保健因素不能得到满足，往往会导致职工产生不满情绪以及消极怠工，甚至引发罢工等对抗行为。

赫茨伯格另外从对 1753 人次的调查中得出结论，认为使职工感到非常满意的因素，主要是工作富有成就感，工作本身具有挑战性，负有较大的责任，工作中取得的成就能够得到社会的认可，在职业上能够得到发展和成长等等。这类因素的改善和满足能够极大地激发职工的热情，催人奋进，使他们情绪高昂地积极投身工作，从而有效地提高劳动生产率。如果这类因素处理不好，也会引起职工不满，虽然影响不是很大，对大局无碍，但却能严重影响工作效率。因此，赫茨伯格把这类因素称为激励因素。

双因素理论自 20 世纪 60 年代中期以来却越来越受到心理学界和社会的重视。双因素理论对影响下属积极性的因素作了较深入的分析，具有一定的科学价值，对于我们搞好领导管理，激发下属的工作积极性，有着一定的应用价值。

第一，双因素理论启发科级领导深入研究提高下属积极性的途径。这一理论把影响下属积极性的因素归纳为内在因素和外在因素两类，这比传统的管理理论前进了一大步。赫茨伯格通过研究提出了调动下属积极性的新途径即工作本身产生的激励因素，是加强下属责任感和事业心的首要条件，从而启示领导者不仅要着眼于外在的保健因素，使下属不至于产生不满情绪，而且更重要的是要在外在因素达到一定程度时，着重发掘利用内在激励因素，即激发下属的工作热情，努力提高工作效率。

第二，双因素理论说明科级领导调动下属积极性需要做好多方面的工作。这种理论启示人们搞好领导管理不能单纯地搞物质刺激，不应当把调动下属积极性的希望寄托于物质鼓励方面，金钱与物质奖励的作用不是万能的，而是有限度的。既然工作上的满足和精神上的鼓励会更有效地激发下属的热情，那么我们就应该特别注意处理好物质鼓励与精神鼓励的辩证关系，重视心理因素的作用，努力做好思想政治工作。对下属的民主要求，提高文化科学知识与发展知识才能的愿望，必须给予足够的重视，从多方面调动下属的工作积极性。

第三，科级领导调动下属积极性的因素不是固定不变的。在实践中，调动下属积极性的两类因素并非固定不变，它们在一定条件下是可以互相转化的。比如奖金，如果搞平均分配，就属保健因素，如果把奖金与组织的绩效和个人的工作成绩挂起钩来，其作用就大不相同，奖金就成了能激发下属内在积极性的激励因素。在实践中两类因素往往是同时发挥作用的，但要有明确的目的性，使外在因素为加强内在因素服务，以提高和培养下属的内在动机，使之对工作产生责任感。

（三）公平理论

公平理论是由美国北卡罗来纳大学行为学教授亚当斯于 20 世纪 60 年代末提出的。这一理论认为，如果人有了不公平的感觉，就会造成心理上的不平衡，就会促使人想方设法降低不公平感。心理上的不平衡程度是直接与公平感成正比的。亚当斯的公平理论着重研究工资报酬分配的合理性、公平性对下属工作积极性的影响。公平理论认为，人能否受到激励，不但取决于他们自己得到了什么，而且还取决于他们看到别人（或以为别人）得到了什么。人们总是通过社会比较，全面衡量自己付出的代价与报酬是否相当，从而产生出公平与不公平的感觉。通过比较，如果他们认为自己对工作付出的代价与获得的报酬比例相当时，就会心理平静，产生公平感，于是心情舒畅，工作努力。相反，如果他们发现自己对工作付出的代价与获得的报酬不相当，或低于别人时，就会产生不公平感，形成不愉快、不满意和怨愤的心理情绪。

究竟人们是怎样来确定自己的报酬是公平还是不公平呢？对此，1965 年亚当斯提出了关于公平的方程式，后来又称为公平理论模式，即：

$$Ip \div Qp = Io \div Qo$$

Qp ——代表个人对自己所获报酬的感觉；

Ip——代表个人对自己所作投入的感觉；

Qo——代表对他人所获结果（报酬）的感觉；

Io——代表对他人所作投入的感觉。

至于什么是投入？什么是结果？不同的人对投入和结果的主观感觉并不一致。一般来讲，投入是指一个人受教育的程度、资历、技术水平、工作能力、对工作的努力程度及所做的贡献等；结果（报酬）是指一个人通过工作得到了什么，如所得工资、奖金、地位、荣誉，福利待遇等。

上述公式表明，当一个人感到他所获得的结果与他本人投入的比值与作为比较对象的人的这项比值相等时，就有了公平的感觉；当这两项比值不相等时，那就会产生不公平感。特别是当个人的比值小于比较对象时，产生的不公平感就会更加强烈。

公平理论所研究的并不是真实的客观的公平，而是由人的主观感觉对客观世界做出的反映，不公平感也是主观上的不公平感。按照公平理论的观点，如果他人得到的结果比自己多，而他人的投入却不比自己多，自身就会感到被剥夺而产生不满意、不公平的感觉。如果自己的投入和别人差不多，但自己得到的却比别人多，在这种情况下自身会产生内疚感。对这种内疚感，虽然心理学家做过多次实验证实，报酬过高也会引起不公平感，但对此是否具有普遍意义，学术界尚有不同意见。

当人们感到自己受到不公平的待遇时，在心理上就会感到苦闷和恼火，从而呈现出紧张不安的状态，影响其行为动机，导致工作积极性的下降和效率的降低，甚至还会出现旷工、离职现象。

公平理论揭示了人们要求报酬公正，需要保持公平感这样一种普遍存在的心理现象。它启示科级领导，必须在领导管理中树立起高度的公平意识，充分认识到公平对于调动下属积极性的重要作用，必须十分重视在工作和待遇上不公平、不合理现象对人的心理状态及行为动机的消极影响。应当在工作任务的分配上，以及对工作成绩的评价上，力求做到公平合理，努力消除不公平、不合理的现象，使下属通过比较，从心理上感到自己付出的劳动得到了应有的报酬，从而心情舒畅地积极工作。否则，必然会严重挫伤下属的工作积极性，不利于组织的发展。

公平理论讲的是人的主观世界的公平感，但主观毕竟是客观的反映，二者可能一致，也可能不一致。这就启示科级领导，造成人们不公平感的原因是多方面的，对此应该具体问题具体分析。对下属由于主观认识上的错误而引起的不公平感，可通过摆事实讲道理，做好教育工作来消除；对于实际工作中存在的由于领导作风不公正或管理制度不完善等原因引起的不公平现象，应通过完善制度、提高科级领导的素质及管理水平加以妥善解决。

（四）强化理论

所谓强化，就是指从各方面来的刺激所引起的大脑的兴奋程度。斯科特认为“强化程度”是一个人的工作表现的重要决定因素。

在管理中使用激励的目的，就是要使工作达到一定的成绩，而成绩的大小往往取决于两个因素，即个体的能力和积极性。而积极性的高低又决定于工作动机的强度，动机的强度又同强化程度有关，强化程度又受激励水平的影响。这一系列关联关系可用下列模式表示：

工作成绩＝能力×积极性

积极性＝f(动机)＝f(强化程度)＝f(激励水平)

在强化水平低的情况下，人对工作的警觉和注意力低，感官不灵敏，肌肉缺乏协调，因而工作成绩就低。随着强化水平的提高，工作成绩也会随之逐渐提高，当达到中间强化水平时，工作成绩处于最佳状态；强化水平如果再提高，工作成绩则反而降低。这是由于高度的紧张会使反映完全陷入混乱状态。这说明一个人的能力的发挥也有一个限度，相应地激励也应掌握在一定范围内的适度水平上。激励过高，因为人们已经满足了预定的需要，随着需要的满足，激励也就失去了作用。通过上述分析，可以得出这样的结论：当强化水平低时，强化与成绩成正比；当强化达到饱和状态（N）时，成绩则达到最高峰（A）；当强化超过饱和点（N）后，成绩与强化成反比。这里所说的饱和状态，是指人们的需要与强化间达到相对平衡状态时的激励程度。

强化理论揭示了人的能力、积极性与工作成绩之间的内在联系，具有一定的科学价值，对于科级领导的领导管理实践，具有一定的指导意义。根据强化理论，在管理中应注意以下几点：

第一，要注意培养提高下属的工作能力。一个人能否出色地完成工作任务，在很大程度上取决于这个人的能力如何。特别是在世界科学技术飞速发展的今天，对人的科学文化素质要求越来越高，下属自身素质的高低，能力的大小，直接影响着组织的命运。因此，每一个科级领导都不应忽视下属能力的培养提高问题，应根据组织发展的需要，通过对下属进行培训等措施，使他们不断充实和更新知识，提高能力。

第二，科级领导要善于识才、用才，做到人尽其才。人各有所长，亦各有所短。用人之道，在于取其所长，把他放在学有专长的工作岗位上，他们的才能就会得到充分发挥，从而干出出色的成绩来。但如果用非所长，把他放在不能展其所长的不合适的工作岗位上，其才能就得不到发挥，即使再有才能也是枉然，也难以取得好的成绩。因此，科级领导不但要注意培养提高人的能力，还要提高正确地使用人的能力。而要做到这些，就需要搞好能力测试，也就是通过特定的手段、方法和标准，对人实行定量考核。只有客观地评价个体和群体功能，才能做到科学合理地使用人才、开发人才和调整群体，从而最大限度地发挥人的潜能。

第三，科级领导要善于通过激励来调动下属的积极性。人必须具有一定的能力，这是做好工作的必备条件，但有能力并不等于就能取得好的工作成绩，也就是说，有了一定的工作能力，还必须具有对工作的热情、责任感和积极性，这样才能高水平，高效率地工作，取得好的成绩。能力与积极性，二者缺一不可。作为领导者，除了要注意提高和正确使用人的能力外，还要注意调动其工作积极性。这就需要认真分析下属的需要，尽可能地满足他们的合理需要，恰如其分地采取多种激励方式，来调动下属的工作积极性，只有这样，才能实现预定的目标。

四、科级领导激励的方式与艺术

现代领导管理中的激励，实质上就是创造各种各样的条件，来满足下属的需要，从而激发下属的工作积极性。人们需要的多样性决定了激励方式的多样性。科级领导应善于采取多种激励方式，并要讲究激励的艺术，才能收到好的效果。

（一）目标激励

目标激励就是通过目标的设置，把下属的需要与目标紧密联系在一起，从而调动下属的积极性、主动性和创造性。在管理工作中，根据下属的合理需要，运用目标的功能，通过设置适当的目标，可以激发下属的正确动机，调动下属的工作积极性，把人们的心理和行为状态导向新的境界。

目标的效价越大，其社会意义越大，经过努力实现目标的概率越大，目标就能振奋人心，其激励作用也就越强。因此，在选择和确定目标时，要对目标的效价和实现目标的概率作出科学的价值评估与判断，使目标的设置具有科学性。设立目标时，要注意个人目标要由个人制定，定好后交由各自的上级批准，对定得过高或过低的目标要进行调整；制定目标应强调自愿，上级不得把目标工作量单方面强加于人；要通过下级设立目标和上级调整下级设立目标来加深上下级之间的了解，形成良好的人事关系；设立目标时，要明确实现目标的主要方针。确定目标的内容时应注意：目标的内容要适合每个人的情况；设立目标不要只考虑短期效果；目标数量不可过多；尽量使目标的内容在质和量上都能具体掌握；对一年以上才能完成的目标，应考虑设立中间目标，逐步完成。对目标的实现与管理应注意赋予下属实现目标的必要的自主权，既然确立了目标，有了明确的方向，就放手让他们去干，以充分发挥其主动性。要采取“大目标、小步子”的方法，把总目标分成若干阶段性目标，通过实现几个阶段性目标来实现总目标。这样有利于持续调动下属的积极性。要及时进行信息反馈，使下属随时知道自己活动的结果，当下属做出成绩时，应该予以鼓励和表扬，对出现的问题要分析原因、及时改进。

（二）奖罚激励

奖罚激励是现代管理中常用的激励方式。奖与罚是对人某些行为所给予的肯定与否定、表扬和批评的一种方式。在领导管理工作中，科级领导恰当地运用奖励与惩罚的激励方式，能够起到调动下属的积极性，化消极因素为积极因素的作用，对鼓励先进、抑恶扬善，消除不良行为有着积极的影响。

1. 奖励

奖励的形式是多种多样的，总的来说可分为物质奖励、精神奖励、物质与精神相结合的奖励。物质奖励满足下属的生理需要，精神奖励则满足下属的心理需要，物质与精神相结合的奖励在满足心理需要的同时，又可满足生理需要。每种奖励的具体形式都是多种多样的。为了获得好的奖励效果，充分调动下属的积极性，科级领导在奖励的方法和艺术上要注意以下几点：

第一，要善于把物质奖励和精神激励结合起来，并根据下属的不同情况和需要上的差异，确定奖励方式的侧重点。物质奖励在一定条件下是必要的，并且能够起到一定的激励作用，但精神奖励有时比物质奖励更能激发下属的自尊心、成就感和责任感，更能调动下属的积极性。

第二，创造良好的奖励氛围。奖励对先进者是一种鼓舞，对后进者则是一种鞭策。因此，在颁发奖金、奖品时，要创造庄重热烈的场面，在良好的氛围中进行，提高奖励的效果，以更好地发挥激励作用。

第三，奖励的轻重程度要与获奖者的贡献相当。下属的贡献越大，越应获得较高的奖励，不应不分贡献大小，一律搞平均主义或小功大奖、大功小奖。否则，不仅不能调动积极性，还会引起下属的反感，产生副作用。

第四，奖励要及时。及时的奖励不仅能起到很好的鼓舞士气的作用，而且能够使下属对奖励更加重视。过期的奖励会削弱其作用，还可能使下属对奖励漠然置之而起不到应有的作用。

第五，奖励的方式要有创新。一般来说，新颖的刺激与变化的刺激作用比较大。为了更好地发挥奖励的作用，奖励的方式要不断变换和创新。奖励要防止过于频繁，否则也会使其激励作用减弱。

2. 惩罚

惩罚包括点名批评、检讨、处分、经济制裁、法律惩办等多种形式。必要的惩罚可以使人们从惩罚中吸取教训，或者为了不再受到惩罚而努力工作，从反面激励人们的积极性。为了更好地发挥惩罚的作用，科级领导应注意掌握以下原则和艺术：

第一，惩罚要合理，使受惩罚的人真心悔过，化消极因素为积极因素。

第二，惩罚与教育相结合，以达到惩前毖后，治病救人的目的。

第三，要掌握惩罚的有利时机，当事实真相查明后要及时处理。

第四，惩罚时要考虑行为的原因和动机。比如对重大事故，如确有客观原因，宜从轻处理，如系玩忽职守，则应从重惩处。

第五，对下属的一般错误，惩罚宜轻不宜重。从宽处理既可避免因损害自尊心而产生抵触情绪，又易使下属产生内疚和奋发心情。

第六，对不同的错误采取不同的惩罚方式。对错误小而影响不大的，宜采取口头的、个别的方式，以减轻下属的挫折感。而对确实严重且影响很坏的，以公开的、书面的惩罚为宜，以便维护纪律，教育群众。

（三）情感激励

这是一种“感情投资”。下属大都希望自己的工作得到领导者的关怀和承认，这是正常的心理需要。科级领导如能和下属建立起真挚的感情，就能起到激励作用。领导对下属无微不至的关怀，可激发他们对组织的热爱和对工作的责任心。领导关怀下属的内容是多种多样的，包括思想、生活和工作等方面，从关心到帮助他们解决工作上和生活上的实际困难，这种情感的投入，无疑会起到极大的激励作用。科级领导支持下属的工作，也是一种有效的激励方式，领导者尊重他们的人格，支持并爱护他们的首创精神和进取精神，为他们创造良好的工作条件，把他们蕴藏的积极性和创造力充分发掘出来，贡献他们的聪明才智。领导的热情支持，是一种无形的力量，它可以增强下属战胜困难的信心和勇气，从而使他们千方百计地克服困难，战胜困难，取得突出的业绩。

（四）行为激励

俗话说，身教重于言教。科级领导的模范表率作用和身体力行，对下属的行为有着巨大的激励作用。领导以身作则就像是无声的命令，以其语言所无法比拟的力量极大地激发着下属的积极性。因此，科级领导必须有强烈的事业心和责任心，要大公无私，言行一致，身体力行，为下属做出榜样。

成功的行为激励，必须讲究时间、地点、场合。要特别注意掌握好两个环节：一是掌握行为激励的时机。一般来讲，在一些关系到全局工作深入发展的重要关头，领导者必须做出样子，引好路子，这样才能收到事半功倍的效果；二是要注意群体行为和个体行为激励的交替使用。什么时候应该实施群体激励还是个体行为激励，这要受当时、当地的客观情况和下属心理因素的制约。

（五）榜样激励

在每一个单位里，都有值得大家学习的先进模范人物。榜样的力量是无穷的，科级领导应注意发挥典型榜样的激励作用。把大家公认的思想品德高尚、工作成绩显著、在下属中享有威信、受到下属拥戴敬仰的先进人物作为大家学习的榜样。为了更好地发挥榜样的教育、激励作用，调动群众的积极性，科级领导要注意：实事求是地宣传榜样的先进模范事迹，引导群众向榜样学习；对榜样的事迹不应凭空拔高，否则会引起人们的反感而起不到应有的作用；“金无足赤，人无完人”，引导下属正确对待榜样，一分为二地看待榜样，学习他们的长处，防止机械地或形而上学地模仿榜样；分析榜样形成的条件，向下属指明赶超榜样的途径，增强他们学习榜样的信心；适时召开介绍和表彰模范人物先进事迹的会议，形式要隆重，气氛要热烈，以形成强烈的感染力，激发起下属学先进、赶先进的热情。

案　例

小张大学外语系毕业，在机关的外联处工作，有一次处长让他翻译一份资料，并告诉他后天要用。小张白天上班的事情比较多，没有时间翻译，便带回家利用晚上的时间翻译出来。第三天，当处长向他要资料时，他忘记带来了，为此处长批评了他。恰巧这天处室发奖金，处长把原来准备发给他的一等奖，换成三等奖。小张面对领导的批评和处理，感到很委屈，也感到很怨愤。他想，领导为什么看不到我的辛苦和努力，还惩罚我呢？根据这个案例，你认为处长对小张应采取哪种激励方式？作为小张应如何调试好自己的心理？

思　考　题

1. 在科级领导工作实践中，运用激励理论调动下属工作积极性的现实意义?

2. 激发下属工作积极性动机需注意哪些问题?

3. 激励方式的多样性包括哪些内容?

第八章 科级领导的心理调适能力

领导的有效性是以权力为载体，还是以心理为载体，应该在哪个层面上实现领导，这是一个领导观问题。领导心理学认为，领导活动不仅仅是权力的单向运动，而是领导者与被领导者心理含量的互动，是领导者与被领导者的角色对偶与心理对接。科级领导干部身处基层，他们的心理素质的高低、工作能力的强弱，直接关系到党和国家各项路线、方针和政策的落实。历史进入21世纪，人类社会正在发生着深刻的变化，对科级领导干部素质和能力提出了新的要求，其责任和压力也越来越重。因此，科级领导干部通过加强自身心理调适能力的建设，培养积极乐观向上的精神状态，适应社会发展对科级领导干部素质能力的要求，更好地承担和完成新时期赋予的历史重任已成为十分紧迫和重要的任务。

一、心理健康与心理问题

（一）心理健康的涵义

著名心理学家英格里希认为：“心理健康是指一种持续的心理状况，在社会发展中能做良好适应，具有生命活力，且能充分发展其身心潜能。

社会工作者波孟认为："心理健康就是合乎某一水准的社会行为，一方面能为社会所接受，另一方面能为本身带来快乐。"

人本心理学家马斯洛认为，健康的人应具备的心理品质包括：现实知觉良好，即能够如实地看待世界，而不是按自己的欲望和需要来观察世界；接纳自然、他人与自己，即能够接受别人、自身及自然的不足与缺憾，而不会为这些缺憾所困扰；自发、坦率、真实，即行为坦诚、自然，没有隐藏或伪装自己的企图，除非这样一种直率的表现会伤害别人；以自身热爱的工作为中心，即热爱自己所从事的工作，工作起来刻苦、专注；有自立和独处的需要，即不依靠别人来求得安全感和满足，遇到问题时喜欢冷静、独立的思考，把解决问题的希望寄托在自己身上；在自然与社会文化环境中能保持相对的独立性，即无论在什么样的环境中都能独立自主地思考，并具有自制能力，即使在遇到挫折、受到打击的情况下，也依然如此；具有民主的性格结构，即谦虚待人、不存偏见，尊重别人的权利与个性，善于倾听不同的意见；富于创造性，即具有丰富的想象力，并具有独创、发明和追求创新的特点。

以上是国外学者的各种说法，他们从不同角度对心理健康所作的解释，其基本观点是一致的。可见，心理健康并不是指某一种固定的状态，而是富有伸缩弹性的情况，是比较性多于绝对性，是个人内在欲望采取合理满足的统合功效。心理健康工作的目的，并不是使所有的人都变成同一个样子，而是要使每个人依照自己的情况，获得充分发展，走上健康之路。一般人常以身体无病即为健康，可是有些身体疾病，个体本身常不自觉，等发现时已不可救药，心理健康更是如此。心理疾病的诊察比生理疾病更难，故一般心理学者多主张以个体行为的适应情况，作为鉴别心理是否健康的标准。

我国台湾著名心理学家黄坚厚教授提出"衡量心理健康有以下标准"：

（1）心理健康的人是热爱工作的，而且能把他本身的智慧和能力，从其工作中发挥出来，以获取成就，同时他常能从工作中得到满足感，因此他通常是乐于工作的。心理不健康的人，常有不必要的疑虑与恐惧，使其注意力不能集中在工作上，降低了工作效率。心理健康的人，不但能将自己的学识、能力在工作中表现出来，而且工作上的成就能为他带来满足，转而增加其对工作的兴趣，因而他乐于工作，不会把工作看成是负担或痛苦。

（2）心理健康的人是有朋友的，他乐于与人交往，且常能和他人建立良好的关系，他在与人相处时能保持正确的态度，如尊敬、信任、喜悦等，常多于相反的态度，如仇恨、嫉妒、怀疑、畏惧、憎恶等。心理健康的人，总是乐于与人交往，能保持良好的人际关系。若是一个人终日都是反面态度，必然交不到朋友，心理健康就必然受到影响。虽然心理健康的人也会有愤怒、悲哀的情绪，但终能保持镇静，以谋求合理有效的解决。同时，适应能力良好的人不一定要有许多朋友，但却能与他亲近的人维持密切关系，共同分享和分担生活的喜怒哀乐，和别人交往时感到舒服自在，而且能满足自己的需求，但这并不意味着他会利用别人来达到自己的目标。

（3）心理健康的人对其自身应有适当的了解，愿意努力发展其身心潜能，对于无法补救的缺陷，也能安然接受，而不做无谓的怨尤。

一个人在生活环境中，要经常使自己与环境相适应，因而正确的自我概念是心理健康的条件，并可据此选择对其自身最适合的行为。人不但要了解自己，更要适当地接纳自己，不讨厌自己，无自卑感。一个有自卑感的人，会担心、内疚、紧张，必然用防卫性行为来保护自己，因而对现实环境不易客观了解与适应。一个人若能悦纳自己，承认自己的短处，就会努力发展其身心潜能，使自己更趋完美。

（二）心理问题的特征

一般说来，工作中因人际关系失调而造成的心理不适感是多方面的：

1. **压抑感**。科级领导干部在工作中若与同事间的关系长期处于紧张状态，尤其是与领导意见不和，或感觉受到领导的轻视，往往会产生压抑感。如果这种压抑感积淤过重、过久，则不仅会导致严重的心理失衡，且极易诱发身体疾病，如心脑血管系统、消化系统和内分泌系统疾病等等。另外，经常处于压抑状态的人，如果身患疾病更容易加重病情。

2. **焦虑感**。焦虑是心理应激下最常见的反应。科级领导干部在单位里与领导或同事发生冲突后，内心会出现一种以忧虑和恐惧为主要特征并具有神经症特点的复杂情绪。还有一种情况是，一个人以前曾经与领导或同事保持着比较友好的关系，但后来由于某种原因与他们发生了矛盾和冲突．从而产生焦虑感。

3. **孤独感**。对于科级领导干部来说，正常的人际交往和良好的人际关系都是其心理正常发展，是保持健康和生活具有幸福感的必要前提。这一点往往更加突出地反映在那些有着较强的社会交往需要的人身上。单位中的人际交往常常是人际交往中的一个重要方面，甚至是主要方面。一旦在单位中发生人际冲突和交往失调，将导致人的社交心理需要不能得到充分满足，容易出现内心孤独感、挫败感，并进而造成情绪紊乱，甚至引发消极行为（如大量吸烟、酗酒）以及易于做出冒险和不理智的行为等。

4. **精神紧张**。单位中人际关系的严重失调往往会给科级领导干部造成一时性的高度精神紧张或持续的精神紧张状态。如使当事人的意识觉醒程度升高，特别警觉与敏感；注意力不集中，工作差错增加，效率下降；思维杂乱、茫无头绪；易发生争吵和伤感等。高度或持续的精神紧张对于人的身心健康是十分有害的，能够导致各种身心疾病，如脱发、紧张性头痛、消化道溃疡、心悸、高血压及心理性疲劳等，而且会加剧免疫性疾病和恶性肿瘤的发生率。

二、压力与压力的疏解

工作和生活节奏的日益加快，加上各种有形、无形的竞争日趋激烈，压力以及由压力而引起的心理紧张、精神焦虑等问题正困扰着越来越多的人们。以往那种“日出而做，日落而息”，“采菊东篱下，悠然见南山”的生活意境，已然不可复得。在讲究效率的社会中，压力已成为科级领导干部必须面对而又亟待解决的问题之一。

1. 压力的来源。压力产生的根本原因是人们知觉到的各种不同问题，如工作、生活、社会和家庭中的各种要求、任务、目标，需要解决的问题等，与自己能力之间的不平衡，也就是感到自己的某种能力（包括工作能力、经济能力、文化水平、社会地位等方面）较弱，解决不了自己所面临的问题，或是完成不了自己的任务。压力来源对个人产生威胁，但有许多压力来源会因科级领导在认知结构、对某事件重要性的认识、其处理能力及评估能力等方面存在差别，而使威胁程度也有很大的差异。压力来源与个体反应的中介变量，对于其认知经验、适应策略的选择及成功率的认定皆有影响；有时认知评估所估计到的威胁程度比真正压力来得大。在做一件事时，如果我们认定这个压力来源是我们无法应付的，就会产生“自我应验”现象，就像许多医生认为病人的态度是决定病情的一种重要因素，癌症病人如果自己觉得有信心，他病情的恶化程度就会较缓慢。认知评估有时也会认定压力来源是一个很好的挑战，是一次机遇，而不是威胁。如果科级领导干部认为这个压力来源会带来成就感及自尊，这种评估就会导致积极的心态和行为，从而产生很好的经验和结果。

2. 压力的行为模式。轻度压力会产生更多的生理性行为，它也使个体更警觉，精力更集中而表现更好，因此轻度压力会导致正向的行为适应，诸如变得对威胁更机警，较能接受别人的意见及指导。中度压力会使人注意力减弱，耐心降低，烦躁感提高，工作效率降低，同时也会产生重复、刻板的动作，对环境的反应力减弱。高度压力会压抑行为，甚至导致个体完全不能反应，但有时也会造成攻击行为。对科级公务员而言，攻击性行为常是挫折所导致，有时遇挫折后，通常用攻击行为来对付造成挫折的对象，但如对象不能侵犯（如上级领导）就可能找替罪羔羊，有时甚至攻击自己，造成自伤、自杀等。

3. 工作压力的意义。科级领导干部工作忙碌，工作压力加大，如在一定时间内所需要完成的工作量增加，工作负荷增大。长期处于工作压力与情绪紧张之下，容易产生所谓的“职业倦怠”，严重影响到其身心健康及工作业绩表现。

压力过大，固然会导致不良的后果，但压力是客观存在的，适度的压力可以促使科级领导干部改善自己的缺失，增加自己的动机与能力，改变生活环境，进而使自己更快成长与成熟。其实，对于科级领导干部来说，每一次压力危机的背后都隐含着一次成长的机会。如果能保持一种积极向上、乐观进取的心态，并把注意力专注到更有意义的事情上去，那么就可以化压力为动力，更快地提升自身素质。

认知心理学家柯巴萨认为：有些人具有一些人格特质使其能对压力产生“免疫”，这类人具有更坚忍的意志，其特性为：凡事主动出击，献身投入；具有自我驾驭感；能迎接挑战、勇于应变。可见，一个人如何知觉压力事件，设想其他不同观点及选择何种应对策略，对其心理健康的影响远远大于压力本身。所以，自古英雄伟人大都是能在压力下大放异彩的人。

三、提高心理调适能力的方法

（一）工作压力的缓解

科级领导干部要养成良好的工作习惯。第一，工作要有计划、有重点、有轻重缓急（先了解问题、再搜索有关资料、思索解决问题的方法、向他人请教、找出最有效而又可行的方法），如能在事前想好需要做些什么工作？要准备些什么工具、材料？以及工作该如何进行等，就能够使工作井然有序地顺利进行。第二，随身携带一本记事簿，记下各种任务、进度与生活琐事等，以便随时处理，减轻心理负担。第三，如果工作中遇到棘手的问题，可利用自己头脑最清醒的时刻（清晨、夜晚或独处时），来加以思考处理。第四，学习如何组织、分层负责与监督，而不必“事必躬亲”。第五，如果感觉工作负荷过重，可以运用“心理除法”的方式（例如：一大堆事情需要处理，然而分到每周、每天，乃至每个钟头，要处理的事情就会很少）来加以克服。第六，有效利用时间。晚上临睡前不妨将明天应做的事项一一列出，并按其重要性排序，以使工作井然有序。

科级领导干部需建立良好的上下级合作关系。首先，要接纳对方，以对方的立场了解对方，容忍差异，主动关怀，适度幽默，化解人际关系的紧张。其次，应避免动不动就冒旺火，情绪冲动；表情冷淡对人漠不关心；敌意，反对和怀疑别人；毫无主见、随声附和、自卑以及由于缺乏自信或自尊而表现出过度敏感，或转以吹牛、炫耀或批评别人的方式来显示自己的价值。等等。

一个人如果能够避免上述不当的表达方式，培养自己乐观、幽默、坦诚的人格特质，就会使人易于且乐于接近，就能与他人建立良好的人际关系，有助于工作的顺利进行，完成工作任务及组织目标。

（二）树立正确的人生态度

科级领导干部要适应时代发展的需要，就要全面提高自身素质，树立正确的世界观、人生观、价值观。作为科级领导干部应从几个方面树立正确的人生态度：一是境界崇高、执政为民，正确行使管理职能和职权，为人民为社会多做一些有益的事情；二是志向远大、心胸开阔，淡化物质享受，先天下之忧而忧，后天下之乐而乐；三是无私奉献、踏实勤奋、爱岗敬业、尽职尽责。只有这样，人生价值才能得到真正的实现。

（三）培养良好的性格品质

性格是人们对现实的态度和习惯化了的行为方式，是人的个性和独特风格的体现。人们在描述某个人的特点时，总喜欢从他或她的性格特征去描述，如某人热情、友善、公正、开朗、谦虚；某人贪婪、自私、狭隘、虚伪、冷漠等等。可见，性格是一个人个性最鲜明的表现，是人与人之间差异的主要方面。也就是说，个人在生活过程中接触到形形色色的人、事、物，会根据自己的认识对它们同时也对自己产生一种稳定的、评价性的心理倾向，如肯定或否定，赞成或反对，满意或不满意等等，这就是态度支配人的行为。有什么态度就会表现出什么样的行为方式，日久天长，逐渐稳定下来的态度和形成习惯的行为方式就构成了一个人独具特色的性格特征。

性格在人的个性当中处于核心地位。这首先是因为性格具有社会评价的意义，人们可以对某种性格特征的社会价值进行评判。例如：热情或冷漠、真诚或虚伪、诚实或欺诈、勇敢或怯懦、勤奋或懒惰、认真或敷衍、宽容或尖刻、乐观或悲观，等等。以上性格特征无论在哪一种社会里，都具有明确的积极或消极的价值倾向。因此，一个人个性的优劣主要是从性格上体现出来。人与人的个性差异首先是性格的差异，而不是能力水平、气质类型的差异。要具备健康的个性，最重要的是培养良好的性格。

另外，人的性格不是固定不变的，外部环境的变化和个人主观努力都可以引发性格的改变。因此，科级领导干部就要有意识、有目的地培养、塑造良好的性格品质。要对自己的性格有正确的评估和了解，经常自我表现，自我反省，总结出适合自己特点的性格修养方法。如有的科级领导干部善于自树学习榜样，针对自己的弱点用条幅、座右铭、警句等进行自我调适和加强自身修养；有的公务员习惯写日记及时总结。总之，要培养自己良好的性格品质，需从大目标着眼，小事情入手，反复修炼，持之以恒。

（四）理性地对待挫折

挫折是指个体的欲望和目的在实现过程中，受到阻碍和干扰，使个体需要不能满足而产生的一种不愉快的情感体验状态。现代生活中，每个人都可能遭遇挫折。如：工作中的失败或失误；晋升、发展的愿望受挫；有才能而无施展的机会；做出的努力和成就得不到应有的回报和承认；人际关系紧张而导致孤立；生活中的波折，等等。面对困难和挫折，许多人常常会痛苦自卑、怨恨，失去希望和信心。受挫折后的心理失衡，不仅影响人的工作、生活，还严重影响人的生理健康从而引起各种疾病。为了避免受挫后消极结果的产生，应注意如下心理调适方法：

（1）学会将自己的心理痛苦向他人倾诉。倾诉法是近年来心理医学比较提倡的一种治疗心理失衡的方法。受挫后如果失望焦虑的情绪封锁在内心，会凝聚成一种失控力，它可能摧毁肌体的正常机能，导致体内毒素滋生。适度的倾诉，可以将失控力随着语言的倾诉逐步释放出去。倾诉作为一种健康防卫，对舒缓压力、释放紧张情绪都具有较好的效果。如果倾诉对象具有较高的学识修养和实践经验，将会对倾诉者的心理给以温暖和抚慰，鼓起你奋进的勇气，倾诉者也会在一番倾诉之后收到意想不到的效果。

（2）受挫后有时难于找到适当的倾诉对象以诉衷肠，这就需要自己采用其他的方法平衡心理。采用优势比较法去想那些比自己受挫更大、困难更多、处境更差的人。通过这些比较，将自己的失控情绪逐步转化为平心静气，还可以寻找分析自己没有受挫感的方面，即找出自己的优势点，强化优势感，从而扩张挫折承受力。我们如果懂得事物相互转化的辩证法，就应该知道挫折同样蕴涵着力量。挫折可以激发人的潜力，激励人挖掘自身才能，失败就有可能转变为成功。正如一句再熟悉不过的箴言所讲："失败乃成功之母"。

（3）要重新审视并确立自己的目标。挫折往往会干扰自己原有的生活，毁灭自己原有的目标，重新寻找一个方向，确立一个新的目标，这就是目标法。目标的确立需要分析思考，这是一个将消极心理转向理智思索的过程。目标一旦确立，犹如心中点亮了一盏明灯，从而排除挫折干扰，去努力实现新的目标。目标的确立是人的内部意识向外部活动转化的中介，是主观认识于客观实践的飞跃。目标的确立标志着已经从心理上走出了挫折情境，开始了下一步争取新的成功的历程。目标法既可以抑制和阻止人们不符合目标的心理和行为，又可以激发和推动人们去从事达到目标所必需的行动，从而鼓起人们战胜困难的勇气。

（五）正确地认识和评价自己

"金无足赤，人无完人"，这不愧是一句至理名言。这是由于人本身的感官敏锐度、工作态度、个性特点、身体状况等主观方面的因素对于观察的精确程度有一定影响，所以人在观察事物时会出现误差。可以说，不完美是存在于自然界和社会的一种必然法则，没有什么东西、什么人可以超越之外。人们可以追求卓越，但不可能完全达到完美，因此，一定限度内的不完美是正常状态。

你对自己的工作和生活完全满意吗？你认为有多少人会做出肯定的回答？在生活中不少人常常感到对自己满意的时候少，失望的时候多；成功时候少，不顺利的时候多；体验到快乐、幸福的时候少，忍受苦恼、忧虑的时候多。其实，生活就是生活，各人所拥有的条件虽然各不相同，但同样都存在着个人条件下的生存与发展的问题。由于每个人的条件不同、目标不同、参照标准不同，很难绝对地说谁可以活得更容易，谁必定活得更艰难。因此，对自己、对自己生活状况的评价主要取决于主观上的认识与感受。比如：像聪明、能干、成功、富有等，大多数人所追求的东西，很难有一个终级的标准。物质、精神的富有怎样才算最高等级，谁也说不清。人往往是“贪得无厌”的，欲望、要求也永无止境，不会完完全全得到满足。如果以追求完美为目标，过分苛求自己，无异于精神上的作茧自缚，非但不能变化出美丽的蝴蝶，反而会窒息一个人的生命活力。如果人们能实事求是地看待自己，接纳自己，真实地表现自己，让自己生活得理性一些，就会轻松一些、健康一些、更成功一些。

主观上，人没有必要事事处处苛求自己，这并非是主张人们放弃对美好目标的追求，更不是让人们对自己身上确实存在的缺点、错误采取放任，甚至否认的态度，也不是要人们对以往的失败不予检讨而得过且过。人生有许多限制是个人无法摆脱的。因此?，个人的缺点、弱点、错误、失败在所难免。如果个人的失败不导致一定的社会责任，仅仅是由个人自己承担，那么不妨多从维护自己的角度去解释失败，因为失败本身并不重要，重要的是从失败中学到了什么？失败者从失败中收获什么样的心态？既然未来的目标不是再次的失败，就应该有意识地调整归因倾向，以一种对成功充满自信的心态迎接未来。

客观上，各种条件的限制也不允许一个人完全实现他的所有期望。因此，不完美是个人生活的常态。如果你不珍惜已拥有的和不久有可能实现的目标，非强求自己十全十美，那么你注定要体验到无穷无尽的失败和挫折痛苦与不幸。这种消极感受最终会使你与某些本来可以企及的东西失之交臂。由此可见，重要的不是一个人是否完美，因为不完美是必然的，重要的是认识自己，接受不完美的自己与不完美的生活，不要轻率地否定自己。正确的态度是认识自己的全部缺点和优点，接纳真实的自己，扬长避短，进取拼搏。唯有这样，才能在积极的心态中最大限度地将自己的潜质化为现实。

（六）管理好自己的情绪

美国心理学家摩里·克里斯汀说："情绪是我们心中的一片海洋，会泳者收获丰富，迷失者自我埋葬。"情绪的管理，有助于身心的健康。因为情绪状况会影响人的健康状况，多数疾病都与情绪有着心理上的根源。远古的祖先早就谈到过情绪致病的问题《内经．素问》："余知自病之于气也，怒伤肝，喜伤心，思伤脾，忧伤肺，恐伤胃……。"

由于职业的原因，科级领导干部一般都工作繁重，时间紧张，对身体磨损的可能性较大，同时由于工作疲劳，接受各种外界的刺激后，诱发各种强烈反差的心理情绪的可能性也较多，对身体潜在影响的可能性也就较大。所以，科级领导干部要学会管理自己的情绪，及时排遣各种消极心理，保持良好的精神状态。人们对自己生活品质的认识、对幸福程度的评判，都与个人的情绪体验有着直接关系。人们描述自己对生活的感受，实际上就是在描述自己的情绪状态。也就是说，情绪是决定幸福、衡量生活品质的主要因素。毋庸置疑，生活中经常保持乐观、豁达、积极的情绪，能够给人带来强烈的幸福感。

情绪就像生活的催化剂，不同的情绪对不同的事情会产生特有的作用。例如，愉快、乐观、昂扬、满足、兴奋等积极情绪有增加动力的作用，使人的活动效率提高；忧郁、失望、消沉、厌恶、冷漠等消极的情绪有减少动力的作用，使人的活动效率降低。强烈的情绪有双重作用，既可以促进人的某种活动，同时又会增加心理的负担，强烈的喜与爱是如此，强烈的悲与怒则更是如此。再如，一定程度的紧张对于提高工作效率很有作用，但过度的紧张不但使人难于忍受、精疲力竭，而且注定要降低工作成效。

例如，长期的忧郁或紧张的心情，会逐渐转化为个性中的消极因素，导致抑郁症或焦虑症，心态失衡，理智下降，有时会做出令人后悔的事情。人人都不可能脱离属于自己的生活氛围，生活中有的事情是无法确定的或者是几乎注定要发生的，它们似乎理所当然地使人们陷入到这样或那样的情绪中去，让人们承担其结果，情绪过度紧张，健康更容易受到疾病的威胁。

著名心理学家骆正，以 100 名患心脏病的中青年人为对象，并且在相同年龄、职业、民族的健康人中选 100 名作为对照组。对比研究发现：患病组在发病前有 91%的人工作任务重，长期精神紧张，而对照组有这种情况的人只有 20%；患病组的人几乎都是雄心勃勃、喜欢竞争，工作负担超过了自己的承受能力，他们当中有 25%的人同时做两种工作，71%的人在发病前每周工作 60 小时以上。

不难看出，人们工作方式、生活方式与情绪、健康有着内在的联系。情绪只是导致疾病的中介因素，根本的原因还要从工作、生活方式以及决定个人工作、生活方式的内在信念中去寻找。如果我们对生活有更合理的信念，工作、生活方式更加积极，那么也许我们的情绪状态会令我们更加满意，我们将可以享受更多的快乐与健康。现代医学证明，人若经常处于紧张、焦虑，痛苦、愤怒等不良情绪状态中，就会破坏心理平衡而诱发心理疾病。在领导者群体中，心脑血管系统疾病发病率明显高于普通人群体，这往往与工作压力大，情绪持续紧张，而又不善于调节有关。不良情绪还会使内脏活动和内分泌失调。比如紧张的情绪会刺激肾上腺素分泌并释放到血液中，使人心跳加快、呼吸短促、手脚冰凉。愁苦郁闷时，胃液大量分泌而肠道蠕动受抑，过量胃液中的胃酸和胃蛋白酶引发胃病、胃溃疡、十二指肠溃疡。愤怒时，血压增高、血糖增加，心理压力过大时，会引起神经性头痛、背和颈部及肩部的疼痛，等等。临床上由于生气、忧愁、发怒等不良情绪影响而加重多种疾病，已成为常见的惯例。因此，要充分了解情绪与工作、生活之间复杂而重要的联系，保持身心健康，学会一张一弛的工作方法，也要学会调节自己的情绪，特别注意保持愉快健康的心理状态。

（七）克服焦虑，释放紧张心理

1. 与焦虑同行

在工作和生活中，科级领导干部常常会产生焦虑，如当独自承担重任、面对人生重大难题的选择时，几乎任何一个与生存、发展有关的情境，以及超出预料之外的情境变化，都有可能引发焦虑。焦虑使人的知觉范围狭窄，焦虑越高越容易使人在认知模式上变为刻板性，缺乏变通性与流畅性，以至不愿改变成规，不愿尝试创新，而较喜欢坚持不适应的行为，全神贯注于自己的困难上，以至阻碍了推理过程。因此，科级领导干部过度焦虑易形成较低的工作定向，缺乏注意力与工作的坚持力。焦虑是一种复合性负性情绪，由紧张、不安、焦急、忧虑、恐惧等主观感受和一些程度不同的躯体反应与外部表现（心悸、胸闷、发抖、发热或发冷、脸红或脸白等）构成。

一个人自我接纳的程度往往影响自我洞察的能力及实际的反应。一个具有肯定的自我概念和高度自我接纳的人，是不怕承认自己弱点的，也不怕引起别人的不赞同。这种人并不把他的精力耗费在保护自己上，所以有更多的精力发挥在更具创造性的目的或社交关系上。相反，一个人如果对自我较少具有信心，则容易趋向于面对自己。面对变化时感到困难而引起内心的焦虑和紧张，如社会发展迅速，对自身的适应能力有担忧感；都市生活节奏快，易产生压力感；知识更新快，易令人有落伍感；自动化使人在工作中失落自我，成为科技社会的零件，易产生单调感；社会竞争越来越激烈，易产生恐惧感；人际心理距离远，易形成孤独感；物欲高涨，精神生活有空虚感等。焦虑若长期如影随形无法摆脱，将使科级公务员产生适应困扰而非常痛苦，影响心理健康。所以，必须面对焦虑，积极进行心理调适。

焦虑是一把双刃剑，适度的道德焦虑使绝大多数人懂得自我约束，懂得在满足自身需要时不妨碍他人利益；对两败俱伤的恶性竞争的反感使我们学会了互惠互利、合作双赢；面对工作压力的积极应对，则引领我们不断地扩大自己的知识、技能和生存空间。在适度的焦虑与紧张情绪下，可以增进工作效率与学习效果，且被认为是健康生活的必要条件。心理学家莫里尔说："适度的焦虑是促使人们趋于健康，趋于统整，趋于最高效率的力量；也就是这个力量在协助人们获得较高级的综合，较新的统整作用，以及比较稳定而且恒久的人格组织。"同时，适度焦虑与紧张情绪，也是一个正常社会所必须的，平常我们也说："生于忧患，死于安乐"，"人无远虑，必有近忧"，都是同样的道理。不过强烈的焦虑与持续性的焦虑反应，则对科级领导干部身心健康有害。前者的状态由自主神经系统所支配，当其活动过强时，大脑皮质的高级心智活动，如推理、辨别等将受抑制，个体常有不合理、不适宜的行为，工作效率减低，影响生活功能；后者使人的生理变化长久延续，将造成身体上的病症，称为心身性疾病。

心理健康主张对焦虑做适当的控制。所谓控制，是要使其有适当的表现、宣泄或疏导，即承认焦虑的存在，讨论其产生的原因，是否确实具有威胁作用，寻求适当途径，克服或避开它。

科级领导干部克服焦虑就要学会从积极方面体察事物，避开钻牛角尖，“塞翁失马，焉知非福 ”。有些人在窘困患难中仍不改其乐观处世的态度，而有些人在颇为优裕的环境里，却终日郁郁寡欢，焦虑不安。客观环境并不是决定焦虑与否的主要因素，个人主观态度具有更重要的影响，我们虽不能变雨天为晴天，变窘困为富有，但是乐观的态度可以使我们不讨厌雨天，不害怕窘困，使我们能充分运用智慧与能力，去弹性处理所面对的问题，提高我们的心理适应能力。

2. 释放紧张的心理。科级领导干部首先要学会识别心理紧张的征兆。心理紧张通常表现为身体和行为两方面的变化，具体的反应变化则因人而异。但不管是什么原因引起的心理紧张，都会导致个体出现血压升高、心跳加快、呼吸短促、皮肤紧张度增强等。因此，持续的心理紧张会引起躯体疾病。

（1）改变认知结构。生活中的压力可能并非来源于生活自身，而是来源于科级领导干部对生活环境所采取的认知和反应。一个人其实无法控制生活和工作环境的客观存在，但你却能控制自己对待客观环境的态度。所以，在面临巨大压力，心理产生紧张状态时，要做到不要让压力占据头脑，保持平和心态，积极解决问题才是控制心理紧张的关键。另外，应将眼前的问题视为鞭策自己前进的动力，不要养成消极的思考习惯，遇事要保持积极乐观的心态。同时，还应多聆听自己的心声，给自己一点时间，平心静气辩证地想一想，努力在心理紧张时加入一些积极的思考。

（2）要创造一种内心的平衡感。心理学的研究认为，保持冷静是防止心理紧张的最佳方法。科级领导干部平衡自己的心理就是换个角度想问题，忧心忡忡、紧张、焦虑是无济于事的。一个行之有效的方法是把一切都写下来，当你把自己的烦恼、担忧都表达出来后，你会发现自己的头脑清楚了许多，也能更好地面对和处理这些问题了。这种与自己交谈的方式能帮助你解决好多问题。

（3）静处也不失为一种消除紧张心理的方法。当你郁郁寡欢、暗生闷气时，不妨回避硝烟弥漫的“战场”，找一个幽静处，静默十分钟。在这十分钟里，你不妨回味一下以往的幸福人生，想到自己拥有的一切，健康、美满的家庭，回忆曾有过的学习工作生涯中的辉煌，从而得到超脱，而把这漫漫人生中的一些不如意置之脑后，你的心情会因此开朗明亮起来。

做到以上几点，还要学会自我散心。与朋友谈心是一种很有效的散心方法。通过交流，你的紧张心理趋于平静，烦闷情绪得到化解。在宣泄中，你一定会获得许多有益的“点拨”和安慰，你可由此走出“山重水复疑无路”，迎来“柳暗花明又一村”之佳境。

总之，科级领导干部不但要有健康的身体，更要有健康的心理状态，只有这样才能使工作得以顺利实施。在面对工作、生活节奏加快、新旧观念冲突、利益关系重构、竞争危机加剧等变化时，要求科级领导干部不断提高自身心理素质和适应能力，培养自己积极向上的人生态度，掌握心理调适的方法，进而增强自信心和意志力，并根据社会发展和形势的变化适时调整自己的思维方式和行为方式。可见，提高心理调适能力，保持良好心态，已成为科级领导干部适应外部环境，获得自身发展的重要前提。

案　例

（案例分析之一）情绪特性测验

了解你的情绪

《艾森克个性问卷》是英国心理学家艾森克编制的，主要通过内外倾向、情绪性和精神质三个方面测定人的个性特征。此问卷是目前应用最广泛的个性测验之一。这里介绍一种简略的测量情绪特性的方法。从艾森克个性问卷中筛选出有关情绪特性的 10 道题目，组成一个小测验，供大家进行自我评定。

请你根据自己的实际情况，在每个题目后面的答案中选择“是”或“否”。不存在正确或错误的答案。

1. 你常常无缘无故感到无精打采和倦怠吗？(是，否)

2. 你是一个多忧多虑的人吗？(是，否)

3. 你觉得自己是一个神经过敏的人吗？(是，否)

4. 你是否常常觉得人生非常无味？(是，否)

5. 你是否总在担心会发生可怕的事情？(是，否)

6. 你的心境是否常有起伏？(是，否)

7. 你曾经无缘无故觉得“真是难受”吗？(是，否)

8. 你常感到孤单吗？(是，否)

9. 你认为自己很紧张，如同拉紧的弦一样吗？(是，否)

10. 当别人寻你的差错、找你工作中的缺点时，你是否容易在精神上感受到挫伤？(是，否)

解释：每题回答“是”即记一分，回答“否”不记分。算出全部题目所得的总分。

低分（1—3 分）者的特征是：情绪反应缓慢、微弱；即使情绪被激起了也很容易恢复平静；如果生气，也是有节制的；通常表现得平静、稳重、温和、不紧张；善于自我控制。

高分（8—10 分）者的特征是：常常焦虑、忧郁、紧张、易怒；对刺激会产生过分强烈的情绪反应；情绪一旦被激发就很难平静下来；过度的情绪反应会导致出现不够理智的行为。

总分（4—7 分）者属于中间型。一般将低分者称为情绪稳定型，将高分者称为情绪不稳定型。

（案例分析之二）新科长上任之后

某市机关的一名副科长调任一新的领导机构任职，分管业务工作。新官上任三把火，他在工作中发现了一些需要改进的地方，于是提出了几个改进建议和实施方案，希望打开工作的新局面。他把报告上交到科长手中。一周过去了，没有信息反馈，他不知道科长是同意还是不同意。此后两次征询意见，科长一直没有表态。副科长感到工作无法再进一步做下去，也不愿再去询问，怕碰钉子，心理上感到极度压抑。他反复的想：是科长不欢迎自己的到来，不愿与自己合作？还是对自己提出的建议和方案不满意？还是缺乏魄力不愿接受新变化？他觉得有必要和科长交流一下想法。当他首先把自己的想法讲出来后，和科长发生了很大的冲突。一段时间，严重影响了正常的工作协调和配合，在心理上也承受着比以前更大的压力，以至生理上出现失眠、高血压、心悸等不适反应。

思 考 题

1. 现代社会的发展对科级公务员的心理素质提出了哪些新的要求？
2. 怎样面对工作与生活中的挫折？
3. 如何获得健康的情绪？
4. 分析工作中压力产生的原因并提出相应的对策？
5. 在深刻的社会变革中增强心理调适能力的重要意义？

第九章 科级领导应对突发事件的能力

我国目前正处于突发事件的多发期。在现实社会生活中，随时都有可能发生一些不可避免的突发事件。十六届四中全会通过的《中共中央关于加强党的执政能力建设的决定》明确指出，要“建立健全社会预警体系，形成统一指挥、功能齐全、反应灵敏、运转高效的应急机制，提高保障公共安全和处置突发事件的能力。”如何成功地应对和处理突发事件已经成为领导者不可回避的重大课题，应对突发事件的能力也就理所当然地成为衡量一个领导者能力高低的重要标准。

一、突发事件类型和基本特点

（一）突发事件的涵义

什么是突发事件？对此，人们目前还没有统一的看法。有人认为，突发事件就是超越常规的、突然发生的、需要立即处理的事件。这种观点把现实生活中极少发生的、出乎人们意料之外的、突然发生的、必须马上处理的事件叫作突发事件。也有人认为，突发事件是在社会、生产、生活中突然发生的造成或可能造成的严重威胁人民生命财产安全、损害公众利益、影响社会秩序和社会安全与稳定，对经济发展构成重大威胁的影响广泛的重大事故、事件。

有的专家认为，突发事件和危机不同。通常所说的突发事件可以看作是危机的前期，在一定的外界条件下，突发事件可能会进一步发展成为危机。危机必定是突发事件，然而突发事件未必就形成危机。

（二）突发事件的类型

对于常见的突发事件，有人曾把它们大致分为五类：

1. 灾害类

这是指因不可抗拒力引起的自然灾害，如突如其来的山洪、冰雹、风暴、地震、活火山爆发、火灾、禽流感、恶性疾病的流行等。

2. 事故类

这一般指由人为因素造成的重大事故，如比较大的翻船、空难、撞车、倒房、塌楼、塌矿、煤矿爆炸、集体中毒、球场骚乱、核泄漏等。

3. 纠纷类

这是指因民事、边界、宗族、民族等纠纷问题引起的事件，如哄抢集体或他人财物、械斗纠纷、聚众围攻和流血冲突等。

4. 请愿类

这是指由众多人员参与的请愿活动，包括集体（聚众）上访、请愿、静坐、绝食、游行、集会、示威、罢工、罢课、阻塞交通、拦截火车、围堵冲击党政机关等重大的社会群体性事件。

5. 动乱类

这是指由人为故意因素造成的社会动乱，如为达到一定目的（政治目的以及其他目的）而故意杀人、绑架、放火、投毒、爆炸、抢劫等一切危害社会稳定的刑事案件和动乱活动。

有人参照国际通行的分类标准和尊重目前社会发展的实际情况，把突发公共事件分为四类：

1. 天灾

自然条件下的灾害，包括地震、飓风、洪水、严寒、海啸、赤潮、泥石流、饥荒、雪崩等等。

2. 人祸

包括纵火、爆炸、投毒、大规模屠杀、恐怖行为等。

3. 技术灾难

包括矿难、空难、海难、烈性人畜传染病的传播等。

4. 特殊事件

在目前社会所处的转轨时代，还有特殊的一种公共危机，如聚众闹事（球场和运动场骚乱），扰乱治安、破坏社会稳定。这种紧急情况，有经济性的，有邪教性的，也有宗教性的，还有政治性的。

有的地方党委和政府把突发危机事件作了以下分类：

1. 事件类

（1）冲击、围攻镇以上党政机关或其他要害部门，打、砸、抢、烧行政村以上党政机关的群体性事件。

（2）阻挠省、市重点建设工程施工的群体性事件。

（3）已动用警力，并在处置过程中造成伤亡的事件。

（4）群体性械斗。

（5）金融挤兑事件或因金融风险引起的群体性事件。

（6）各类非法组党、结社、集会动向；敌对分子、民族分裂分子、非法宗教势力制造的暴力、恐怖、骚乱事件。

（7）规模较大的联宗祭祖等封建迷信活动。

（8）导致下列后果之一的群体性事件：造成国道、省道、省内主要内河航道交通中断的；造成城市和重要交通地段严重堵塞的；造成企业停产或城市主要商店停业的；造成城市或农村供水、供电、供气、通讯中断的。

（9）有下列情形之一的到县以上城市的集体上访事件：有进京可能的；有进省可能的；有暴力倾向或可能诱发暴力事件的；

地点敏感、行业重要的。

（10）发生集会、请愿、示威、游行、罢工、罢市、罢课等事件。

（11）军警民冲突事件；涉外群体性事件。

2. 案件类

（1）致死1人以上或被害人身份特殊的杀人案。

（2）抢劫金融机构、运钞车及抢劫现金数额较大的案件。

（3）携款潜逃案。

（4）证券违规操作案；造成较大社会影响的非法集资案。

（5）投毒案。

（6）公共场所、重要设施发生的爆炸案。

（7）案值在300万元以上的走私案；案值100万元以上或造成人员伤亡、后果严重的制假、贩假案。

（8）走私、贩卖、运输、制造鸦片5千克以上，海洛因或冰毒3千克以上的涉毒案。

（9）偷渡案；集体冲关或身份特殊人员冲关案。

（10）盗抢军火案、非法制售贩运枪支弹药案、枪支弹药失窃案及放射性材料、剧毒材料被盗案。

（11）情节严重、致人员伤亡的暴力妨碍执行公务案。

（12）劫船（车）、暴狱、劫持人质及纵火等情节恶劣、影响重大的严重犯罪案件。

（13）涉及政治、经济、外交、军事等方面的重大失泄密案及密码设备丢失、机要人员叛逃案。

3. 事故类

（1）造成1人以上死亡或直接经济损失在100万元以上的水陆交通事故。

（2）空难事件。

（3）造成人员伤亡或造成经济损失的生产安全事故和火灾事故。

（4）造成公共场所1人以上死亡的治安事故。

（5）造成1人以上死亡或10人以上中毒的事故。

（6）有毒化学物质泄漏、放射性物质扩散以及重大环境污染事故。

（7）造成镇级以上地区能源、电力、通讯等设施中断工作的事故。

4. 灾情疫情类

（1）堤围、水库溃决及可能溃决的重大险情。

（2）全市及敏感地区的有感地震；其他地区造成人员伤亡、财产损失的地震。

（3）一次灾害过程造成下列后果之一的：造成人员死亡的；房屋倒塌；森林火灾，特别是省、市级自然保护区、风景林；城市水土涵养林火灾；农作物受灾或绝收的；造成重要交通、通讯、供水、供电设施工作中断的。

（4）其他对生活、生产环境造成严重影响的灾害。

（5）鼠疫、霍乱、肺炭疽及其他易扩散、流行的重大疫情；一类动物疫情、新发现或又发生的动物疫情。

（三）突发危机事件的基本特点

1. 总体特点

一般说来，突发事件都表现出以下几个共性特点：

（1）突然性

突发事件作为一种质的突变，是通过一定的契机诱发的。因此，突发事件往往在意想不到的情况下突然发生，它在具体发生的地点、时间、实际规模、具体态势和影响深度、广度上，是难以完全准确预测的。它往往使人准备不足，“有些让人想都想不到。”“神不知，鬼不觉”，是“飞来的横祸”。

（2）紧急性

突发事件一般都比较紧急，必须在有限的时间里依靠有限的信息迅速作出决策，一些自然性突发事件和政治性突发事件更是刻不容缓。如果处理不及时，就会带来更大的财产损失和不可估量的政治后果。

（3）不确定性和易变性

由于突发事件来势迅猛和无序，受影响公众的反映程度以及社会管理的有效程度难以预知，它一开始便表现得难以把握。

突发事件的变化、发展方向也是多变的，它随着环境中某些因素的变化而变化，没有特定发展方向，对事件未来的发展和可能带来的后果，人们往往难以精确把握。这就造成了危机的不确定性和易变性。

由于突发事件的发生都是一定量的积累发展到一定程度的产物，因此，突发事件又不完全是无法预测和把握的，关键是采用明智的非程序化决策行为。

（4）目的性和欲望性

非技术性突发事件，都有明确的目的性和欲望性。这是因为，人们选择和行为的目的，都是为了得到某种利益，满足某种需要，达到某种目的。即使表面上看来是盲目参与事件的人，其实他的背后也有一定的动机和目的。只是由于人们的社会地位不同，目的和需要的内容、层次不同，而对这种目的和欲望呈现出经济的、政治的和精神的多样性。

技术性事故或自然灾害事件本身并无欲望性，但是在处理这类事件过程中，人们的目的性和欲望性也是很明显的。

（5）蔓延性

突发事件一旦发生，它就会像一枚突然爆炸的“炸弹”，在社会中迅速蔓延扩散开来，会引起一连串的反应，对社会造成很大的冲击。

（6）影响性

突发事件一般都会产生重大的社会影响，尤其在群众心理、舆论导向、社会价值直至党和政府重大方针政策的制定、贯彻及执行上，所产生的后果及其影响都是深远的、不可低估的。某些人为灾害和政治事件还会产生重大的国际影响。

（7）关注性

突发事件发生后，往往令人瞩目。它常常会成为社会和舆论关注的焦点和热点。一时间，它可以成为一般公众街谈巷议的话题，成为传媒追寻报道的内容，成为敌视力量发现破绽的线索，成为主管部门检查批评的对象。突发事件一旦出现，它就会像一根牵动社会的“神经”，迅速引起社会的不同反应，令社会各界密切关注。

（8）危害性和破坏性

不论什么性质和规模的突发事件，往往会带来负面影响，造成不良的后果，会不同程度地给组织（国家、社会和单位）及组织中的个体（人民群众或人员）造成生命财产、政治、经济和精神上的损失和破坏。损失和破坏的程度如何，视事件的性质、规模和处理方式的恰当与否而定。

危机造成的危害和破坏主要有：人员伤亡，财产损失，心理和精神的伤害，基础设施受到严重破坏，正常的工作、生产、生活以及公共秩序、公共安全受到很大的干扰，社会价值观受到挑战和威胁，组织声誉和形象受到损害，公信力下降、忠诚度下降、生产力和竞争力下降等。

（9）聚众性

社会性突发事件往往涉及到一部分人或某些社会群体的切身利益，这必然会使一部分群众产生心理压力和心态变化，从而具有聚众性的特点。社会性突发事件往往是由极少数组织者、操纵者和一些群众聚合而成的；或是由少数人操纵，通过宣传鼓动而把一些群众卷到事件中来。自然性突发事件，也往往危及多数群众的生命财产，关系到一个地区工作的成败，使事件具有聚众性。

（10）情绪性

在突发事件的主体中，极少数煽动者和组织者一般是酝酿或蓄谋已久的，而其中绝大多数参与者则是在情绪被煽动起来后卷入的，他们参与事件的情绪动因远远大于理性动因。因此，整个突发事件从参与者的构成状况到事件发展的各个阶段，都具有强烈的情绪色彩。

（11）复杂性

有的突发事件表面看起来都是因为某个具体事情而引起的，但实际上情况是比较错综复杂的，它是多种矛盾的集中表现。

一些纠纷类、请愿类、动乱类的突发事件，往往受社会性"大气候"、政策性的"大调整"、工作性的"大失误"等影响，给突发性事件带来许多复杂因素，不仅了解真相难，调查取证难，而且拍板定性、处理兑现都很难。

2. 突发公共事件的特点

突发公共事件除具有突发事件的总体特点外，还有以下特点：

（1）决策的非程序化

突发公共事件从本质上说是非程序化决策，所有的突发公共事件处理决策都是一个非程序化过程。其原因是：

第一，突发公共事件的突然发生必然导致社会人心不安，慌乱和秩序上的混乱。此时，要求政府立刻作出正确反应并及时控制局势，否则会扩大突发事件的范围，甚至可能失去对全局的控制。因此，初发时期的快速决策和处理行动是对突发公共事件的时效性要求。

第二，由于突发公共事件初发时期的信息匮乏、时间紧迫和事态发展很不确定等情况，决策者已不可能像正常情况下按程序进行决策论证和选优，而是需要即时做出判断和决定，保证事态不扩大、不升级、不蔓延。

第三，突发公共事件的突然发生打乱了日常的工作程序，而且突发公共事件越大，对日常日程的干扰就越大。日常日程受到干扰后，许多决策人员的缺席使得决策无法如常进行。

迅速地从正常情况转换到紧急情况的能力是突发公共事件管理的核心内容。

（2）参与的多样性

第一，全面性

突发公共事件的发生，不仅涉及到人员伤亡、财产损失，而且存在对社会和自然环境破坏的可能等。此时，需要警方参与维持秩序，需要医护人员和急诊服务来实施急救，需要消防人员参与解救人员或处理火灾等，需要陆上和水上运输工具，需要精通有害物质管理和处理的专家，需要检控追究责任人员，需要熟悉技术设备的工业机构人员，还需要志愿人员等等。执法部门、消防部门、财政部门、运输部门、卫生部门等都与突发公共事件处理有关。这就是突发公共事件处理的全面性。

第二，全民性

突发公共事件一旦发生，单靠政府有关部门的努力和行动是远远不够的。因为突发公共事件多半危害公共安全，损害社会经济的稳定，波及面特别巨大。这时需要动员全国、全市、全区人民的支持、配合和参与。例如。集体募捐、献血、义卖等等，特别是志愿者行动。

第三，国际性

当突发公共事件波及面巨大，或潜在的影响（包括物质和精神承受力）超出一个国家范围时，政府突发公共事件处理还具有明显的国际性。

（3）应对措施的选择性

应对措施的选择性是指针对紧急状况采取的应对措施优先程度。

美国规定的应对措施优先程度是：第一重要的是大规模死亡事件，其次是大规模受伤事件。

（4）救援人员牺牲或伤亡的可能性

突发公共事件发生后的现场救援行动中，常常会出现参与救援的人员牺牲或伤亡。这些人员一般是：消防人员、警察、医疗急救人员、公职人员等。

因公牺牲或受伤是一件可歌可泣的壮举。但如果我们能够避免就应尽一切可能去避免新的伤亡发生。这不仅是对生命的尊重，也是处理突发公共事件的首要目标和目的。

二、突发事件应急工作的方针和原则

（一）突发事件应急工作应当遵循的方针

突发事件应急工作应当遵循的方针是：预防为主，常备不懈。这是减少各类突发事件的保证，是有效应对突发事件的前提。

1. 预防为主

突发事件是突然发生的，很多具有不可预见性，但是突发事件并不是完全不可以预防的。防重于治。对突发事件最主要的应对能力，不仅表现在被动处理了多少事件，更重要的是表现在能否通过积极有效的预防，避免突发事件的发生。“防患于未然”，做好突发事件的预防工作，是防止突发事件发生的基本指导思想。美国学者戴维斯·扬说：“面对任何危机，你的首要目标是尽快结束危机。而比这更重要的是要做到防患于未然。”英国著名危机管理专家迈克尔·里杰斯特也有一句名言：“预防是解决危机的最好办法。”美国学者戴维·奥斯本和特德·盖布勒在《重塑政府》一书中也提出：“政府管理的目的是花少量钱预防，而不是花大量钱治疗。”这都深刻地揭示了应对突发事件的最基本方针：“重在预防”。因此，领导者在平时的工作中要做到未雨绸缪，要对各类可能发生的突发事件的情况进行收集、分析、预测、预警、上报，有针对性地制定应急处理预案，采取相应的预防措施，防范突发事件的发生。

2. 常备不懈

常备不懈，就是说，对突发事件的预防，不是一朝一夕的事，必须持续、连贯、长期地努力进行，必须坚持时时抓，持之以恒。要勤调查、勤了解、勤提醒、勤解决，不能“临渴掘井”、“急来抱佛脚”或“一日曝三日寒”，临时抓抓。

（二）突发事件应急工作应当贯彻的原则

1. 以人为本、安全第一、维护稳定

以人为本、安全第一，就是在突发事件的处理过程中，要真正体现对人民高度负责的精神，把人民群众的身体健康和生命安全放在第一位，把抢救人的生命与保障人们达到基本生存条件，减少人员的伤亡和财产损失作为首要目标和基本任务，以保护广大群众的根本利益为目的。首先，必须确保受害和受灾人员的人身安全；其次，最大限度地保护参与处置突发事件的应急人员的人身安全；再次，尽力保障国家和人民群众的财产安全。不能以官为本，为保官、升官而不把人民的生命财产放在心上。

维护稳定，就是在应对和处理突发事件中，要始终坚持从安定团结的愿望出发，向稳定的目标努力。真正体现稳定社会大局、维护社会经济系统的正常运作，稳定群众情绪，稳定正常的工作生产秩序。

2. 统一领导、分级负责

统一领导是指在突发事件应急处理的各项工作中，应急处理指挥部的总指挥统一领导、统一指挥，各有关部门都要在突发事件应急处理指挥部的领导下，按照应急预案规定的工作方案以及应急处理指挥部根据突发事件的具体情况做出的部署，开展各项与本部门有关的应急工作。

分级负责主要体现在两个方面：一是根据政府行政管理等级分级负责。要坚持分级负责、归口办理与属地管理相结合的原则。要坚持“谁主管谁负责”，突发事件发生在哪里，属于哪一级政府、哪一个单位或部门，就由哪一级政府、哪一个单位或部门的领导负责处理。平时，应建立分级负责制和分工负责制。要一级抓一级，一级对一级负责，要层层分解责任，层层落实责任，人人承担责任，各司其职，各负其责。本级出现的事件，由本级处置；涉及几个单位出现的事件，由几个单位的主管部门调处；本级无法调处的，由上一级出面调处。在领导分工上，一般谁主管，由谁牵头调处。总之，要一级为一级负责，谁分管由谁负责。二是在实践中，突发事件有按照事件对公众的生命健康和财产安全造成或者可能造成的危害程度以及对社会造成的影响划分级别的做法，根据事件的具体情况，分级负责。具体的级别划分和处理，在应急预案中规定。

3. 忠实决策、狠抓落实

基层领导干部应对突发事件的一个基本能力，就是忠实于决策，狠抓落实的能力。近年来，党和国家关于预防、应对各种突发事件的文件、法规和要求已经不少，如果基层都能不折不扣地把它们落到实处，无疑会大大减少突发事件的发生。在当前群众集体上访反映的问题中，80%以上是基层应该解决也可以解决的。然而一些基层单位的领导干部，却往往习惯于以文件落实文件，以会议落实会议，层层表态，上级的精神到了那里常常停留在“精神状态”，这是许多地方事件频发的一个重要原因。所以，基层组织及其领导干部，一定要准确无误地按照上级精神逐一加以落实；按照文件要求，督促各方尽快落实，彻底消除死角，保证不留盲区。

4. 处变不惊、临危不乱

古人说：“一忍可以制百勇，一静可以制百动。”面对突如其来的突发事件，不管问题多么复杂，情况多么紧急，群情多么慌乱、激愤，领导者一定要镇定自若、不急不躁、头脑清醒、应对自如，要遇事不慌、处变不惊，临危不乱。要特别注意以“冷”

对“热”，以“静”制“动”，以“柔”克“刚”，冷静沉着地面对各种突然而至的问题，慎重机智地应对所面临的复杂多变的局面。

这里所说的“冷”、“静”、“柔”，不是无原则的迁就，不是软弱，不是退缩，而是充分显示领导者的理智、机敏、冷静、克制。

面对突如其来的突发事件，领导者既不能惊慌失措、胸无主见，焦躁不安、失去正常的理智和冷静，乱了方寸。又不能头脑发热，盲目表态。如果六神无主、手忙脚乱，或者气急败坏、急躁冒险、莽撞行事，盲目采取过头行为，就会陷入被动，难以及时采取有效措施恰当进行解决和处理。

5. 快速反应、措施果断

突发事件往往来势猛，发展快，把握变化趋势难度大。快速反应，处理果断，民众心理就能够得以初步安定，社会秩序也能得以初步维持，事件才能得到妥善解决；反之，则易于陷入被动，激化矛盾，使事件升级，造成更加不良的影响和严重的损失。

面对突发事件，多数情况下，我们不可能有充分的时间思考、讨论、研究、论证。“当断不断，反受其乱”，该决断的时候，优柔寡断、反应迟钝、行动缓慢、拖泥带水，还要“考虑、考虑”、“研究、研究”、“看看”，便会贻误战机，陷入被动境地，使突发事件不能得到及时控制，甚至会落个“小事闹大、规模扩大、难度增大”。

古人说：当机立断。处置突发事件，“快速”、“果断”非常重要，这是尽快控制局面，防止事态扩大的基本要求。管理学家福斯特将“迅速反应”作为处理突发事件的首要特征。所以，处理突发事件时，一定要争取时间，必须要讲效率和速度，尽可能及早介入，及早控制事态的发展。这就要求领导者面对突发事件必须在理智冷静的基础上，乘势握机、当机立断。做到快速发现，快速报告；快速出动，快速到位；快速展开，快速介入；快刀斩乱麻，果断地拿出应对措施和解决办法，立即采取一系列紧急处置手段。

快速反应、措施果断，主要掌握好以下几个环节：

（1）迅速采取有效应急措施，控制事态发展，稳住局势，减少损失。

（2）迅速摸清突发事件的概貌或全貌。要在第一时间安排人员，通过快速精细的调查，了解事件发生的时间、地点、人员、损失情况、起因、经过、现状、影响程度等重要因素，获取第一手资料，争取工作主动权。

（3）迅速分析和判断。迅速对各种现象和原因进行分析梳理，迅速、准确判断事件的性质、趋势、发展后果和危害程度。

（4）迅速上报。迅速将已经了解到的事件的真实情况和进展、已经采取的措施和结果或准备采取的行动以及下一步应对可能需要的援助等，向上级报告，争取上级的支持。作为下级，如来不急先请示的，可先斩后奏，边处理边请示或先处理再请示。对于突发事件，可以越级上报信息。

（5）迅速核查。对已经上报的信息，要尽量通过各种渠道在最短的时间内对事件所造成的危害程度、最新进展和发展态势等进行核查，为领导后续决策提供依据。

6. 机动灵活 随机而作

处理突发事件要遵循机动灵活，随机而作的原则，针对不同情况，要因事、因时、因地、因势制宜，随机应变，采取不同的措施、采取超乎常规的程序和办法。不可千篇一律，墨守成规。

要注意原则性与灵活性相结合，主要应掌握以下几个环节：

（1）要亲临一线指挥，进行现场决策。由于突发事件的应急性和紧迫性，争取时间成为第一位的问题，所以，一旦发生突发事件，领导应该及时赶到现场，亲自过问、亲自深入，以便能根据现场千变万化的实际情况，进行直接一线指挥、随机决策，机动灵活地加以协调、控制、调度、指挥。它要求抢时间，力争短期内妥善处理，将事件消灭在萌芽状态或初始状态。

亲自到第一线，至少有以下几个好处：可以直接了解现场情况，获得第一手材料，及时分清事件的性质，及时处理；可以减少信息传递反馈的时间；可以面对面做好干部、群众的工作，处理好群众提出的问题；可以迅速从各方面调动足够的力量去有效地贯彻实施决策；可以随时检查决策实施的情况及其效果，并根据情况的变化对决策进行及时的修正和处理措施的调整。

（2）要留有余地。既然突发事件原因复杂，变化无常，或然性因素比较多，领导采取措施时，就要想的多一些、远一些、深一些，留有周旋的余地。在说话表态上要把握分寸，讲究方式，切忌不分对象、时间和场合，把话说得太满、太绝；在领导出场、力量调度、物资准备、或条件的许诺等方面，都不能一下子就达到极限，再没有协调、调度和退身的余地。

（3）注意缓和矛盾。要转移群众情绪，缓和矛盾，使群众冷静下来考虑问题。

（4）采用拖延策略。当事态发展还不明朗，贸然决策风险很大时；当事态还在急剧变化，估计有可能不久就会出现有利的转折时，不马上处理，采取拖延策略，暂时保持原有的状态不变，仔细观察或静待其变，可能是最好的应变办法。当然，这样做是有条件的。

（5）顾全大局，不因小失大。必要的局部牺牲，在表面看来是退却和让步，实质上是为了最大限度减少全局损失，使突发事件处理胜利进行，并得到彻底解决。

7. 依靠科学、协调联动

对于那些因工业技术而引起的灾害，如有害化学物质泄漏、放射性物质扩散、重大环境污染事故、重大生产安全事故、火灾事故等以及由于自然灾害如洪水、飓风、火山爆发、森林大火等而造成的突发事件，在应对和处理时，一定要注意科学性、技术性，要尊重和依靠科学，多征求特定科学技术领域内科研机构专家的意见和建议，不要盲目蛮干。

在突发事件现场，参与应急救援的人员和力量来自不同的系统和部门，包括执法、消防、财政、运输、卫生、通讯、信息、搜救、科研、学校、政府有关部门、志愿人员，有的情况下还有军队、武警官兵等。因此，在突发事件应对和处理中，加强协调联动、资源整合是极其重要的。这就要求领导者有全局观，注意上下左右的关系，组织有序、严密，协调得当、合理，使各有关系统和部门之间围绕同一目标，按照各自的职责要求，有分有合，紧密配合，通力合作，协同运作，调动各种力量，优化整合各类应急指挥机构、人员、设备、物资、信息、工作方式等各种资源，达到资源共享，发挥整体功效，保证实现统一指挥和调度，有序应对突发事件。

8. 依法办事

政府及其工作人员在行使突发事件管理权时，必须依法办事，在法律规定的权限范围内行事，不能任意扩张，不能随意误用、滥用，以防止恣意侵犯公民的权利。尽管在特殊和紧急情况下，可以运用强制性公共权力，采取一些非常手段，但是，也必须依法行政，符合紧急状态法律的要求，绝不能以特殊和紧急为由，恣意妄为，超越法律。对于群体性事件的处理，要慎用警力、慎用警械、慎用强制措施，维护法制的尊严，把处置工作纳入法制化的轨道。

三、突发事件的预防与应急准备

突发事件的预防与应急准备是指领导者对突发事件隐患及其发展趋势进行监测、诊断与预控的一种管理活动。其目的在于防止和消除突发事件的发生。

从某种程度上说，突发事件的预防比对突发事件的处理更重要。现代跨学科的一门新理论《灾害经济学》提出了一个正在被政府日益重视的“十分之一”法则：在灾前投入一分资金用于灾害的防范，通过降低灾难发生的概率或者避免灾难的发生，人类可以降低十分的损失，从机会成本角度看，降低十分的损失，就是有十分的收益。对灾害的防范性投入，能够提高社会防御灾害的能力，从而有利于社会经济发展的可持续性。

“凡事预则立，不预则废”。预防和准备是应对突发事件的第一步。领导的职责并不仅仅在于事件发生后如何处理好，更重要的是要具有应对突发事件的超前意识，加强突发事件的预防、预警、预案工作，把突发事件的隐患解决在萌芽状态。可以说，能否有效地预防和控制突发事件，是衡量领导者管理能力和水平高低的一个重要标志。

（一）树立忧患意识

突发事件虽然是以偶然性的形式表现出来，但偶然性中孕育着必然性。就是说多数突发事件的发生，都有一个“准备（酝酿）期”到“爆发期”的变化过程，是事件早已存在的隐患发展的必然结果。因此，对突发事件的隐患、突发事件爆发前的“准备期”，是可以认识和预防的，尤其是人为造成的突发事件更是可以认识和预防的。由于人们没有忧患意识，看不到突发事件存在的隐患和发展的“准备期”，或者虽然看到了，却没有引起重视，及时解决，致使突发事件由“准备期”发展到“爆发期”。因此，领导者在平常就必须树立忧患意识，及时解决存在的突发事件隐患和采取积极的防范措施，是避免突发事件的关键所在。

（二）突发事件的监测与预警

监测与预警，是对突发事件发生前的迹象或征兆进行监视、预测，并由此作出警示的活动。

几乎所有的突发事件发生之前都会有一定的迹象或征兆。进行日常监测和及时预警可以使人们及时发现突发事件产生的迹象或征兆及其发展趋势，及时捕捉带有倾向性、潜在性的问题，可以在突发事件来临时为人们赢得一定的时机，及时制定、采取应对措施，减少突发事件带来的危害。因此，监测和预警工作的落实与否直接关系到突发事件应急处理的成败。

监测和预警工作的具体要求是：

1. **制定监测计划。**要根据不同的突发事件，制定相应监测计划。监测计划应该包括监测目标、监测任务、监测程序、监测手段、保障措施等内容，保障监测工作有计划、有条不紊地进行。

2. **科学分析、综合评价监测数据。**对监测到的数据要用科学的方法进行分析，综合考虑各种因素，不能轻易下结论。通过科学分析、综合评价，要对突发事件迹象的实际存在状态、种类、性质、产生的原因、发展趋势及可能的危害程度等予以明确的认定，为有关方面采取有效的应对措施打下基础。

3. **对检测中发现的潜在隐患及可能发生的突发事件要按规定的报告程序、时限及时报告，保证有关方面及时得到相关信息。**

（三）设置突发事件管理机构

设置突发事件管理机构，是预防突发事件的重要保证，也是进行突发事件管理行之有效的工作。

设置专门机构的目的和作用有：

（1）为了对突发事件进行有效的预防和识别、事先拟订一套或几套既定的突发事件管理方案和程序等。

（2）在事先防范方面，其职责是编制预案和计划以应对不同情况的需要。

（3）在突发事件发生时，协调管辖权内的各机构各司其职地按照事先制定的方案处理突发事件，尽量控制事态的发展，把损失控制在一定的范围内，如果事态失控，则要竭力争取重新控制局势。

(4) 为了保证事发时协调的顺利，定期安排各机构执行训练和演习。

(5) 恢复措施方面，主要是清理灾难现场，给受害地区恢复基本的公共服务。

(6) 另外，还有其他亡羊补牢的措施。

设置专门机构的最大好处是，当突发事件一旦发生，政府一声令下启动紧急程序，各相关机构和人员，能够立即按照既定程序，各司其职，做好本职内的管理和应对工作，以化解突发事件并降低和消除其造成的危害和损失。

对于所设置的专门机构，要通过相应的法律或规章制度，明确其职责和权限、人员的组成、人员的到岗和程序等，以保障其合法有效运转。

(四) 制定突发事件应急预案

突发事件应急预案是经过一定程序制定的处置突发事件的预先方案。突发事件应急预案的制定，关系到整个突发事件处理能否顺利和有效地进行。突发事件应急预案的主要内容包括：

1. 突发事件应急组织机构及职责

不同突发事件发生所组成的应急指挥部、应急处置领导小组或应急处置小分队的成员可以不一样。但每一类突发事件应急预案中必须列明突发事件应急组织组成部门或成员，并明确各个部门和成员的具体职责任务。

2. 突发事件的监测与预警

在日常工作中，要对可能发生的突发事件进行监测，并及时发出预警；突发事件发生后，也要对已经发生的突发事件进行跟踪监测，掌握其变化情况，对可能出现的趋势和问题及时进行预警。在应急预案中，要根据突发事件的种类，制定监测计划、预警等级、报告程序和时限、确保监测与预警系统的正常运行。

3. 突发事件信息的收集、分析、报告、通报制度

应急处理机制能不能及时启动，应急措施是否有效，关键要看突发事件信息渠道是否畅通。信息不准，反应可能出现错误；信息不快，反应就会延误，所以，信息的收集、分析、报告、通报要形成制度，明确责任、时限、渠道、程序和主体。

4. 突发事件应急处理技术和监测机构及其任务

由于突发事件的种类不同，根据专业机构的不同性质，明确对不同类别突发事件的监测机构，并规定其任务，可以保证对突发事件的有效监测和预警。

5. 突发事件的分级和应急处理工作方案

突发事件有大有小，有轻有重。所以，对不同性质、不同范围、不同危害程度的突发事件，采取的应急处理方式、动用的应急力量、实施的应急措施是不同的。将突发事件分为不同等级，并按照不同等级制定不同的应急处理工作方案，可以有效地应急处理突发事件。

6. 突发事件的预防、现场控制、应急设施、设备以及其他物资和技术的储备与调度

应急预案的内容应当包括对突发事件的预防措施，还应当包括对不同种类突发事件发生后的现场控制措施。

突发危机事件种类很多，其预防措施、现场控制手段也不尽相同，所需要的设施、设备、器械以及技术等也不一样，根据不同情况做好相应的预防措施和现场控制方案以及物资储备，并建立合理的物资调度制度，对防范突发事件十分必要。应该做到有备无患，否则，将措手不及，造成难以弥补的损失。

7. 突发事件应急处理专业队伍的建设和培训

突发事件应急处理离不开专业人员，现场处置、抢救等，都需要一大批经过专门培训的具备快速反应能力和足够技能及良好装备的专业人员。把专业队伍建设作为一项长期工作，从长计议，并加强经常性培训，才能保证这支队伍招之即来，来之能战，战之能胜。

由于突发事件的发生和发展是不以人的意志为转移的。所以，突发事件的变化往往超出人们事先的设想，这就需要审时度势，根据新出现的情况和问题和预案实施过程中存在的问题，及时对应急预案进行调整、修订、补充和完善，使其更好地适应新的形势，指导应急工作。

（五）开展全民宣传教育

应对突发事件，普通民众参与是基础，从对突发事件的防范到突发事件的应急处理，没有群众的参与是无法顺利完成的。突发事件的发生，往往会引起普通民众的恐慌、猜测甚至影响正常的社会、经济秩序。我们必须在自己的权责职能范围内通过各种有效方式，在普通民众中广泛宣传突发事件应急知识，开展突发事件应对教育，让他们了解各种突发事件发生的过程、特征和危害，掌握如何预防突发事件的知识，提高群众的心理承受能力和自我防范意识，掌握一定的自救和互救的方法和措施，增强应对能力，并能够积极、主动配合政府及其有关部门开展突发事件应急处理工作，真正做到群防群治，从而增强全社会对突发事件的防范意识和应对能力。

（六）开展突发事件应急处理培训和演练

对突发事件，我们不能打无准备之战。要对突发事件应急处理的相关人员，定期开展相关知识、技能、策略的培训，培养和造就一支在关键时刻能冲得上，打得赢的高素质的应急队伍。

要定期组织相关机构和人员进行突发事件应急演练。在应急演练上，要从打大仗、打硬仗出发，进行各种突发事件的演练，在演练中不断掌握新知识和先进技术。

（七）建立应急储备

突发事件的预防和处理，都离不开必要的应急储备。储备好各种人财物及信息条件，为突发事件的预防和处理提供必要的保证，是突发事件预防阶段的一项重要的基础性工作。应急储备保障不充分，突发事件的预防和处理就会受到影响，就不能取得全面胜利。应急储备具体要求主要包括三个方面：

1. 开展防治突发事件的相关科学研究

对任何突发事件的防治都必须尊重其自身的发展规律，而规律本身是一种客观事物，它不以人的意志为转移。“知己知彼，百战不殆”。如果我们想战胜突发事件，就必须首先弄清它的特性，寻找它的致命弱点，研究我们的对策。这一切需要我们依靠科学的力量来进行。开展科学研究是一种应急工作的智力和能力储备。也许在平时，人们会认为投资到科研不会像投资到其他商业领域那样会带来可预见的回报，但是可以肯定的是，如果不加强防治方面的相关科学研究，当突发事件来临时，我们可能会遭受到比科研投入多几十倍甚至几百倍的损失。

2. 建立人、财、物以及信息资源的储备

要建立有关的物资、设施、设备、器械、工具、技术与人才资源以及信息资料的储备。对这些资源要进行统一妥善管理，严格监查，使各种资源随时处于最佳状态。

特别需要指出的是，技术与人才资源储备是最重要的储备。因为，没有好的人才，再好的物资、设施和设备都不可能形成预防和救治能力，也不可能达到储备的目的。所以，对技术与人才的储备必须有长远的眼光，切不可急功近利。我们需要有一支应对突发事件的技术力量与人才队伍，将其纳入储备的目的就是，一旦发生突发事件，就可以在第一时间内派出专业处置人员，运用最新技术予以处置，以减少突发事件对社会的危害。

3. 建立储备经费

这里所说的储备经费，是一项日常性的经费支出，绝不能理解为只有发生了突发事件，才拿出这笔经费。因此，各级政府要将这笔经费列入本级政府的财政预算，要设立处理重大突发事件专项资金，专款专用，并视灾害程度随时增加资金的投入。

四、突发事件的处理

突发事件的突然性、紧急性、破坏性要求领导者首先必须制定一个反应迅速、正确有效的处理程序，以便及时迅速采取积极措施，尽最大努力迅速控制局势，迅速查明原因，果断解决问题，把事件控制在损失的最小程度。

（一）迅速控制事态

突发事件发生后，能否首先采取紧急行动，千方百计地控制住事态，使其不扩大、不升级、不蔓延、不恶化，使其由热变冷、由大变小、由强变弱，尽力做到影响和损失最小化，是处理整个事件的关键和首战。这既是关系整个事件成败的基础和前提，又是寻找更好的、更彻底的处理方法的重要条件。突发事件不等人，处理速度是关键。

要达到迅速控制事态这一目的，应根据不同情况，分别采取以下不同控制办法：

1. 心理控制法

经验证明，不论是哪类突发事件发生，都会对群众心理产生相当大的冲击和压力，使许多人心绪不稳，思想混乱，不知所措。他们既不知道事件的性质及其起因，更不知道事件发展的真相和趋势，处在强烈的恐惧、焦躁、怨怒和冲动之中。处理不好，人们的心理及其行为很可能向不利于事件的妥善处理方面发展。所以，对事件的参与者和群众，首先应进行心理控制，减轻他们的心理压力。

心理控制法基本有三种：

(1) 用领导自身的行为影响群众

心理学研究表明，人们都有不同程度的“遵从心理”，即受他人活动的影响，自己也从事和他人同样的活动。越是在对事物认识模糊，自己心理波动不定、价值选择目标不定的情况下，越容易产生“遵从心理”。因此，在突发事件发生的现场，领导者的行为对群众的行为方向会产生直接影响，因此，领导要特别注意精神振作、乐观自信、沉着镇定、从容应对，明确向群众表明处理好事件的决心。领导应当谦恭、和蔼，清楚怎样合理进退。

突发事件发生时，如果参与者心情激动、精神紧张，甚至失去理智、言辞过激，领导者应尽最大努力克制自己的情绪，保持冷静的态度，不能流露出自己的烦恼、焦躁和愤怒。

亲切的招呼、和善的微笑、一杯热茶，对于缩短双方感情的距离，寻找心理相容点，有时会收到意想不到的效果。

领导者精神振作、乐观自信、沉着镇定，群众也就有了主心骨，心理压力就会大大减轻。

(2) 转移参与者和群众的注意力

一般地说，每次突发事件中，参与者和群众的注意力都会集中在一两个与个人利害关系密切相关的问题上。或者集中在一些敏感、热点问题上固执己见，争执不下；或者为了达到某种利益，不达目的不罢休……在这种情况下，参与者和群众的注意力不转移，对于控制事态是十分不利的。必须采取有效措施，转移参与者和群众对矛盾焦点过分集中的注意力。常用的方法有：

第一，说服疏导。加强说服疏导，做好参与者和绝大多数群众的思想工作，使他们对党和政府的主张产生认同。应该说，参与群体性事件的群众，真正无理取闹的是极个别的，绝大多数是通情达理的。对于群众中出现对党的一些政策措施暂时不理解或提出某些不合理的要求，要做深入细致的思想政治工作，耐心引导和帮助，力戒简单生硬。我们要耐心细致地做好劝阻、说服和疏导工作。要与他们平等对话，讲清问题真相，说明道理，引导群众通过正当合法的途径保护自己的合法权益，对群众提出的问题和要求，能够当面答复或解决问题的，一定要当面实事求是地予以解答，并答应依照有关法律法规和政策予以合理解决，一时不能答复或解决的，要讲明原因，决不推诿搪塞，坚持做到工作到位，以诚待人。这样他们就会自觉地放弃原来的不合理要求，消除对立情绪，从而达到控制事态的目的。

第二，求同存异，寻找交汇点。想办法寻找双方利益的交汇点（包括显性的交汇点和隐性的交汇点），调动和激发起卷入其中的广大群众的认同情感。

第三，适度让步。邓小平说："你不让点步，我不让点步；应该做的妥协也不做，小的不同就会变成大的冲突。"从群众的角度出发，承认某些可以理解和合理的方面，必要时应该用战略的眼光做出暂时的有限度的让步或许诺，牺牲眼前的、局部的利益，以保证长远的、全局的利益，保证最终决策的实施。当然，采取"退让政策"只是为了实现大目标的权宜之计，待事态平稳后，领导应查明事件的真相，总结经验教训，杜绝类似事件的重演。

第四，摆明后果。要引导群众看到事件继续下去，失去控制将最终可能出现双方都不愿看到的不良后果，引导大多数人恢复理智，提高警觉，站到国家和人民的立场上来。这些办法当然难以把所有人的情绪和态度都转移过来。但只要多数人的情绪和态度有所改变，基本群众站到了正确立场上，事件就好办多了。

2. 釜底抽薪法

参与突发事件或被卷入突发事件的群众，大都事出有因，情绪激动，有的态度偏激，语言蛮横，一触即发。处理不好，不论哪类事件，都可能出现局势逆转的情况。因此，领导和在现场工作的人员绝不能火上加油，激化矛盾。而应在先"扬汤止沸"，先行治标的基础上，后“釜底抽薪”，这才是治本之道。

(1) 分而化之，弱化、瓦解对方的内聚力

这种办法适用于有组织的群体事件。要坚持“团结教育大多数，孤立处理极少数”的原则。突发性群体事件总体上多属于人民内部矛盾范畴，在任何情况下，大多数群众始终是我们团结和教育的对象，要做好教育疏导工作。而组织策划、现场指挥、煽动闹事的，毕竟是极少数人，要通过做工作，使之孤立起来，并依法给予处理。

具体方法是：

第一，在弄清情况的前提下，掌握对方的目的和行为的破绽，作为分化瓦解对方的依据和突破口。

第二，加强就地宣传。通过强大的宣传、舆论攻势，一方面，揭露事件策划者、滋事者的目的和不法行为，抓住其言行相悖之处和幕后活动的事实，指出其行为的实质；另一方面，认真宣传党和国家的各项政策及法律、法规，指出事件继续下去的严重后果；向群众和事件的参与者讲清党和政府的政策，讲明我们的基本态度，要声明大义，晓之以理，启发他们要冷静思考，提醒群众提高警惕，不要人云亦云，要站在正确的立场上来，同各种不良现象作斗争。有些情况下，还可以用公开信的方式和张贴传单进行宣传。

第三，利用群众能接受的形式和权威人士的影响，教育和争取大多数。

(2) 接触对话，缓解紧张对立气氛

社会性的突发事件，参与者总是想达到一定目的，因而总是希望同领导机关发生正面接触。领导要充分利用参与者的这种心理，可由对方派代表，对事件的起因和要求进行详尽的阐述和说明，通过接触和面谈，缓解紧张气氛，控制事态发展，从中发现事件的起因、要求和性质。在接触和面谈中，领导者要积极主动，热情认真，以理智的态度，耐心倾听和解决他们反映的问

题。

对那些起因比较正当或具有合理性，参与者的情绪又比较激烈的群体性冲突，先对群众提出的正当理由和合理要求进行必要的肯定，对处于困难中或受伤害的群众进行抚慰，以平息他们心中的怒气和怨气，以缓和激烈的情绪，然后在冲突双方都比较冷静的情况下，进行妥善处理。

领导干部因种种原因而引起责难围攻的情况，有时可能发生。当群情激怒，矛盾趋于尖锐，一时难以调处的时候，领导应挺身而出，主动承担工作责任，或者做出某种表示，以转移他们的视线，缓和矛盾，待到争斗双方心情平静以后，再评判谁是谁非。

3. 批评制止法

适宜于处置理由并不正当或无理取闹的冲突事件。对事件的组织者尤其是参与事件中的党员和干部进行批评，使他们主动解除冲突。

4. 震慑抑制法

属于械斗、流血类突发事件以及“闹出格”的，可采取一些必要的手段抑制、震慑对方。如果矛盾双方操戈列阵，群体械斗即将爆发，或彼此短兵相接，棍来棒往的时候，我们应以主持正义的凛然姿态，凭借一股浩然正气和威武不可侵犯的震慑力抑制双方，防止事态恶化。当机立断是致胜的关键，一旦贻误时机，事态就会骤然升级，加大调处难度。

这种方法，被卷入矛盾之中的领导不宜采用，否则，将火上加油，为事态升级推波助澜。

5. 组织控制法

对社会突发事件，组织控制有以下几种做法：

（1）立即启动突发事件管理机构

突发事件一旦爆发，可立即启动突发事件管理机构或突发事件处理小组，让突发事件管理专职人员赶赴现场，投入应对工作。

（2）迅速隔离险境

在出现严重的恶性和重大突发事件时，为切断突发事件险情蔓延的各种可能途径，确保组织和公众的生命财产少受损失或不受损失，要采取各种果断措施，迅速隔离险境。

隔离，一是人工隔离，即在人力上进行明确分工，一部分人员专职从事突发事件的控制工作，另一部分人继续组织的正常工作运转，以在整体上保证组织运作的连续性。二是事件隔离，即对危机本身的隔离。危机险境的隔离应重点做好公众的隔离和财产的隔离，要迅速转移受害人员或受灾民众脱离危险，对于伤员更要进行无条件的隔离、救治。

（3）控制事件蔓延态势

在严重的恶性事件爆发后的一段时间里，它有可能会进一步恶化，迅速扩散蔓延，甚至还会引起"连锁反应"，引起其他事件的出现。因此，在现场，领导者应当迅速采取有效的应急措施，这一般包括：

第一，即刻抽调各部门人员在尽可能靠近事发现场的地方设立"现场指挥部"，按照处理预案指挥现场应急救援等工作。如，立即组织在场人员抢救生命和财产；火速封锁并保护出事现场，并验查现场情况；及时疏散群众或驱散围观人员，以免影响救援和处置工作的正常进行。

第二，根据不同种类的紧急情况即刻通知相应的专业应急救援队伍展开行动，并建立统一的指挥体系。

第三，根据危机事态的发展，迅速与系统之外的应急机构或中心联络，指挥医疗、志愿者组织等火速赶往事件发生地进行救援或支援，协调好参加处置危机事件的各路人马。

第四，根据紧急情况等级搞好综合保障。如，保证水、电、气、暖的正常供应；紧急状态下的医疗救治工作；针对疫情级别安排疏调、隔离、消毒工作；保证交通通畅；应急物资装备及紧急运输能力的调配，现场所有人员生活需要的保障。物资短缺时，可以依法就近征召社会物资。

第五，迅速恢复和重新建立通讯联络，保证信息通畅。

第六，及时、准确、全面地向媒体和公众发布突发事件的信息，告诉公众目前发生的事件及其状态，政府正在及将要采取的措施、公众注意事项等，正确地引导公众的注意力，揭露谣言，控制信息的混乱传播。

第七，迅速查清肇事者、骨干人物或恐怖分子，予以重点控制。

第八，将已经了解到的现场情况、救援各方的报告和汇报信息以及根据信息情况做出的判断立即向上级报告。

（二）准确找到症结

控制事态使其不再扩大、蔓延，并不是对事件的真正解决，这只是事件处理的开端。重要的是要利用控制事态后的有利时机，千方百计地掌握事件的各种情况，并且透过现象看本质，据此制定出解决问题的办法。因此，必须迅速安排力量，采取一切可能的措施和办法，迅速而准确地把准信息、找到事件的症结、定准性质。

1. 收集信息

事件的原因和实质不是一眼就能发现的，尤其是社会性突发事件，因为它隐含在各种现象之中。只有大量收集事件的各种现象，才能从中分析出事件的原因及性质。所以，领导者必须及时组织人员，深入公众，动用一切可行的手段，密切注视和准确地掌握事态发展的相关信息。要在最短的时间内准确掌握信息。渠道要多元，信息要畅通。

（1）收集信息的基本要求

收集信息要真实、准确、全面、及时。对有关证据、数字、记录要准确，要核实；对事件有关各方面要进行全面深入的调查，不得疏忽大意；对事态的发展和处理后果及时进行跟踪调查，等等。

（2）收集信息的主要内容

第一，事件的基本情况，包括发生的时间、地点、单位、参加人员的数量，构成，周围的环境等。

第二，事件的现状和发展趋向，包括事件的目前状况（如规模、形式、强度），发展的趋向，控制措施的实施情况。

第三，事件发生的背景、原因、潜在影响、后果和危害。

第四，事件涉及的对象，包括直接受害对象、间接受害对象、与事件有直接关系和间接关系的组织和个人、与发生事件的单位有利害关系的部门和个人、与事件处理有关的部门机构等。

第五，事件相关部门和人员的态度、要求等。

通过调查，收集事件的真实材料，弄清危机的来龙去脉。

（3）收集信息的几种方法

第一，公开调查法。公开调查法，是常用的和主要的获得信息、收集事实的方法，对各类突发事件都适用。公开调查的方法主要是：

现场观察。事发后立即组织力量深入现场，观察事态的发展动向和群众的情绪，掌握事件过程的全部显露情况，不能遗漏重要的情况和细节。

向目睹者调查。通过访谈、座谈等形式广泛收集和听取事件目睹者所了解的有关情况和反映。

向参与者调查。想办法与事件的参与者，特别是头面人物正面接触，摸清对方的心理和目的。

抓住事件的薄弱环节和暴露之处进行调查。这既不十分显眼，又能发现问题。

第二，隐蔽调查法。隐蔽调查法一般只适用于敌对的政治事件，是获取一些重要信息、真实情况的重要途径。运用这种方法，常见的形式有：

打进去。派素质比较好的工作人员，以群众或积极参与者的身份，深入到肇事组织的内部，获取真实情况和材料。这就要求领导有预防突发事件的充分准备，事发前就必须布置好，不能事后才进行。

拉出来。事发前后，根据日常掌握的情况，选择那些能争取过来的人为对象，对他们进行各种形式的教育，使其转变态度和立场，从而通过他们了解情况，收集信息。

暗中观察或调查。对于一些必须掌握而又不宜公开行动的情况，如对藏于幕后核心骨干人员情况的掌握等，可以暗中观察或调查，在不引起对方警觉和不激化矛盾的情况下，依法收集掌握事件的情况和踪迹。

第三，间接调查法。间接调查法介于前两种方法之间，适用性比较宽，调查哪类突发事件都可以使用。一般地说，第三者观察和提供的情况，是较为客观和准确的。因为他们与事件没有直接的利害关系，能够客观公正地分析和反映情况。同时，中间力量是斗争双方争夺的焦点，肇事组织者在争取他们的过程中，会从不同侧面、不同程度地表露出他们的目的和主张。因此，这种方法不仅能够通过间接的渠道获取很多有价值的情况材料，而且，还能了解到中间力量的思想倾向和活动情况，为我们做出决策提供可靠依据。

2. 确定事件的性质

定性是妥善处理事件的基础和依据。先确定事件的性质，而后才能决定处理事件的方针、方法和措施。因此，准确确定事件的性质，是处理整个事件的关键性工作。

（1）全面认识事件的各种现象

领导者要组织有关人员，全面认识事件的各种现象。不论正面的还是反面的，直接的还是间接的，真相还是假象，都要全面地掌握和认识。

（2）潜心分析和研究事件的因果联系

在全面掌握和认识事件各种现象的基础上，潜心分析和研究各种现象间和现象背后的因果联系。

（3）确认事件的症结和性质

在把握各种联系和关系的基础上，通过认真地比较和筛选，认准制约整个事件的主要矛盾，找到整个事件的“症结”，确认事件的性质。

3. 达成共识，制定总体措施

（1）达成共识，统一口径

调查结束后，各单位、各部门及相关部门要统一口径，形成统一的认识和结论。如果调查后，没有统一意见、统一口径，各抒己见，势必会引起事件参与者和公众的不满，而且容易引起新的骚动，使事态更加扩大。所以，达成共识、统一口径，是找出事件症结的前提。

（2）制定对策措施

突发事件的来龙去脉和性质确定以后，必须迅速制定处理事件的对策措施。提出对策措施应注意以下几个问题：

第一，要注意方案的科学性。制定方案必须请熟悉情况的专家及有关人员参加，并充分尊重他们的意见和建议。

第二，必须具有针对性和可行性。即在现场允许的条件下简便可行，措施必须行得通、办得到。

第三，注意总体配合，综合治理。在抓主要矛盾的同时，注意总体配合，综合治理。不能头疼医头，脚疼医脚，零打碎敲。

第四，进行多种方案准备。要有应急备用方案，一旦第一方案不能奏效，马上实施备用方案。

第五，方案要周密细致。制定方案对组织领导体系、现场处置方案、伤员抢救、事态控制、人员调度、后勤保障、善后处理、新闻报道、信息传递等等都要有详细的安排，拿出一个相对周密的方案，特别要注意各要素之间的关联性和衔接性，环环相扣，避免脱节。

（三）果断解决问题

实施决策方案，采取具体措施处理突发事件，是战役的决战阶段。在这个阶段的操作指挥，应注意解决以下几个问题：

1. 周密组织

组织指挥关系着整个战役的协调运作和效能的显现。组织指挥失利，不但不能理想地解决问题，而且容易引起新的事端。

由于突发事件前途扑朔迷离，犹如处于瞬息万变战场的军队，需要强制性的统一指挥和力量凝聚。

（1）领导班子必须指挥统一，协同作战，共同组织应对突发事件。对参与处置的各领导成员及有关部门要分工明确，责任具体，严格要求。主要领导首先要协调好班子的思想认识，保持高度统一，对事件处理统一指挥，统一调度，分头落实。使领导班子成为坚强有力的战斗指挥部。

（2）领导一定要统驭全局，头脑清醒，坚决有力。既不因局部的优势和胜利而忘乎所以，也不因局部的劣势和失利而焦躁冲动。要稳住阵脚，指挥若定，调动一切积极因素，形成一种必胜的气势，以取得决战的胜利。要用铁的纪律、铁的手腕去落实各项指令。无论涉及辖区内哪一级领导、哪一个部分、哪一个下属，都必须无条件地服从大局。同时，领导还要审时度势，及时根据事态变化的客观情况，改变或采取相应的措施，或更换新的作战方案，以保证整个战局大获全胜。

2. 抓住关键

抓住关键部位和主要矛盾，是保证全局胜利的重要措施。抓住关键，整个战役就有了主动权和获得全胜的可能。因此，领导指挥处理事件时，就必须从各种因素中找出冲突焦点，抓住主要矛盾。

（1）对关键问题的解决，必须事先周密研究实施方案，集中优势兵力去攻克难关。

（2）对社会政治性事件，必须全力控制和解决头面人物或首要人物。

（3）找准突破口。突破口找得准，首战告捷，便可向纵深发展，获得更大战果。

3. 抓住机遇，化害为利

突发事件对于具有高超领导艺术的领导者来说，不仅仅是危机，更是一种机遇和挑战。因此，领导者面对突发事件应及时缓和矛盾，抓住机遇，创造性地解决问题，化害为利，扭转危机。

五、突发事件的善后恢复

一抓到底，善使善终，做好事件的善后恢复工作，是圆满处理突发事件的重要组成部分。善后恢复工作做好了，才能说突发事件彻底解决了。

（一）恢复重建

要尽快采取措施帮助受灾群众进行生产自救，以便迅速推动社会正常秩序。如：给予受灾群众或单位必要的经济援助，弥补其在突发事件中的损失，启动生产；组织、调节供销渠道，及时提供民众生活的日常和急需物品，保障公民的正常生活；说服参与冲突的人员回到工作岗位，讲清发展生产对解决问题和社会矛盾的重要性；强化相关的社会福利政策的事实力度等。

（二）受害者的善后安排

首先，要组织好对突发事件直接和间接受害人员的披露信息、医疗、政策优惠、政府救济、安抚、补偿、社会互助以及死者家属的抚恤工作，并充分满足家属的一些合理愿望，如探视、吊唁等。其次，开展灾害心理救助，消除突发事件在公众中造成的心理恐慌，摆脱危机阴影，稳定民众情绪。

（三）恰当处理参与者

对突发事件的组织和参与者的处理，依据突发事件本身的性质和其产生的直接社会后果而定，总的原则是：区分不同情况，严格政策界限，以争取多数，孤立少数。

对极少数故意进行造谣、煽风点火和破坏活动的顽固分子或敌对分子必须严厉打击，坚持法办；对参与事件的多数群众应采取说服教育的方法，争取他们。对突发事件的组织者也应区别对待。

（四）向外界通报

把突发事件处理的情况和结果通报给公众或新闻媒介，挽回社会影响。

（五）总结经验教训

要反思和总结处理突发事件的经验教训，举一反三，从中探求规律性的东西，堵塞漏洞，最大限度地避免和减少类似事件的再度发生。做到整改措施不落实不放过，教训不吸取不放过。

（六）严格执行奖励和责任追究制度

要对参加突发事件应急处理做出贡献的人员，给予表彰和奖励。要对因参与应急处理工作致病、致残、死亡的人员，按照国家有关规定，给予相应的补助和抚恤。

对于那些因官僚主义、工作失职、渎职，致使矛盾激化，引发事件，造成严重后果的；对隐瞒、迟报、虚报、谎报，借故推诿、拖延、擅离职守、临阵脱逃，不及时赶到现场、不采取控制防范措施妥善处理、拒不服从应急处理指挥调度或阻挠干扰上级调查处理等处置不力的行为要追究有关责任人员的责任。

（七）形成文字入档

要有准确、齐全的文字依据，形成有权威、有法律保障的协议或《纪要》，随时整理入档，以便防止今后出现反复。

（八）向上级报告

按照上级的要求，写好突发事件处理的报告，呈报上级。

案　例

处理集体上访，失去了最佳时机

一

1998 年 2 月 24 日，湖北省襄阳县石桥镇张史村三组村民史启约等人联名致信镇党委，反映该组账目管理混乱问题。镇信访办决定进行调查处理。总支书记得知后，不知出于何种目的，向镇信访办汇报，这点小事，不需要镇上派人，我们自己完全能够处理。于是主动承担了调查处理此事的责任，于 9 月 12 日对该组帐目进行了清理，查出组长史某贪占公款 400 元，但未处理。群众多次找总支和村支部询问，未能得到满意的答复。史某的问题不但没有得到处理，年底却被提升为村副主任。史启约等人质问村支部书记，村支部书记感到恼火，回答他们，是我让史某当副主任，不服气，你们再去上告。史启约等人被激怒，他们分头串联了部分群众，与村组干部对着干。

1999 年 2 月 12 日，史启约等带 40 多人，将全村四个组的高音喇叭摘下，将收音机、扩音机提走，将变压器的跌落保险下掉，并在各路口张贴大字报。此时的张史村，处于无政府状态，村组干部一筹莫展，撂挑子不干了。总支多次出面调解，未能奏效，只好向镇党委、镇政府汇报。

二

石桥镇党委、镇政府立即召开会议，研究如何处理张史村的问题，决定镇党委副书记等带信访干部和派出所、法庭、经管站的同志到该村。此行的目的是：一是召集史启约等骨干分子座谈。要求他们终止错误行为，密切配合，彻底查清问题；二是稳定干部情绪，教育干部正确对待群众的批评。谁知在群众大会召开时，一名上访者要求代表群众在会上讲话。他的要求遭到拒绝，便与镇党委调查组发生争吵，到会的群众跟着起哄，致使会议不能进行。调查组只好撤离。

三

为找出问题的症结，镇党委书记带领信访干事到张史村“微服私访”。与群众同吃同住，不分白天晚上，同群众促膝谈心，5 天时间走访群众 60 多人次。从座谈中得知，群众主要对村组账目混乱，招待费过大有意见。特别是三组原组长史某经济问题查出后不处理，反被提升为村副主任，群众与干部产生了对立情绪。抓主要矛盾，查清该村账目是解决问题的关键。于是由信访干部带队的 18 人的清账专班于 3 月 22 日进驻该村，历时 47 天，将村组的账全部清理完毕。通过清理，发现以下三个方面的问题比较严重：一是招待费过高，年开支 28148.80 元，全村人 980 人，仅此一项人均负担 28.72 元；二是村组干部贪污、挪用、侵占公物现象严重，村组干部贪占款达8000多元；三是拖欠公款现象严重，全村258户累计拖欠款达8万多元。5月9日，召开兑现会，要求干部、群众同时兑现。部分群众拒绝偿还欠款，一致要求村组干部先拿出招待费、吐出吃喝款。无论清账专班如何解释，群众就是不听，致使清理出来的问题得不到及时处理。

四

由于问题未能妥善处理，事态进一步扩大，史启约为首的少数人，以村组干部有经济问题而抗粮抗税。他们腰缠绳索，手持利刃，满村叫骂，威胁干部群众。他们书写张贴“抗粮抗税”通告，架设广播喇叭，公开煽动群众抗粮抗税。他们围攻、辱骂、刁难前去调查的县、镇干部和司法人员，抢走账簿凭单，撕毁调查记录，殴打财税人员……无政府状态越来越严重。为彻底解决张史村的问题，经县委、县政府研究，由县政法委员会牵头，从公、检、法、司各部门抽调力量，会同镇党委、镇政府组成联合工作组，于7月24日进驻张史村。各部门密切配合，发挥各自的职责，依法进行了查处。一是广泛宣传有关法律，使群众受到法制教育；二是全面清理该村的财务，依法查处村组干部的经济问题。对侵占公款的村组干部依法收审，责令退赔；三是对煽动闹事、妨碍国家工作人员执行公务的史启约等三人依法予以行政拘留；四是依法交纳农业税。8月10日，召开全村群众大会进行了公开处理，群众反映良好。

摘自《河南信访》2001年第4期

结合案例，你认为调处集体上访的最佳时机是如何失去的？从这个案例中，我们应该反思点什么？

案　例

怎样处理这一突发事件

某年某月某日晚6时许，某区东安路街道办事处所属染化工厂发生了氯磺酸外溢事故，短短几分钟的时间，氯化氢气体飘出，造成与工厂毗邻的华仁里居民区的居民住宅区大面积污染。100多名激动而又愤怒的居民冲进工厂，指责工厂的事故使他们受到有毒气体的侵害，有60多人头晕、恶心、呕吐，中毒症状明显，严重影响了他们的身体健康，破坏了他们的正常生活。少数情绪冲动的人，向工厂办公室扔酒瓶，砸窗户玻璃。办公用具受到损坏，场内秩序一片混乱。在事态发展非常紧急的情况下，厂长刘明拨通了主管街道企业的街道办事处副主任张祥的电话，简要汇报了情况……张副主任5分钟后赶到工厂。此时报社的记者也闻讯赶来。

结合上述案例，你认为张副主任和刘厂长应该如何处理好这一突发事件?

思　考　题

1. 简述突发事件的基本特点?
2. 突发事件应急工作的方针和原则是什么?
3. 突发事件的预防与应急包括哪些内容?
4. 处理突发事件应注意哪些环节及方法?

第十章 科级领导的公共服务能力

公共服务能力是新时期国家公务员的必备素质，是科级领导者任职能力的重要方面。科级领导者公共服务能力的具体要求表现为：牢固树立宗旨观念和服务意识，诚实为民，守信立政；责任心强，对工作认真负责，密切联系群众，关心群众疾苦，维护群众合法权益；有较强的行政成本意识，善于运用现代公共行政方法和技能，注重提高工作效益；乐于接受群众监督，积极采纳群众正确建议，勇于接受群众批评。

一、牢固树立宗旨观念和服务意识

（一）全心全意为人民服务是公务员行为规范的基本原则和要求

坚持全心全意为人民服务的宗旨，努力实现最广大人民的根本利益，是党和政府一切工作的出发点和落脚点，也是衡量各项工作得失成败的最高标准。要实现出发点和落脚点的辩证统一，既需要从思想观念上把道理弄清楚，也需要在具体工作中把措施搞扎实。出发点就是想问题、办事情、做工作的动机和起点，落脚点则是其结果和归宿。出发点与落脚点的关系，本质上是动机与效果的关系。从出发点到落脚点，从真心实意到人民满意，这是一个艰苦实践的过程。要确保这一过程不出偏差，达到出发点与落脚点的统一，有许多具体问题需要认真解决。辩证唯物主义者历来强调动机与效果的统一，没有全心全意为人民服务的宗旨，就不会有服务于人民的行动，更谈不上取得让人民满意的效果；当然，仅有良好的愿望，缺乏切实有效的措施，也不能够收到良好效果。所以，任何时候都必须坚持尊重社会发展规律与尊重人民历史主体地位的一致性，坚持为崇高理想奋斗与为广大人民群众谋利益的一致性，坚持完成党和政府各项工作与实现人民利益的一致性。

毫无疑问，党和政府的方针政策都是秉承全心全意为人民服务的宗旨，对公务员来说，最好的体现，就是牢固树立公仆意识，当好人民的公仆。但也要看到，在现实生活中还存在着出发点与落脚点相偏离的现象，一些实事没有办实、好事没有办好，甚至事与愿违。其中原因固然很复杂，但大多不外乎这样几种情况：

（1）宗旨观念不牢固，出发点一开始就不那么端正，由此导致在以后的实施过程中出现跌跌撞撞、左右摇摆，甚至背道而驰的现象。

（2）方法措施不对头，缺乏调查研究，对工作规律和群众的心态不掌握、不了解，有劲使不上，或者把劲使反了。

（3）能力水平不过硬，思想观念落后，知识素养较差，有效办法不多，不会干事，干不成事。

由此可见，实现出发点和落脚点的辩证统一，离不开提高理论和政策水平，离不开改进思想和工作作风，离不开增强实践和提高能力，离不开实践这一检验真理的唯一标准，离不开人民群众是各项工作的最终评判者。首先，是不是实现了出发点与落脚点的辩证统一，不在于怎么说，而在于如何做，在于做得怎么样，而牢固树立全心全意为人民服务的宗旨观念，夯实思想基础，是最重要的一点。其次，实现出发点与落脚点的辩证统一，说到底取决于观念、作风和能力。正如十六大报告指出的："在任何时候任何情况下，都必须坚持党的群众路线，坚持全心全意为人民服务的宗旨，把实现人民的利益作为一切工作的出发点和归宿。"

只有宗旨观念牢固了，才能不断焕发出为人民群众服务的热情和动力，增强克服困难、干好工作的激情和干劲，把人民利益这个最高标准贯穿于工作始终，时时刻刻、事事处处注重出发点与落脚点的统一，保持动机与效果的一致。同时，要切实改进工作作风，尊重群众的利益和意愿。既然最广大人民的根本利益是党和政府的一切工作的出发点和落脚点，群众是各项工作得失成败的最终评判者，那么干什么、怎么干，就没有理由不听取群众的意见和建议，不尊重群众的利益和意愿。当树立了这样的宗旨观念，诚实为民，守信立政，了解民意，集中民智，就是自然而然的了。

（二）国家公务员要诚实为民，守信立政，当好人民公仆

1. 公务员要当好人民公仆，关键是正确运用人民赋予的权力，诚实为民

中国是以工人阶级领导的，以工农联盟为基础的社会主义国家，人民群众是国家的主人，国家的一切权力属于人民。中国共产党是代表人民执掌国家政权的。因此，公务员必须牢固树立"立党为公，执政为民"的理念，合理、规范地运用权力，自觉接受群众监督，真正做到"权为民所用，情为民所系，利为民所谋"。依法行政，决不能滥用职权，更不能以权谋私。

2. 公务员要当好人民公仆，要做到自觉履行职责，守信立政，敢于负责

公务员所担任的职务本身意味着责任，工作中有多大的权力就必须承担相应的责任，权力与责任对等，这是最基本的公仆意

识。然而，在现实生活中，不同程度地存在着一些公务员在工作中不愿负责、不敢负责的现象。分析起来，造成这种情况的原因固然很多，但十分重要的一条，就是一些公务员缺少勇于负责的精神。这里既有思想和观念不解放，因循守旧，造成工作长期徘徊、打不开局面的因素；也有只打个人"小算盘"，怕担风险，面对好机遇不敢工作，采取宁丢事业，不丢"乌纱"的不作为因素。如此一来，导致一些公务员工作中尽量回避矛盾，敷衍塞责，结果使问题积累成堆，积重难返，直至给党和政府的事业造成损失。这种不良倾向是我们事业的大敌，必须坚决防止和纠正。

3. 公务员要当好人民公仆，必须重视学习，善于学习，勇于实践，不断增强公共服务能力

任何事物的发展都不是一帆风顺的，为人民谋利益更非轻而易举。在从出发点向落脚点前进的过程中，肯定会出现许多新情况、新问题，甚至会遇到一些无法预料的困难和风险，如果没有足够的能力和过硬的本领，不能根据形势的发展变化及时调整改进工作思路与方法，就难免会出现"跑偏"的现象。

4. 公务员要当好人民公仆，能否诚实为民，守信立政，敢于负责，说到底是讲政治的问题

敢不敢于对工作认真负责，反映了一个公务员的思想境界、政治修养、价值观念和工作能力。如果心中装着党和人民事业，就一定会勇于负责地开展工作。勇于负责就要坚持解放思想，实事求是，与时俱进；要不惟上，不惟书，只惟实，大胆探索改革和发展的新路；敢于负责意味着始终保持良好的精神状态，知难而进，扎实工作，争创一流。

简言之，增强公共服务的宗旨意识，树立务实观念，就要始终坚持执政为民。坚持全心全意为人民服务的宗旨，就是要树立工作即服务，工作即尽责的观念；要心里装着群众，工作依靠群众，一切为了群众，为群众诚心实意办实事，尽心竭力解难事，坚持不懈做好事；要把实现好、发展好、维护好群众利益放在高于一切的位置。同时，要正确处理对上负责与对下负责的关系，把群众的呼声当作第一信号，把群众的需要和利益当作第一考虑和选择，使各项决策更加符合群众的眼前利益、长远利益和根本利益，符合客观实际。日常工作中，要把实现群众利益作为一切工作的出发点和归宿，始终把依靠群众的智慧和力量作为推进事业和工作的路线，调动群众的积极性和创造性，共同推进建设中国特色社会主义和小康社会的伟大事业。

二、密切联系群众，维护群众合法权益

（一）代表和维护最广大人民群众的根本利益

江泽民同志指出，“因为我们党是代表最广大人民群众的根本利益的，所以全党同志的一切工作都是全心全意为人民服务的，都是为了实现好、发展好和维护好人民的利益”①。为此，公务员和党政干部要旗帜鲜明地代表和维护最广大人民群众的根本利益。当代中国政治发展的基本任务，就是通过改革正确处理社会各阶级、阶层之间的关系和其它重要的社会利益关系，维护广大群众的根本利益；坚决反腐倡廉，加强民主法制建设。

从政治学的角度看，一个国家在一定时期政治生活的主题，要具备两个前提：其一，要与一般政治概念的核心内容基本一致；其二，必须是对这一历史时期的主要政治任务的集中概括。旗帜鲜明地代表和维护最广大人民群众的根本利益这一点，在利益范畴上与一般政治概念相衔接，直接反映了目前中国的社会现实需要和人民群众的深切要求。

需要指的是，所谓人民群众的根本利益，并不是单纯指收入分配层次上的利益。现阶段，人民群众的最根本利益，是实现社

① 《全面加强党的建设的伟大纲领》，人民出版社，2000 年版，第 6 页

会主义现代化，而这里所说的代表和维护，从国内政治的角度讲，就是指通过合法、有效的政党政治途径、政权力量和政府行为推动国家现代化进程，增强国家综合实力，调整好社会成员之间的利益关系；在此基础上，尽可能使人民群众过上日益富裕、安定、祥和而又充满活力的生活。

始终保持同人民群众的血肉联系，始终代表最广大人民的根本利益，始终得到全国各族人民的拥护和支持，这是贯彻“三个代表”重要思想、推进现代化事业发展和全面建设小康社会的根本保证。根据目前具体情况，在代表和维护人民群众的根本利益方面，作为公务员要特别重视以下三个方面的工作：

1. 正确处理各阶级、阶层之间的利益关系和其他重要的社会利益关系

在新的历史条件下，我国社会生活发生了广泛而深刻的变化，社会经济成分、组织形式、利益分配和就业方式等的多样化还将进一步发展。相应地，社会结构出现了“层化”和“细化”的趋势，各阶层在经济上的现实处境存在较大的差异。我国现有的大多数阶层都属于劳动者范畴，但又都有其具体的利益。不能简单地沿用过去解决阶级关系问题的思路来处理这些关系，那样只会使问题更加复杂。从党政领导和社会舆论的角度来说，要在切实维护和优先考虑劳动者阶层利益的基点上，抓住各阶层都以社会主义现代化建设为其基本价值取向这一有利因素，引导各阶层以相互理解的态度协调彼此的关系；以政权的力量为依托，通过税收、转移支付等手段调节各阶层之间、地区之间的收入关系；对于各阶层之间难以避免的某些消极性的矛盾或问题，比如劳资冲突、基层贿选、权钱交易等，也要采取制度制约和个案处理的方法，既不手软，也不能搞扩大化，党和政府的工作重点应放在提高控制能力上。

2. 通过强化制度建设遏制腐败现象蔓延

任何腐败现象，归根到底都是以损害社会的公共利益来满足个人或一小部分人的私利为特征的，实质上都是在伤害人民群众的利益，伤害人民群众与党和政府的关系。解决反腐败的问题，必须依靠制度的创新，而不能采用运动的方式；仅仅以运动的方式反腐败，不但不利于反腐败本身，最终也不利于保护人民群众的利益。

3. 加强社会主义民主和法制建设

这是维护最广大人民群众根本利益的最可靠保障。应该注意到，在现阶段的国内经济、政治生活中，各阶级、阶层之间客观存在着利益差异和冲突，但它们之间存在共同利益是主要方面，这就是集中精力建设富强、民主、文明的社会主义现代化国家。在党和政府的努力和调节下，各阶级、阶层都在改革中得到了不同程度的实惠，它们之间的共同利益相对于它们之间的利益差别，成为了矛盾的主要方面；而对于那些利益差别，则要积极寻求调整的对策。

建设社会主义市场经济，加入世贸组织，调整国内的经济社会秩序，都要求转变政府职能，推进政治体制改革，建立既有中国特色又在许多方面与国际接轨的现代法治体系。代表人民群众的利益，需要号召和强调，需要好的政策，需要领导层的努力，需要公务员依法行政。不过，最根本的问题，是在坚持党的领导的前提下，通过体现民主和科学精神的政治、法律和制度建设，在人民群众争取自己应有权益和先进政党、人民政府的民主治理活动之间形成有机的平衡机制。

（二）坚持“群众利益无小事”的原则，努力使大多数群众充分享受到改革发展的成果

胡锦涛同志在2003年“七一”重要讲话中明确指出：“坚持立党为公、执政为民，必须落实到关心群众生产生活的工作中去。”“群众利益无小事。凡是涉及群众的切身利益和实际困难的事情，再小也要竭尽全力去办。”这些朴实无华的语言，既蕴涵

着深刻的道理，也充满着诚挚的亲民之情，是党的群众路线的生动体现，集中反映了“三个代表”重要思想的本质要求。它要求各级政府和党政干部始终把群众利益放在第一位，坚持“权为民所用，情为民所系，利为民所谋”，把人民群众拥护不拥护、赞成不赞成、高兴不高兴、满意不满意，作为衡量工作成效的根本尺度，把实现好、维护好、发展好人民群众根本利益落实到各项工作中去。

然而，从当前情况看，存在于一些地方政府和党政干部当中、严重影响党和政府形象，妨碍群众路线贯彻落实的最突出的问题，就是形式主义和官僚主义。

形式主义的表现形式，可谓是多种多样：有的忙于迎来送往，陷于文山会海，以文件落实文件，以会议落实会议；有的热衷于搞诸如“形象工程”、“政绩工程”、“路边工程”之类的东西哗众取宠；有的严重的甚至发展到欺上瞒下、弄虚作假、虚报浮夸。形式主义的要害是贪图虚名，不务实际，劳民伤财。

官僚主义，有的表现为高高在上，对群众的疾苦漠不关心；有的表现为饱食终日、无所用心；有的表现为不讲科学，如“尊严决策”、“拍脑袋”决策、“无主见”决策，盲目蛮干。它的要害在于脱离实际、脱离群众、做官当老爷。官僚主义引发形式主义，形式主义反过来助长官僚主义，进而成为影响我们事业发展的一大祸害。

为此，坚持密切联系群众，反对和克服形式主义、官僚主义，要从加强教育、深入实际、真抓实干、健全制度和改进领导方式等方面入手。其中，加强教育和健全制度尤为重要。在教育与制度的辩证统一关系中，教育是基础，制度是保证。如果说教育是通过晓之以理、动之以情，达到提高觉悟的目的的话，那么，制度则是用“约之以典章、规之以法纪”的办法来健全管理。

此外，要拓宽反映社情民意的渠道。例如，党政机关要坚持群众接待日制度，领导干部要亲自处理来信来访；坚持机关干部到基层，特别是到贫困地区锻炼和帮助工作的制度；通过深化改革如建立行政服务中心的办法，解决因“职责同构”造成的推诿扯皮、效率低下等问题；提高直接面对群众的基层单位和行政机关的服务质量；探索改进领导方式和工作方法的举措，这是新形势下坚持群众路线的重要课题。为此，要从以下几方面充分认识“群众利益无小事”的重要意义。

1. 坚持“群众利益无小事”是马克思主义唯物史观在实际工作中的体现

应该看到，我国改革开放和社会主义现代化建设的成果，无论是物质成果，还是精神成果，都应该为最广大人民群众所共享，都应该满足人民群众日益增长的物质文化需要。“群众利益无小事”的观点，体现了“三个代表”重要思想的本质、目的和价值。是不是坚持“群众利益无小事”，是不是把发展先进生产力和先进文化同实现最广大人民的根本利益统一起来，是检验“三个代表”重要思想是否真正贯彻落实的根本标准。它反映了我们对人民群众的态度、同人民群众的关系，也从根本上解决了人心向背的问题。身为国家公务员，只有坚持“群众利益无小事”，才能牢固树立宗旨观念，树立正确的世界观、人生观、价值观，树立正确的权力观、地位观、利益观；心里装着群众，凡事想着群众，工作依靠群众，一切为了群众，真正把全部的心思和精力用在维护群众切身利益上。

2. 坚持“群众利益无小事”是运用辩证方法看问题的清醒认识

从为政者的角度看，大事和小事是相对而言。群众利益既有长远的幸福追求，也有当前生产、生活中具体的小事。全面建设小康社会是惠及十几亿人民群众的大事，无疑是各级党委、政府工作的重中之重，但必须清醒地认识到，这件大事是由无数涉及到群众切身利益的小事汇聚而成的。关心群众生活，为群众谋利益，就是要从为群众解决具体问题入手。毛泽东曾要求全党："我们应该深刻地注意群众生活的问题，从土地、劳动问题，到柴米油盐问题……一切这些群众生活上的问题，都应该把它提到自己的议事日程上。应该讨论，应该决定，应该实行，应该检查。要使广大群众认识我们是代表他们的利益的，是和他们呼吸相通的。"因此，为政者不能因事大而怕为，也不能因事小而不为，既要统揽全局，谋划长远；又要关注琐碎，把握当前。凡是涉及群众利益的事都要倾心尽力去对待，都要满腔热情去做好。从事物发展变化的规律看，小事发展下去也可能成为大事，小事多了也会成为大事。

3. 坚持"群众利益无小事"是切实转变工作作风，从群众立场出发看问题的必然结论

"群众利益无小事"，事事体现着党和政府的根本宗旨，也事事关系着改革发展稳定的大局，而工作作风的好坏直接关系到群众利益的实现。要坚持深入基层、深入群众，特别是到最困难的地方去，到群众意见多的地方去，到工作推不开的地方去，同那里的干部和群众一道，努力排忧解难，化解矛盾，做好理顺情绪的工作，维护好、发展好群众的利益。人民群众的整体利益是由各方面的具体利益构成的，各方面的具体利益又是不断发展变化的。这要求我们把群众的安危冷暖放在心上，深怀爱民之心，恪守为民之责，善谋富民之策，多办利民之事，体察群众愿望和利益要求的变化，使我们的政策措施更全面、更准确地反映群众利益，使工作更好地、更有力地体现群众利益。

衡量一些事情是大事还是小事，站在不同的立场会做出不同的判断。从群众的角度看，他们身边的每一件琐碎小事，都是实实在在的大事。无论在城市还是在农村，群众的事情，对于全局来说可能很小，而对他们自己来说，则事事牵动人心，件件都是大事，有的还是急事、难事。这些问题得不到及时有效解决，就会牵动他们的情绪，影响他们的生产和生活。从这个意义上讲，群众利益确实没有小事，他们生活中的每件小事都是大事。

4. 坚持“群众利益无小事”，是调动各方面积极因素为全面建设小康社会而奋斗的力量凝聚点

本世纪的头二十年，将是我国建设现代化事业和实现经济社会全面、协调和可持续发展的重要战略机遇期。这是党和政府领导全国人民实现自身利益、创造美好生活的共同事业，也体现了人民群众的强烈追求和最终利益。为了实现这一目标，要充分调动各方面的积极因素，激发各方面的活力。只有关注人民群众的切身利益，着力解决他们的实际问题，不断提高他们的物质、文化和生活水平，社会主义现代化建设事业才能具有坚实的群众基础，人民群众才能始终以饱满的热情投身到这一伟大事业中来。

5. 坚持“群众利益无小事”，要注重在制度建设上抓落实

制度建设是带有根本性、稳定性和长期性的任务。切实关心群众利益，贵在持久，重在坚持。仅靠临时突击、一时的热情是不行的，仅靠自身主观的约束也是不够的，必须加强制度建设，形成一种长效机制，把为群众办好事、办实事，为群众谋利益的工作制度化，防止主观随意性。在强化领导责任方面，要建立和完善调查研究制度、定向联系制度、对口帮扶制度等；在实现群众利益机制上，要建立有利于保障大多数人利益的社会保障机制、扶贫增收机制、劳动就业机制等；在办事制度上，要建立和完善行政问责制、限时办结制、违诺查究制、办结公告制等，从制度的健全和执行上保证群众享受到更多方便，得到更多、更实惠的利益。

6. 坚持“群众利益无小事”，要迎难而上，坚持用发展的办法解决问题

当前，改革正处在关键时期，各种利益关系在不断调整，物质利益的多样化是不可避免的，群众产生不同的利益要求也是不可避免的。改革越是深入，越要正确认识和处理各种利益关系，把个人利益与集体利益、局部利益与整体利益、当前利益与长远利益正确地统一和结合起来，坚持用发展的眼光、发展的思路、发展的办法来解决实际问题。实际工作中，一些关系群众切身利益的事都是难事、急事，解决起来很不容易，有的是因为缺少基本的物质条件，心有余而力不足；有的是还没找到有效的解决办法，需要不断探索研究。对此，我们不能一味回避，不能望而却步，要敢于面对矛盾，勇于克服困难；想群众之所想，急群众之所急，谋群众之所需；越困难越要下决心解决，不能使之成为"老大难"问题。要与时俱进，创造性地开展工作，积极为群众谋利益。不仅要谋一时之利，更要谋长远之利；不仅要谋局部之利，更要谋全局之利；不仅要关注锦上添花，更要重视雪中送炭，努力使群众在改革发展中获得实实在在的利益。

综上所述，践行"群众利益无小事"，一是要在思想上改变漠视群众利益、忽视群众困难的错误观念。群众利益是大是小，反映的是群众利益在干部心目中的位置，是干部对群众感情的一把标尺。二是要真正做到立党为公、执政为民，本着全心全意为人民服务的思想和真心实意对人民负责的精神，想问题、办事情、做决策，都从群众利益出发，切实增强为群众谋利益的积极性和主动性。三是对涉及群众切身利益和实际困难的事，即使较为琐碎也要尽心尽力做好；凡是有损于群众利益、客观上可能引起群众不满的事，绝对不能去做；有些事情虽然出发点是好的，但条件不成熟，就要缓一缓，不要急于办。

具体到当前，践行"群众利益无小事"，则是树立和落实科学发展观、构建和谐社会的客观需要。以人为本、全面协调可持续的科学发展观，其核心是实现人和社会的共同发展和进步。人民群众的整体利益是由各方面具体利益构成的，而各方面具体利益又是不断发展变化的。因此，践行"群众利益无小事"，要求我们不仅要谋一时之利，更要谋长远之利；不仅要谋局部之利，更要谋全局之利；不仅要围绕群众最现实、最关心、最直接的利益抓好落实，更要认真研究和处理改革中出现的利益调整问题，尤其要重视有利于保障人民群众利益的制度建设，保障改革发展的成果为广大群众所共享。

三、有较强的行政成本意识，注重提高工作效益

（一）公共服务理念下现代行政的主要特征

公共行政的范畴取决于不同经济和社会发展阶段的公共需求，从社会发展的进程看，公共需求处于不断变化中，行政的内涵与外延因而具有相应的阶段性与变动性。当前，从以“公共权力”为核心的传统行政走向以“公共服务”为核心的现代行政，正是这种阶段性与变动性的体现。

1. 从“公共权力”走向“公共服务”

就西方国家而言，在传统的自由资本主义时期，由市场这只“看不见的手”来调节社会经济成为一种理想的社会模式，政府的角色相当于消极的“守夜人”，行政职能主要限于维持社会秩序，处理国防、外交等事务，行政意味着对“公共权力”的行使，意味着国家为保障社会秩序而对个人自由所施加的限制。这一时期，单方性、命令性和强制性是行政的主要特征。

20 世纪以来，伴随着经济、政治和意识形态的变化，特别是产业革命、科学革命和资本的高度集中，日益增长的社会需求使得消极的权力行政难以保持社会经济的平衡发展，积极的服务行政由此成为一种时代的趋势。而且，行政不再是“公共权力”的代名词，而是意味着政府的服务与保障功能，体现为公共事业的提供、社会福利的保障等等。在这种社会需求之下，凯恩斯主义等新兴的理论与政策占据了主导地位，强调国家在经济生活中的重要地位和作用，主张加强政府干预、扩大公共服务领域、推行国家调节的政策、强化行政职能。在这种演变之下，行政渐由消极、有限的权力行政转化为积极、扩张的服务行政，且无论从

其活动范围、方式以及主体而言，都日趋多样化、灵活化。

20 世纪 70 年代以来，西方国家出现了通货膨胀与失业并存的“滞涨”局面，“福利国家”政策受到挑战，人们对凯恩斯主义经济理论的共识开始破裂，各国再次受到世界范围的政府改革浪潮的冲击。在重塑政府的口号下，发达国家本着以服务为行政的宗旨，转变政府职能，打破公共职能的国家垄断，改革公共行政的模式，实现政府和社会第三部门分担公共事务。为满足日益扩大的社会需求，在建立有限政府的前提下，“以公共服务为导向”成为公共管理改革的核心理念，赋予了公共行政新的内涵。

就中国而言，在计划经济体制下，以“公共权力”为核心、具有单方命令属性的行政手段在政府管理中占主导地位，由此造成了政府管制范围的膨胀与行政管理方式单一化的弊端，严重制约了社会发展。随着经济全球化和我国改革的深化，这种传统的以“公共权力”为核心的单一行政模式已无法适应社会发展的需要，面对日益多元化的社会需求，政府必须在“公共服务”的行政理念下，改变单一的权力行政方式，重新界定政府的作用范围，转变政府职能，在满足社会需要的同时，善于运用现代公共行政的方法和技能，通过行政现代化改革，实现“全能政府”向“有限政府”的转变。

2. 公共服务意味着政府义务的积极化

伴随着社会需求的多元化以及公共领域的拓宽，单纯的“公共权力”已无法包容所有的行政职能，代之而起的是“公共服务”的理念。就政府义务而言，主要体现为政府由传统的、不得侵权的消极义务过渡为积极的保障义务。

对以市场化为目标的我国改革而言，为改革长期单一的计划体制，行政改革的目标在于放松政府管制，培养扶持市场与社会机制，实现政企分离。但在政府从市场退步抽身的同时，面对全球化的挑战，新的政府职能与义务又应运而生，如：环境保护与治理，建立现代市场监管制度，培育有竞争力的生产支持体系以促进产业结构升级，在开放市场同时对某些行业、部门、地区实行援助和合理的保护政策等；熟悉 WTO 体制、规则、运作方式，利用多种途径减少缓解国际贸易摩擦，为企业争取宽松的环境和发展空间，防止新形式的贸易保护主义等。因而，我国当前的行政改革不能简单地等同于削减政府职能，它意味着社会变革中政府职能的分化与整合，在合理界定政府职责的同时，保障公共服务的履行。为此，在“公共服务”理念下强化政府的责任与义务成为我国行政改革的重心。

3. 公共服务意味着行政规则的服务化

公共服务理念的确立，使得政府在原有权力行为之外，更多地实施非权力性的服务行为，旨在对政府的社会职能进行组织，规范、调整政府大量的非权力性的行为。它体现了现代行政从“公共权力”向“公共服务”、从“权力规则”向“服务规则”的发展，随着这种社会发展与行政理念的变迁，现代行政的范围、方式、手段等方面将发生深刻的变化，形成以“公共服务”为核心的现代行政的特征。

20 世纪 70 年代以来，西方行政改革在“公共服务”的理念下，开始了一场政府再造运动。具体措施包括以公众为中心，引入竞争机制，以企业家精神改革政府，提高政府的能力与效率，使公众获得更多高质量的服务。这种改革打破了传统的管理模式，强调行政的服务理念与功能，使行政规则成为真正意义上的服务规则。随着我国加入 WTO，在公共服务理念下，转变行政观念，完善政府公共服务规则，实现政府行为的公开、透明、诚信，已成为我国行政改革的一项重要措施。

当然，也要认识到，政府作为一个由复杂的社会关系构成的产物，其“服务”与“管理”是一个问题的两个方面，彼此并不矛盾。现代社会，政府管理本身就意味着一种服务，“管理”之中有“服务”，“服务”之中有“管理”；而且，政府对某些人提供的“服务”可能同时变成对其他人的“管理”。如保护环境的服务意味着对造成污染的企业的管理，健康服务意味着对食品、药品的管理。

4. 公共服务意味着政府行为方式的多样化

在传统的行政理念中，行政意味着对公共权力的行使，其特征是行政行为的单方性、命令性和强制性，并表现为行政处罚、行政检查、行政强制、行政许可、行政征收等具有单方意志属性的权力行为，这种行政方式被称为规制行政。

就我国而言，在长期计划经济体制下，由于社会结构的单一化以及公共领域的泛化，政府主要通过公权力手段对社会经济活动进行强制控制，实行高度集中、全面控制的政府管理模式。在这一模式下，虽然政府职能与管制渗透于社会生活的每个角落，但管理方式却呈单一化，形成政府以权力行为的方式管制复杂社会生活的局面。

现代社会，伴随着社会生活的日益复杂，以及政府公共职能与义务的加强，传统的单向命令性的行为方式已无法适应社会发展。为适应现代行政的复杂性，激励公共行政的活力，满足日益扩大的公共需求，新的公共行政理论应运而生。它以现代经济学、私营管理理论和方法为理论基础，从“理性人”假定中获得政府绩效管理的依据，从公共选择和交易成本理论中获得以市场为导向、提高政府服务效率与质量的依据，从成本——效益分析中获得对政府绩效的目标界定、测量和评估的依据，其核心思想在于借鉴私营部门的管理方法，并将其管理方式和手段运用于公共行政领域。在这一理念下，行政指导、行政合同、政府采购等非强制性行政方式被广泛运用于各个行政领域，以私法的方式实现行政目的成为普遍的行为方式，标志着政府的行政方式已由“单一化”走向“多样化”。

在我国，随着社会公共需求的扩大以及政府职能的调整，单纯的权力行为已无法适应现代行政发展的需求，由单一化的权力行政向多样化的服务行政过渡已是大势所趋。一些新的不具有单向命令性的非权力性行为大量涌现，政府越来越多地采取行政指导、行政合同、行政奖励、行政调解、行政资助、行政信息服务等带有契约、指导、协商、鼓励、帮助等私法性质的柔性手段来服务公众、管理社会。这些“非权力行为”的出现，对于转变政府职能，适应和服务于市场经济，打破传统的、单向命令性的行政管理方式，进而重塑政府形象，改善执法环境，降低执法成本发挥着愈来愈重要的作用。

（二）突出制度建设和能力建设，注重降低行政成本，提高工作效率

降低行政成本，是各国政府改革和管理所面临的一个重要课题。十六大报告提出：要进一步转变政府职能，改进管理方式，推进电子政务，提高行政效率，降低行政成本。一个负责任的政府，应该是具有成本意识的政府，这也是执政为民的价值观和艰苦奋斗优良传统的体现。因此，必须通过深化改革，革除传统体制的弊端，最大限度地优化政府行为，降低行政成本，提高工作效益。

从狭义上讲，政府成本是指政府行政的公共支出，即直接成本，它包括与政府运行有关的采购、使用、消费的所有费用和开支。从广义上讲，政府成本还应包括政府决策、行政行为过程中发生的费用和开支，以及由此引发的经济社会和生态方面的成本，也被称为间接成本。但这部分成本往往比直接成本更为重要，它影响着经济社会的长远发展。当前，深化政府管理体制改革，降低行政成本，重点应抓好以下几个方面的工作：

1. 要坚持群众路线，建设民主政府

公共行政在本质上是以民主宪政为基础的，其目的是通过政府整合社会资源，落实民主治理的理念，实现社会共同需要。因此，降低行政成本是政府机构改革追求的目标之一，它体现民主国家治理的价值，体现行政管理的公共精神，体现政府对民众与社会的责任理念。具体地讲，政府行为的政治价值定位是追求民主。民主在经济上应表现为企业主位，在政治上则凸显为人民主位。政府政治行为的民主性是其经济民主性的集中体现，社会经济主体的地位不断强化和实现，必然伴随着社会作为政治主体地位的强化和实现。政府政治行为的民主性，要求我们的行政制度设计、运作必须符合民主的人文关怀，汲取社会力量和资源，加快由管理行政向服务行政的现代政治行为模式的转换，广泛、充分地实现民主。

民主政治是党和国家长期坚持的群众路线，它的基本要求是：从群众中来，到群众中去，全心全意为人民服务。因此，在政府机构改革中，要破除“官本位”和“行政本位”的传统观念，确立为人民服务、为纳税人服务的理念。更重要的是尊重民意，顺应民愿，洞悉民情，服务民生，受民监督。积极推行政务公开，充分听取和尊重群众意见，虚心接受群众监督，只有真正实现政府行政社会化，才能提高行政服务的能力、质量和效率，降低行政成本。

2. 要转变政府职能，理顺关系

切实转变政府职能，理顺政府间关系，是有效降低行政成本的重要途径之一。恩格斯指出，“每一时代的理论思维，包括我们时代的理论思维，都是一定历史的产物，在不同的时代具有非常不同的形式，并因而具有非常不同的内容。”政府职能要随着社会政治、经济、文化、技术的变迁而发展。尽管我们在这方面进行了很多有益尝试，取得了令人瞩目的成就，但对市场干预过多、包办代替过多，政府职能的“越位”、“缺位”和“错位”现象仍然普遍存在。要解决这个问题，最重要的是大力推进市场化取向的改革，遵从市场规律，充分发挥市场在资源配置中的基础性作用，公务员特别是领导干部要淡化“政绩”意识，强化成本意识和效率意识。通过机构精简和公务员队伍优化，变管理型、领导型政府为指导型、服务型政府。就目前而言，至少要做好以下几方面工作：

第一，明确政府与市场的关系，凡属于市场能发挥作用的领域，就尽量交由市场去配置资源，政府的主要任务是提供公共物品，克服市场失灵。

第二，明确政府与企业的关系，把企业的生产经营权和投资决策权交给企业，使其成为自主经营、自负盈亏、自我约束和自我发展的生产者和经营者。把政府基本职能引导到“经济调节，市场监督，社会管理和公共服务”上来。

第三，明确政府与社会的关系，把社会可以自我管理和调节的职能交给社会中介组织和行业协会，把群众自治范围内的事情交群众自主处理，充分提高社会的自我管理、自我服务能力。

第四，加大行政审批改革的力度，根据一件事情只由一个部门管理的原则，将原来需要几个部门审批的项目，统一归口到一个职能部门负责审批，简化办事程序，减少管理层次。

第五，尽快建立市场经济所必需的最基本的制度条件。具体包括：创造市场主体自由竞争的环境，加大产权保护的力度，增强政府行为的可预见性，放松对经济的过分规制，取消对私有经济的歧视性规定，逐步取消市场进入壁垒（特殊领域除外）等。

3. 要强化预算约束，规范财政支出

财政支出预算范围的“越位”和“缺位”现象并存，财政支出预算的约束力相对薄弱，预算追加频繁，专项预算过多，支出的随意性较大，是我国行政成本居高不下的重要原因之一。近些年来，我国对财政预算管理体制进行了改革，在预算编制方法上实现了由“基数法”向“零基预算”的转变，但由于缺乏相应的配套管理办法，成效不很明显。为此，目前紧迫的是要做好以下四项工作：

第一，把预算外资金和非预算资金统一到预算制度内，形成完整统一的政府预算体系。因为预算外资金和非预算资金属于政府资金的占有和支出额，使政府增加行政费用。因此，使用和管理好这两部分资金，对降低行政成本，规范政府支出行为具有决定性的作用。

第二，加强预算管理，控制政府支出。政府必须严格在预算的约束下配置和运作行政资源。要强化预算的权威性和严肃性，实现预算程序的法律化、规范化，同时，要明确预算收支的法律责任，建立责任追究制度。

第三，完善政府采购制度，通过法制化的政府采购、规范化的财政支出制度来控制和降低行政成本。杜绝预算之外的楼堂馆所建设、公款消费、集团消费等一切办公开支，进而提高行政透明度，实施重大决策听证制度，对重大财政支出决策过程立法，提高决策的透明度。

4. 要加强法制建设，规范政府行为

建立法治社会，创造清正严明的法治环境，首先要建立法治政府。一方面，政府必须是法治的和负责任的，政府行为必须符合法律规定，其行为不仅受国内法律的制约，还要受国际协议、规则和承诺义务的约束。而且，行政投入必须合乎法律规定，政府机构的增设或撤销必须严格依据有关法律、法规。另一方面，政府要向社会和公民负责，其职能配置和行政行为必须符合市场、企业和社会需要，不能“随意行政”。为此，必须从法律上规范政府行为，加大对政府行使职能的监督力度。具体来说，一是政府权力依法设定，在法律规定的范围内行使，以减少随意性所带来的不必要的行政成本；二是政府权力依法行使，按照法律规定的方式和程序运作，以降低行政成本；三是政府机构依法设置，编制依法核定。对擅自建立机构的行为，除勒令限期撤销外，还要追究主管领导和当事人的法律责任，以防止机构反弹所增加的行政成本。四是健全对行政成本的监督机制。这既需要改变传统的“对下不对上”的监督机制，建立横向的监督体系，使监察、审计等监督部门真正具有足够的权力独立行使监督职能；还要在行政系统以外，建立包括执政党、国家权力机关、司法机关、各民主党派和人民团体、新闻媒体等在内的多层次、多渠道、网络式的监督结构，发挥监督的整体效应和协同效应，使行政机关及其工作人员置于各方监督之下，公开行政，从而遏制浪费和腐败，控制和降低行政成本。此外，要建立政府职能监督机构，对政府行使职能的情况进行适时监督，纠正政府部门的“越位”、“缺位”和“错位”行为。

5. 要借鉴企业精神，提高行政效率

西方学者比较公共部门和私营部门的不同效率后得出结论，企业效率要远远高于政府。如20世纪80年代初，美国军队每发一份工资平均花费4.2美元，而私营部门平均只需1美元，公私部门成本差距达4倍以上。为此，他们提出政府要向企业学习，建构“企业化政府”。美国学者戴维·奥斯本和特德·盖布勒在《改革政府》一书中提出建设企业化政府的十条原则，即从划桨到掌舵、从服务到授权、从垄断到竞争、从规章到使命、从投入到效果、从官僚到顾客、从浪费到收益、从治疗到预防、从集权到分权、从政府到市场。

与此同时，西方政府还把市场机制引入政府机构管理中，建立了“顾客导向”的服务体系，即用企业家精神“重塑政府”，使政府机构成为“以绩效为中心”的组织，其目的是提高政府绩效，降低行政成本，增强变革能力，促进管理创新。中国政府机构改革和管理也应顺应世界潮流，“掌舵而不划桨”。在行政资源属于国家所有的前提下，按照定性与定量相结合的原则，把行政资源量化到人，明确责任，使每个国家公务员都关心行政资源的使用效益；同时，应借鉴企业的激励和约束机制，以资源运用绩效为依据进行奖惩，通过正向激励和反向抑制，有效规范和控制行政行为，降低行政成本。

6. 要进一步提高公务员素质，树立市场意识、成本意识、效率意识，降低政府行政的间接成本

政府的职能是由公务员具体地承担和执行的。公务员素质的高低对政府部门的工作效率、行政成本有着至关重要的影响。公务员素质高，工作效率就高，行政成本也会随之降低。事实证明，决策失误危害极大，既影响经济社会的发展和人民生活水平的提高，又造成生态的破坏和资源的浪费。因此，必须采取切实有效的措施、下大力气提高广大公务员的素质，建立健全公务员培训体系和优秀人才选用机制，最大限度地减少间接行政成本。

第一，要疏通“出口”和“入口”，要按照国家公务员条例的规定，把优秀人才“请进来”，把不合格人员“请出去”，不能以牺牲工作为代价，容忍低效率和高成本的现象存在。

第二，要深化人事制度改革，建立优胜劣汰的竞争激励机制，改变“能上不能下”的传统思想观念。

第三，加强对公务员的政策法规、先进科学技术和现代化本领的培训，提高其依法从政能力，为建设高效、廉价的政府提供人才保障。

第四，加强公务员队伍的职业道德建设，进一步完善公务员的职业道德标准和服务规范，加大对各类违法行为的处罚力度，以形成遵纪守法、遵守职业道德的良好风气，为发展社会主义市场经济提供更多更好的服务。

四、推行和深化政务公开，乐于接受群众的监督和批评

（一）政务公开的涵义及其理论基础

1. 政务公开与知情权

政务公开源于古希腊的政治法律思想。政务是指与国家的权力运作相关的事务。亚里斯多德在《政治学》一书中，论述了国家权力的目的是实现公共利益的正义性这一“善德”，为此，国家权力必须公开行使。1789 年的法国《人权宣言》第 15 条规

定："社会有权要求全体公务人员报告其工作"，即公民有要求政务公开的权利，这种权利就是知情权。此后，知情权在 1948 年的《世界人权宣言》中再次得到确认，该宣言第 19 条规定："人人享有通过任何媒介寻求、接受和传递信息的自由"。至此，知情权作为一项基本人权逐渐得到国际社会的普遍认同，成为现代社会公民依法了解国家事务和政府信息的不可缺少的权利，而国家机关及其工作人员除了必须保密的以外，有依法向公民和社会公开自己活动的义务。

目前，国际上认可的知情权一般包括五项原则：一是信息公开原则，即要求政府和其他相关部门将其有关文件和工作情况等信息定期公开或印刷出版。二是信息获取权原则，即每个公民都有得到信息的平等权利。三是官方举证责任原则，即如果政府拒绝提供信息，应向申请人或法院说明理由。四是法律救济原则，即当公民的信息获取权遭到不当否决时，当事人有权请求法院给予法定补偿。五是要求更正原则，即当事人发现涉及自己事务的档案或文件有错误或与事实不符时，有权要求政府方面予以修改和更正。知情权制度的健全完善与否，已被视为反映一个国家民主政治水平的一个标志。知情权制度愈完善，表明政府的透明度愈大，人民的参与程度愈高。

这里，政府信息公开是指政府依照法定程序以法定形式公开与社会成员利益相关的所有信息，并允许公众通过查询、阅览、复制、摘录、收听、观看、下载等形式充分利用政府所掌握的信息的行为与制度。也就是说，政府信息公开包括行为和制度两个层面，行为以制度为依据。

与政府信息公开的概念相比较，政务公开属于政府信息公开的初级阶段，它分为决策过程公开和执行过程公开两个层面。但政务公开与政府信息公开的目的是一致的，都是为了增加政府透明度，保证公民政治参与和监督政府活动的权利的实现。按照民主与法治的原则，公共权力理应受到社会舆论和人民群众的监督，凡是涉及公共事务、公共服务的事项都要依法公开。1997年的中共十五大报告明确提出了政务公开的原则，并于1999年在全国全面推开。现在，人们已愈来愈认识到政务公开既是信息时代的需要，也是建立法治政府的需要。

2. 政务公开的必要性

需要指出的是，知情权属于人权范畴，它的享有和行使方式主要是公民个人。而政务公开是基于公民享有知情权和信息自由权而建立的，但它本身并非人权，属于民主与法治范畴。政务公开是现代政府行使权力与履行职责的一项基本原则和制度，体现在立法、行政、司法机关活动的各个环节和方面。在这方面，美国《独立宣言》起草人杰斐逊认为："政府的基础，源于民意。因此首先应该做的，就是使民意正确。为免使人民失误，有必要通过报纸，向人民提供有关政府活动的充分信息，进一步则要研究把新闻广泛地传递到全体人民中去。"这说明政务公开不是政府的权利或权力，而是义务和职责。特别是随着社会进步，人民群众的法律意识和维权意识越来越强，并呼唤政务公开制度的建立，其必要性表现在以下几个方面：

第一，政务公开是民主政治建设的必然要求。政治发展要求政府活动公开、透明、依法行政。近年来，知情权是每年"两会"上经常出现的话题；而"重大情况让人民知道，重大问题经人民讨论"就是通过人民知政、参政和议政，促进改变政府作风，实现政府职能转变。通过政务公开，既可以提高群众政治参与的自觉性，提供更充分、更多样的实践民主的机会和条件，又可以培养公民的民主意识，在健全民主制度的同时，有效解决实现民主的程序问题。

第二，政务公开是信息时代的必然要求。目前政府掌握了全社会80%以上的有效信息，政府推行政务公开主动寻求各方面的信息反馈，重视保持政治权力与公民、社会之间信息渠道的沟通和双向互动，这既有助于信息资源的开发利用，更有助于增加政府透明度，提高效率，减少“权力寻租”的机会，实现真正意义上的社会公平和公正。

第三，政务公开是政府科学决策的必然要求。社会主义市场经济的不断完善、加入WTO、参与国际合作与竞争，要求政府决策不能像计划经济时代那样随意、专断和“暗箱操作”，而必须逐步规范化、制度化，通过论证、听证等程序，使政府决策过程公开、透明，使权力公开行使、在社会知晓、评判和协商中受到监督制约，促进政府与公众的互动合作，达到更好地促进社会发展的目的。

第四，政务公开是防止权力腐败的必然要求。政治权力可以实现权力主体所追求的利益和价值，但容易导致腐败。虽说“以权力制约权力”可以在某种程度上遏制腐败，但政治权力说到底是用来规范、管理社会的，而不是整治腐败的；相对而言，政务公开、“阳光行政”则是防止腐败的有效途径。正如杰斐逊所言：“阳光能够杀病菌，路灯可以防小偷。”若将权力的行使过程置于“阳光”之下，一切腐败行为就愈难以滋生和蔓延，也较易发现与整治。

（二）推行和深化政务公开的有效途径

1. 统一思想认识，切实转变观念

第一，必须从战略高度认识到政务公开的重大意义，积极培育“公开是一般原则，而不公开是例外”的行政理念。

第二，要利用大众传媒的优势进行广泛、系统的宣传，逐步把政务公开视为公民享有的基本权利和政府责无旁贷的职责，而不仅仅是政府对民众的一种偶然承诺，尽快实现从“政府权力中心”到“公民权利中心”的观念转变。

第三，要将政务公开引入到法制化的轨道，在此基础上，推动民众高水平的政治参与。

2. 要完善制度建设，加快立法工作

政务公开具有很强的规范性，需要从立法上将这一原则和制度确立下来。具体来说：

第一，建立和健全政府发言人制度，制定《新闻法》。这样，不仅能够保障记者的采访权，还能推动政府信息的公开，使民众知情权得以真正实现。

第二，制定具有普遍指导性的《行政程序法》来规范和约束行政行为的一些共有的环节，设计与政务公开相匹配的制度，如听证制度、送达制度、说明理由制度、阅览公文卷宗制度、法律责任制度，保证政府决策过程的公开化、民主化和科学化。

第三，借鉴发达国家的经验制定《信息公开法》，对信息公开的范围、内容、标准、程序、方式、时限、责任、结果、咨询、质疑、监督、救济及例外原则等问题做出明确的规范。

第四，制定《监督法》，建立监督评价机制，把政务公开纳入干部考核范畴，制定一系列科学的考核评价指标体系，定期进行考评和监督，把政府的活动置于群众、社会和人大的监督之下，促进政府活动的公开。

3. 要把握好推行政务公开与依法行政、群众监督和转变作风之间的关系

政务公开的目的是接受群众监督，勇于接受群众批评，提高政务活动的透明度，促进依法行政。要认识到公开只是形式，监督才是目的。如果公开的内容不具体，质量不高，操作性不强，那么乐于接受群众监督就是一句空话；如果缺乏对政务公开落实的有效监督，忽视群众监督的直接性和广泛性，那么政务公开就失去了其应有的意义。只有本着向人民负责的精神勇于承认工作中的失误和不足，并积极采纳群众的正确建议，人民才不会有被欺骗感、失望感，才能密切国家权力机关和人民群众的关系。

从一定意义讲，推行和深化政务公开，确实是接受群众监督，积极采纳群众建议，勇于接受群众批评的一条新途径，有助于改进政府工作，更好地为人民服务。为此，在实行政务公开的过程中，必须强调转变职能，改进工作作风，提高工作效率和服务质量。

（三）完善群众监督机制，充分发挥监督功能

中华人民共和国宪法规定：一切权力属于人民。完善群众监督机制，必须在以下几个方面提高公民在监督机制运行中的主体地位，充分发挥其监督功能。

1. 继续加强和完善信访举报工作

一是完善信访举报的体系和网络，拓宽监督渠道，保证言路畅通，举报有门。二是健全和加强保密制度，切实保护群众的举报行为。三是健全举报奖励和反馈机制，鼓励群众举报违法违纪行为，举报准确的要给予奖励。同时，对于查处案件的结果要及时地反馈给举报人，以取信于民。

2. 扩大群众在干部选任上的知情权、参与权、选择权和监督权

一是要坚持和完善民主推荐、民意测验、民主评议制度，采用多种途径让群众更多地参与干部的选任。二是积极推行公开选拔领导干部制度和机关干部竞争上岗制度，更加大这方面的工作力度。三是对机关干部的考核要多渠道、多侧面、多方式，广泛听取各方面的意见，尤其是要注意听取所在地方和单位群众的意见。四是积极推广领导干部任职前的公示制度，对拟提拔任用的人选，在一定范围、一定期限内进行公示，广泛听取各方面意见，根据群众反映以及调查核实的情况，再正式决定干部是否任用。

3. 坚持依靠群众、了解群众、团结群众的群众路线

了解群众，是要了解群众的政治待遇、经济水平和生活工作状况，了解群众的意见、呼声和要求，特别是要了解群众广为关注的热点、难点问题，全面准确地掌握群众的情况。做好这一点，必须深入基层，加强调查研究，研究群众经验，解决群众问

题。必须在制度上做出硬性规定，督促党政干部用更多时间到基层去，到农村去，了解第一手情况，形成深入群众、深入实际的良好风气。同时，积极采纳群众的正确建议，把广大群众紧密团结在党和政府的周围；要通过制定符合群众利益的方针和政策，赢得广大群众的拥护和支持；要通过建立必要的法治和秩序，使广大群众自觉遵守法纪规章，自觉维护社会秩序的稳定。

“从群众中来，到群众中去”是毛泽东对群众路线的工作方法的精辟概括，是马克思主义认识论和唯物史观在工作方法上的具体运用和体现。邓小平同志对群众路线做过很好的解释：这就是正确地反映群众的意见，然后正确地领导群众。这意味着公务员要善于倾听群众意见，正确集中群众意见，勇于接受群众监督；作为一个合格的公务员，不仅要依靠群众，更多、更重要的是正确地领导群众，而不是做“群众的尾巴”。也就是说，公务员要做到自己比群众站得高、看得远，引导群众把当前利益和长远利益结合起来，顾全大局；要服从国家的整体利益和社会的公共利益，真正把群众智慧作为决策的依据和基础，这是群众路线的一个重要环节。

思考题

1. 公务员为什么必须牢固树立宗旨观念和服务意识?

2. 如何理解和认识坚持“群众利益无小事”原则的重要意义?

3. 简述公共服务理念下现代行政的主要特征。

4. 政府加强制度建设，提升服务能力，应采取哪些主要举措?

5. 谈谈你对推行政务公开和完善监督机制的认识。

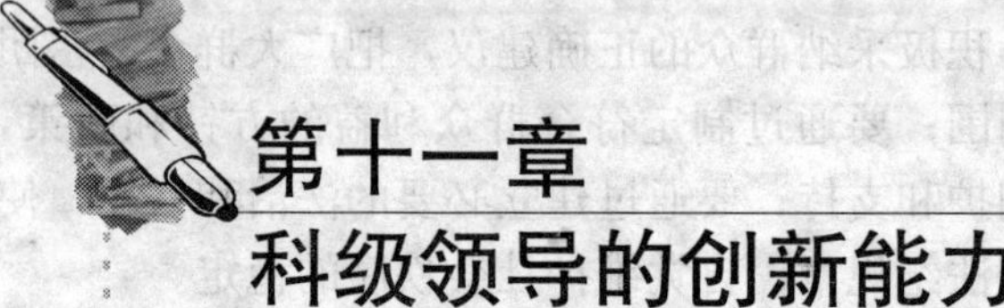

第十一章 科级领导的创新能力

创新能力，即思想解放，视野开阔，与时俱进，具有创新精神和创新勇气，掌握创新方法、技能，培养创新思维方式，对新事物敏感，善于发现、扶植新生事物，总结新鲜经验，善于分析新情况，提出新思路，解决新问题，结合实际创造性地开展工作。

“创新是一个民族进步的灵魂，是一个国家兴旺发达的不竭动力，也是一个政党永葆生机的源泉。”江泽民同志在党的十六大报告的这些论述，深刻地揭示我们已经进入了一个创新决定民族、国家和党的命运步入发展的时代，这是立足于当今时代高度做出的一个重要论断。21世纪是创新的世纪，创新的世纪需要创新型的领导者，创新能力应该成为科级领导干部必须具备的最重要的能力。随着创新成为整个时代的显著特征，培养和开拓创新能力正在成为新时期领导干部的当务之急。

科级领导干部只有具有创新能力，才能紧跟社会发展潮流，把握时代跳动脉搏，与时俱进，不断研究新情况，解决新问题，提出新思路，创造新经验，进行实践创新，创造性地开展工作；才能容忍创新、支持创新、鼓励创新、带头创新和推动创新，担负起时代和事业赋予自己的领导责任。

一、创新的特征及其分类

（一）创新的涵义和特征

1. 创新的涵义

1912 年美籍奥地利经济学家熊彼特（1883—1950 年）在《经济发展理论》一书中，从经济学的角度首次提出了创新理论。他对"创新"的定义是："实行对生产因素的新的组合"。包括五种情况：生产一种新产品和提供一种产品的新质量；采用一种新的生产方法或工艺流程；开辟一个新的市场；获得一种原料或半成品的新的供给来源；建立一种新的组织形式。

1942 年，在《资本主义、社会主义与民主》一书中，熊彼特又把创新解释为是一个"不断地破坏旧结构、不断地创造新结构"的过程，是一个"创造性破坏的过程"。

从 20 世纪中期开始，人们对"创新"有了更广泛的理解。20 世纪 60 年代，美国著名管理学家、经验主义代表人物德鲁克将创新引入管理领域。他是这样解释创新的——"创新不是一种技术用语，而是一种经济和社会用语。其判断标准不是科学和技术，而是经济或社会的一种变革，是一种价值。"他指出创新有两种：一是技术创新，它为某种自然物找到新的应用，从而产生新的经济价值；二是社会创新，它在经济与社会中创造出一种新的管理机构、管理方式和管理手段，从而在资源配置中取得更大的经济价值和社会价值。1991 年，他又将创新定义为"创造一种衡量绩效新尺度的变革。"

今天，人们对创新的理解是："泛指抛开旧的、创造新的活动。"

在这里，我们把"创新"定义为：是人们在实践中提供新的具有社会意义、社会价值的产物的活动。

2. 创新的特征

对“创新”可以从以下三个主要特征来理解：

（1）人的活动和产物具有新颖性和独特性。即人的思维活动、实践活动及其产物或成果不同于前人或超越自我。

“新颖性”主要是指破旧立新，前所未有。这是相对于历史而言，是一种纵向比较。当然，我们不是笼统地说一切模仿都不是创新。

“独特性”主要指不同凡俗、独一无二、独出心裁，独具一格。这是相对于他人而言，是一种横向比较。

创新首先是由于“新”。它新颖、新鲜、新奇，与众不同。创新必须有特色，有个性。创新不是墨守成规，不是简单的重复和原样机械的模仿、抄袭，不是照搬照套，不是雷同，不是盲目拾人牙慧。

（2）人的活动和产物具有前进性和进步性。创新首先必须“新”，但创新绝不是表面上的独出心裁、标新立异、哗众取宠，不是出“么蛾子”，更不是摆花架子。新出现的东西并不一定是好的，从无到有也不一定是我们所讲的“创新”。

创新应该是人的活动和产物同以前的产物、成果相比，有所进步、有所前进，它具有活力、生命力和发展前途，而不是同步甚至倒退。

创新的本质是进取、与时俱进、继往开来。只有符合社会发展潮流和规律，体现最广大人民群众的根本利益，代表人类进步方向的新东西才是创新。

创新不等于不讲原则、不守规矩。创新不是任意妄为、蛮干胡来。独出心裁不是歪门邪道、花里胡哨，标新立异不是胡思乱想、胡作非为。认为创新可以不受任何约束，不讲任何原则，这种认识是错误的。

有些人对创新缺乏正确的认识，认为“凡是新的就是好的，凡是新的就要紧跟”，在他们看来，所谓“创新”，无非是随意出几个与众不同的“新点子”，随便提几个花哨的新提法，只要看上去耀人眼目，能够得到上级的欣赏、引起媒体的关注，做到报上有名、电台有声、电视有影，形成声势、名声在外，就大功告成。至于那些神奇的点子、花哨的提法是否具有活力、生命力和发展前途，是否符合客观规律，那就不管了。这种人的问题表面在哗众取宠、华而不实，根子还是在“作秀”和捞取个人政绩和名利。原政协主席李瑞环同志曾经说过，有些领导干部经常发表新思想，不断改变新政策，表面看来他们是“开拓创新”，其实并不是一个好现象。时时有新思想，说明思想不成熟；天天有新政策，说明政策不稳定……

（3）人的活动和产物具有功利性和价值性。即人的创新活动及其产物能解决当时社会或个人需要解决的问题，为社会和个人带来实际的功利、功效，有一定的社会意义、社会价值和个人价值。

有“社会价值”是指对人类、国家和社会的进步具有积极意义，有利于社会的发展，能满足社会的需要。所以，美国宝洁公司提出：“真正的革新动力，主要来自顾客和市场。”英国伦敦商学院教授加里·哈梅尔也说：“以顾客为中心，可能是发挥创造性的最佳途径。”

有“个人价值”则是指相对于个人发展和进步有意义，并最终对社会有益。不能就创新来谈创新，而应该立足于创效，即创造效率和效益来搞创新，创新的目的是创造效益、效率，这是创新的根本。创效是创新的价值体现，创新只有产生了效益，才是有价值的。创效是创新的根本动力，创新的动力不在于其本身，而在于为社会创造价值。创新重在最后的成果效应，最后结果是否有社会价值，是判断事物是否属于创新的一个重要标准。

3. 创新的层次及分类

（1）创新的层次

创新可以分为三个层次：

第一个层次的创新是从社会范围来考察的，是指对人类社会来说，能导致诞生前所未有的新颖、独特、有突破性、具有社会意义和社会价值的产物的活动。它不仅强调其思维成果的独创性，而且还特别重视其思维成果在整个社会发展过程中产生的影响性。

第二个层次的创新，是从群体的活动来考察的，是指对社会来讲并不新，然而对社会某一特定的群体来说，是新颖的、独特的、具有突破性有价值的产物的活动。

第三个层次的创新，是从个人的活动来考察的，是指对社会来讲并不新，但相对于自己的过去来说，是新颖的、独特的、具有突破性有价值的产物的活动。

例如，某人产生了一种新想法，提出一个新思路或新设计，解决新问题，对个人来讲可能是全新的，但对于其他人来讲却并不是新东西。

创新和创造并不一定是史无前例，举世无双、惊天动地，只要在此时、此地、此事上算是“新”的就足够了。从这一点来讲，创新性是每一个人都应该具备的，也是可以培养的。

我们不要误以为“创新”只是那些大发明或在重大问题上的突破；不要误以为“创新”只是大人物的专利。在社会各个领域——任何一个角落、任何一项工作、任何一个岗位、任何一件平凡的小事……总之，在日常生活的每时每刻，你都能够施展手脚，进行创新，并可能获得应得的报偿。

创新的内容包罗万象。创新，既针对一些大的事物，也针对一些小的事；既针对一些复杂事物，也针对一些简单事物。

(2) 创新的分类

我国创造学研究者和创造性思维的专家学者对创新进行了分类，大致可以分为以下五个方面：

第一，实物的发明和革新。

第二，解决现实问题、难题的新对策、新办法。如搞活国有企业和下岗职工再就业的新对策。

第三，制度的创新。如体制、机制的创新、规则的创新等。

第四，纯理论的构想。如“哥德巴赫猜想”、广义相对论、对未来社会的预测等。

第五，观念、主观认识和个人态度方面的新变化。比如找出了观察事物和问题的新视角，想通了一件令人烦恼的难题或事情，提高了某方面的觉悟，等等。

所有贯穿于这五个方面的活动，都属于创新的领域，其中后三方面，在人类社会中具有十分重要的意义。可是以往的相关研究却大大地忽视了这几个方面。有人对“创新”的理解过于狭窄，目光紧紧盯在物质性的具体事务上，忽略了人类精神领域中更为重要的创新性活动，像观念、心态的转变，价值的更替，体制、制度的重建，理论的构想等。

（二）创新能力的分类及其特质

1. 创新能力的涵义

创新能力也称创造力，是人们在创新活动中表现出来和发展起来的各种能力的总和，主要是指能够独立发现新事物、产生新思想、提出新设想和新方法的创新思维能力和解决新问题、产生新成果的创新技能。

2. 创新能力的分类

从人的创新能力或创造力的存在状态和开发利用程度分析，创新能力可以分为潜在的创新力和显在创新力。

潜在创新力是蕴藏在人身上还没有被开发利用的创新力，是一种创新的“潜能”。只要是正常人、健康人都具有这种潜在的创新能力。美国创造学家奥斯本说：“每个人都有一些创造力，只是大多数人没有学会去应用它。”

显在的创新力就是已经显现出来的、被开发利用的创新能力，是人们创造新事物的时候所具有的能力，是一种创新的“显能”。

从发展来看，潜在的创新力可能成为显在的创新力，但也可能被压抑和扼杀，而仅仅以一种“潜能”的形式存在。所以，开展创新能力方面的教育培训，其中一个重要任务和目的就是把蕴藏在人们头脑中的巨大潜在创新能力的金矿开掘出来，使它变为显在的、现实的创新力。

3. 领导创新能力所需要的特质

领导创新能力的形成，有人提出需要 13 个方面的特质：

（1）主动好奇。创造力强的人，兴趣总是十分广泛，对任何事物都有一 种强烈的好奇心理。一个人在单位呆久了，往往会对什么事都习以为常，毫无创造。有创造力的人则不同，他们对大家觉得平常的普通问题，依然保持着强烈的好奇心和旺盛的求知欲。

（2）敏锐的洞察力。创造力强的人，对环境和事物有着敏锐的洞察力，能从平凡的事例中找到问题的关键所在，能觉察到别人没能注意到的情况和细节，能不断地发现别人的需要和个人的潜在能力，巧妙地利用这些需要和潜力推动事业前进。

（3）变通性（灵活性）。创造力强的人思路流畅，善于立体思维、开放思维、多路思维。他们善于举一反三、闻一知十、触类旁通。他们能够想出较多的点子和办法，提出非同凡响的主张，做出不同寻常的成就。

（4）疑问性。他们对现成的事从不盲从，而是大胆发问，勇于挣脱一般观点的束缚。他们在社会交往和日常生活中，极少人云亦云，随声附和。

（5）独创性。他们不因循守旧，不墨守成规，敢于弃旧图新、别开生面。

（6）独立性。他们善于独立行事，不轻易附和众议，平时喜欢思考哲学、社会学和人生价值之内的抽象问题。生活活动范围广，社会活动能力强，对自己的未来有较高的抱负，态度直率、坦然，感情开放，不拘细节。

（7）自信心。他们深信自己所做事的价值，即使遭到阻挠和诽谤，也不改变信念。他们总是一往直前，勇于实现自己的理想和预期的目标。

（8）坚持力。即抓住目标后锲而不舍、百折不挠、持久不懈的毅力和意志，不达目的决不罢休。

（9）想象力。即联想多、幻想奇。

（10）严密性。即深思熟虑，精细推敲。

（11）幽默感。

（12）勇气。即不怕冒风险，勇于面对困境。

（13）流畅的表达。即不需要繁琐的语言，就能把复杂的事物、观念表达清楚。

4. 创新型领导者的标准

（1）愿意放弃眼前的利益，以换取长远的目标和成功。

（2）不怕挫折，在挫折的情况下依然积极地工作。

（3）在重重的障碍下，依然不屈不挠。

（4）有能力客观地检查、衡量自己的观点。

（5）有强烈的进取心。

（6）不愿受传统习惯和环境的束缚，不满足现状。

（7）兴趣、爱好广泛。

（8）勇于认错，并能向有经验的人学习。

（9）总觉得自己还有未用完的潜力。

（10）严于律己、宽以待人。

（11）不怕暴露自己无知的方面。

（12）喜欢冒险。

（13）即使遭到一连串的失败，依然坚信自己有解决问题的能力。

（14）诚实、正义，不与他人对立。

（15）不推诿责任，不连累他人。

（16）以自己为竞争对象，永远不满足自己的知识才能。

（17）尊重权威，不迷信权威。

（18）善用他人的观点来全面观察事物。

（19）因内在的动力而不知疲倦地工作，有远大的抱负。

（20）从创造活动中得到最大的快乐，克服困难，其乐无穷。

（21）愿意倾听他人的见解，不过自己很善于判断。

（22）工作认真，时间总觉不够用。

二、创新的思维方法和途径

（一）解放思想、更新观念——破除不合时宜的观念

党的十六大报告再一次提出了“三个解放”：“创新就是要不断解放思想、实事求是、与时俱进。实践没有止境，创新也没有止境，我们要突破前人，后人也必然会突破我们。这是社会前进的必然规律，我们一定要适应实践的发展，以实践来检验一切，自觉地把思想认识从那些不合时宜的观念、做法和体制的束缚中解放出来，从对马克思主义的错误的和教条式的理解中解放出来，从主观主义和形而上学的桎梏中解放出来”。“一切妨碍发展的思想观念都要坚决冲破，一切束缚发展的做法和规定都要坚决改变，一切影响发展的体制弊端都要坚决革除”。

1. 观念创新、思想创新是最基础的创新

创新首先是观念和思想的创新。对个人来说，观念创新、思想创新是最基础的创新，因为观念和思想是行动的先导，任何实践和行动都是在一定观念和思想的支配下进行的，“观念首倡于前，行动高蹈于后。”有这样一句名言——“知识不如能力，能力不如素质，素质不如观念。”这里的“素质”是狭义的素质，意思是：观念重于一切，它比观念之外的一切素质还要重要。人

总是通过观念来解读一切事物，观念决定着一个人的思维方式、行为方式。没有观念和思想上的变革，就不会产生行为上的变化。解放思想、更新观念的程度决定改革开放的力度和跨越式发展的速度。解放思想、更新观念是所有社会变革和加快发展的前提，是一切创新的先导，它会对催生新的发展思路、促进工作质的飞跃提供新的动力源。可以说，人类历史上所有的新东西都是从观念和思想的创新开始的。所以，千万不能小看了观念、思想对创新的巨大影响和作用。

2. 对创新最大的束缚就是思维老化、观念陈旧

有人说，头脑是最大的监狱，这倒不如说观念是最大的监狱。陈旧、落后的观念常常严重束缚人的头脑，进而束缚人们的行动。

美国著名经济学家约翰·梅纳德·凯恩斯说："世上最难的事情不是让人们接受新思想，而是使他们忘却旧观念。"

美国商业预言家及威世信用卡创造者（他创建了世界上第一家万亿美元的公司——维萨信用卡网络公司）迪伊·霍克说："问题永远不在如何使头脑里产生崭新的、创造性的思想，而在于如何从头脑里淘汰旧观念。"

真正有害的，不是那些错误的观点，而是那些我们自认为正确的在头脑中牢不可破的观念。

一切落后，都源于思想守旧；一切发展，都始于开拓创新。要创新，必须从打开观念和思想的大门入手，坚决破除封闭保守的旧观念，坚决破除因循守旧、墨守成规、不敢越雷池一步的思维方式，树立开拓创新意识。不能嘴上喊加快发展，而实际上观念老、动作慢；不能说起来比谁的思想都解放，而一到具体事情和问题，就心中存有疑虑甚至搬出不合时宜的条条框框。要坚决破除四平八稳、小富即安、不思进取的心理惰性，树立不进则退、"慢进也是退"、"守业就是败业"的强烈发展意识，永不满足。

3. 解放思想、更新观念是一个持续不断的过程

解放思想、更新观念不是一朝一夕的事、不能一劳永逸。旧的问题解决了，还会出现新的反复。一个高潮过去了，还会出现新的高潮。解放思想、更新观念是一个持续不断的过程。

思想上不断有新解放，观念上不断有更新，是共产党人不断正确认识和改造世界的前提和先导。在我们党的历史上，每一次思想解放、更新观念都带来了党的事业发展的飞跃。但在事业顺利发展的情况下，也有一些同志容易满足于已有的思想解放、更新观念，从而在新事物面前陷入僵化和停滞。唯物辩证法告诉我们，世界上不存在任何最终的、绝对的东西，客观世界和人的社会实践的发展永远不会完结，人们对真理的认识永远不会完结，思想解放、更新观念也不能一劳永逸。随着客观世界的变化和社会实践的发展，原先在解放思想、更新观念中形成的合乎时宜的观念会变得不合时宜，又需要继续解放思想、继续更新观念。马克思主义的精髓和活的灵魂，就在于对具体情况作具体分析。而坚持这一精髓和灵魂，就要在任何时候任何情况下，对任何事物都坚持具体情况具体分析，而不是用过去在某一事物和问题认识上的解放思想、更新观念，代替现在和今后在别的事物和问题认识上的解放思想、更新观念。

（二）善于非常规思维——弱化思维定势

1. 弱化思维定势

弱化思维定势，思维定势就是沿着自己习惯的、熟悉的、固定的思路去思考同类或相似问题的一种思维方式和心理现象。

一个人，无论他从事何种工作，天长日久，就会有了一定的经验，做事就会有了一定的习惯和套路，思维也就会有了一种固定的模式和常规。

如果就熟悉的工作和常规型决策而言，这种经验、习惯、套路、固定模式和常规有一定好处，它可以让我们驾轻就熟，少走

弯路，缩短思考时间，加快工作速度和节奏。但如果要创新，这种思维定势不但无益，反而有害。无论是新问题也好，老问题也罢，如果进行创新，就要拿出新措施、新招法。而思维定势，使人难以跳出一些无形的框框，难以爆发出创造性的思想火花，难以进行新的思考和尝试。所以，进行创新思维，必须弱化思维定势，学会“非常规思维”。

2. 善于非常规思维

非常规思维就是摆脱思维的惯性轨道、固定模式和格式化思路来思考同类或相似问题的一种思维方式。

如今不少单位、部门和个人工作止步不前、原地踏步、没有起色，问题就在于习惯了常规工作或常规经营模式，缺少超常的工作观念和工作思路，缺少一种胆略、胆识和勇气。有句话说的不错：如果你一味地只做别人做过的事，你最终只会拥有别人拥有的东西。

领导者要敢于突破思维的常规定势，善于“非常规思维”，敢为天下先，善于另辟蹊径，敢于去想别人没有想的，敢于去谋他人所未谋的，敢于去做别人没有做的事，在看似“不可能”中寻找“可能”的途径，在看似“办不到”中下“办到”的工夫，努力干成通常看来干不成的事，努力去尝试别人认为不可能干成的事。

（三）进行多元化思考——破除单一思维

1. 破除单一思维

单一思维就是一个问题只有一个答案、一个方案、一个解决途径的一对一的思考模式。这种“正确的只有一个，正确之外就是错误”的思维观念虽可以找到答案，但它的思路不够开阔，开掘的面太窄，而且一旦找到答案便停止思维活动。因而从一个问题中汲取的东西不多，不利于举一反三。而且使得一些新思想、新观点、新创意失去了被听取、被采纳、被考虑的机会，造成思想干枯、思维单一、创造力下降，压抑着人们的思维空间、排除和扼杀了更多的通往正确认识的可能性。

有些人思维上喜欢求同，常常习惯于用一种模式、一种做法、一项要求、一个步调、一把尺子去衡量、要求所考察的事物；在言论上只容忍一种声音，在行动上要求整齐划一，单一化、“一刀切”、“一锅煮”、“一窝蜂”、“一言堂”、“一哄而起”、“呼啦圈现象”成了思维活动的固定模式。他们这种思维视野狭窄，思维比较单调、单一，刻板雷同，缺乏丰富性、多样性。

2. 进行多元化思考

多元化思考就是不满足于单纯求解，而是不断寻找新的想法、新的答案和方法，在思考问题时能从多方位、多角度、多途径入手，思路尽可能地向不同方向扩散。

世界是复杂的，实际工作生活中很多问题并非只有一个答案。只寻求惟一正确答案，惟一方法、惟一方案、惟一途径、惟一模式的观念，在很多场合是不适用的，也是行不通的。我们在生活和工作中所遇到的问题大多数是有几个甚至十几个答案的。因此，我们必须进行多元化思考。进行多元化思考具有如下的好处：

（1）可供挑选余地较大。没有多就没有选。数量上的“多”能够引出质量上的“好”，因为数量越大，可供挑选的余地也就越大，其中产生好创意的可能性也就越大。谁都不能保证，所想出的第一个点子，肯定是最好的点子。

（2）便于比较和鉴别。如果只有一个主意、一种设想，就无法比较，没有比较，很难找出方案的优缺点，更难以断定它到底是不是一个高质量的方案和主意。没有比较就没有选择，没有选择，决定也好、决策也好就无从满意或优化，不追求满意、优化，我们的决定或决策是没有意义的，就等于没有决定或决策。法国哲学家埃米尔·查提尔说：“当你只有一个主意时，这个主意就太危险了。”。

（3）便于思考空间的扩大。因为不满足只有一个设想，而力图尽可能多地找出更多的设想，这样思考的空间领域就会不断地扩大，预计可能遇到的情况也会越来越多，这对于高质量的新思路出台，是一种有力的气候和土壤，是一种非常必要的基础。

（4）引起思维的"链式效应"。由于一个又一个设想的涌现，先提出的设想必然会对后面设想的产生起到刺激、诱发作用。通过量的积累，最终达到质的飞跃。

可见，在不断思考和提出众多新设想的过程中，人头脑中的"潜思维"会被激发和调动起来，积极配合"显思维"进行创新思考，这对高质量的新设想的产生，有很重要的作用。

（四）转换视角，学会另眼看事物——弱化"单向思维"

1. 弱化"单向思维"

单向思维的特征是：一个人遇到问题时，只会沿着一个方向或一个固定的角度去思考，或者思路刻板，只顺着问题的提法去考虑。

人们在长期的工作、生活、学习中，往往会形成一种难以扭转的思考方向和角度，这是很多问题和困惑，得不到解决的原因之一。

人们思考问题、解决问题总是有一定的方向。人总是沿着某种思路、沿着某个方向和角度进行思考。可是在有的情况下，需要人们能够在适当时机改变思维方向，转换一下角度和思路，让你的思维转个弯，才有利于问题的解决。而单向思维，则不会自觉地进行这种转变，当需要转换思维方向和角度时，他仍然"一条道跑到黑"，继续沿着固定的方向和角度思考下去。这样，他们的思维会走进"死胡同"，钻进"牛角尖"里难以爬出来。

2. 转换视角，学会另眼看事物

当我们沿着某个方向思考某个问题的时候，如果得不到结果或觉得没有新意时，不妨换个方向或角度试一试，学会另眼看事

物，或许能够有新的认识、新的发现，或许能够取得新的突破。

美国的哲学家马赛尔·布鲁斯特（Marcl Proust）说："真正的发现不是找到新大陆，而是学会以新眼光看待事物。"就是用新的角度、新的视角、新的方向去观察普通寻常的、司空见惯的事物，从中发现某些某些新的东西。有一位曾获得诺贝尔奖的物理学家阿尔伯特·森塔·乔奇说："发明与发现存在于在看到人人都看到的东西的同时想到从没人想到过的东西之中。"所谓"创新"，就是观察、接触到的事物与别人相同，但用新的视角构想出的事物与别人不同。

（五）拓展视野，开阔眼界——削减"一点思维"

1. 削减"一点思维"

"一点思维"就是一个人在思考问题的时候，注意力只集中于某一点，而忽视其他。这里的"一点"是指"同一时空点"，如某一个目标、某一部分、某一局部、某一范围等。

一点思维，自我封闭，想问题、办事情，"只见局部，不见整体"、"只见树木、不见森林"，像井中的蛙认为"天只有一个井大"。考虑问题、办事情总跳不出他们的小圈子，喜欢死守自己的一亩三分地，划地为牢、夜郎自大，安于现状。不知山外有山、天外有天，人外有人。

一点思维视角太小，眼界狭窄，热衷于单打一，头痛医头，脚疼医脚，缺乏一种大视野，缺乏全局观念，缺乏对事物的整体考虑、系统思考和通盘运筹。

我们思考问题的时候，总是根据一定的目的指向和关注某个特定的思维对象和问题，这可以使思维集中于某一点，而不至于过分分散，往往有利于对思维对象的深层开掘。这在一定范围内是合理的、必要的。但是，如果思维只会停留在某一点，眼光只会盯在某一局部，目标过于专一，忽视该局部与周围事物的联系、交融、影响，把该点、该部分绝对的孤立起来，就会限制一个人创新和开拓进取。所以，我们要努力削减“一点思维”。

削减孤立的“一点思维”，要遵循唯物辩证法的两条原理：

（1）在立足整体，总揽全局的前提下，认识某一部分、某一点的价值，处理局部性的问题。

（2）用事物是普遍联系、互相影响、互相制约、互相交融的辩证观点思考问题。

2. 拓展视野、开阔眼界

拓展视野、开阔眼界，就是要跳出你的固定的小圈子，放眼于更大的空间，把某个思考、创新的对象放到更广阔的背景里加以考察。也就是说，就是在审视你自己、你的部门、你的单位、你的产品、你的服务的发展时，要用广角，要放到更大的范围来度量。

我们必须要有大视野，要有世界眼光。要跳出你个人看你自己，跳出你那个部门看你所在的部门，跳出你所在的单位看所在的单位，才能够看出差距、看出优势、看出目标、看出希望、看出力量，才能有创新和发展，才能继续不断突破和开拓。

三、科级领导干部如何创新

（一）勤于思考

著名的卡文迪许实验室领导人卢瑟福是一位极为重视思考的人。一天深夜，卢瑟福走进实验室，见他的一个学生还伏身在工作台上，于是问道：“这么晚了，你还在做什么呢?”学生回答说：“我在工作。”“那你白天在做什么呢?”“在工作。”“那你早上也工作吗?”“是的，教授，我早上也工作。”学生一边回答一边略显得意地期待着老师的赞许。谁知卢瑟福迟疑一下后说道：“一天到晚都在工作，什么时候用于思考呢?”的确，卢瑟福对思考特别推崇，正是在他的培养和指导下，这个所有十多个人得到了诺贝尔奖金的荣誉奖赏。他要求那位年轻人要留出时间来思考，就是说创造性工作不仅要有顽强的工作态度，尤其需要有一个勤于思考、善于思考，能够高效的调动创造性思维的灵活、变通的头脑。

揭开历史的帷幕就会发现，古今中外凡是在自己工作中有重大创造和成就的人，都会给自己留下一些思考的时间。据说爱因斯坦狭义相对论的建立，就经过了10年的思考。他说："学习知识需要思考、思考、再思考，我就是靠这个学习方法成为科学家的。"

亿万富翁亨利·福特说："思考是世界上最艰苦的工作，所以很少人愿意从事它。"拉丁美洲有句谚语，不会思考的人是白痴，不肯思考的人是懒汉，不敢思考的人是奴隶。在现实的工作和生活中，有一些人，要么整天忙忙碌碌的去干这干那，要么无所事事，就是不给自己留下一点思考的时间，也从来不注意培养自己良好的思维习惯和思维方法。到头来，时间、精力耗费了，也没有取得多少值得自豪的成就。其实，勤于思考是创造性工作和成就一切事业的摇篮，领导者一定要留些时间思考。

人的大脑在结构上区别并不大。牛顿的大脑也并不比常人复杂多少。一个人工作是否有创造性，是否成功，重要的是看他是不是用心思考。思考是领导者最有用的资产。勤于动脑，积极思考，不满足于表象，习惯于寻根究底，这就是工作有创造性的秘诀之一。

这个世界既不是有钱人的世界，也不是有权人的世界，它是有心人的世界。

要自主地独立思考，有新颖独到的见解。在工作中不要一味盲目地随大流，人云亦云。要多开动脑筋，独立思考，有个人主见。虽然这些见解和思路并不一定都被上级、同事接纳、采用，但可以增加从不同角度审视问题的机会，帮助领导、同事修正完善他的决策，激发他们的思路和创造性。

（二）留意细节

许多人在寻求创新时，总习惯于贪大求全，却很少有“于细微处见精神”的细心和耐心。一个人要创新，必须加强对细节的关注，海尔集团总裁张瑞敏在谈到创新时说：创新不等于高新，创新存在于每一个细节之中。事实上，海尔集团在细节上创新的例子可谓数不胜数，仅公司内单以员工命名的小发明和小创造每年就有几十项之多，如“云燕镜子”、“晓玲扳手”、“启明焊枪”、“秀凤冲头”等等，并且这些创新已在企业的生产、技术等方面发挥出越来越明显的作用。

虽然每一个细节看上去都很小，但是这儿一个小变化，那儿一个小改进，则可以创造出完全不同的产品、工序或服务。如果说创新是一种“质变”，那么这种“质变”经过了“量变”的积累，就自然会达成大的变革和创新。老子早就说过：“天下难事，必做于易；天下大事，必做于细。”只有重视细节，并从细节入手，才能取得有效的创新。

管理大师彼德·杜拉克说：“行之有效的创新在一开始可能并不起眼。”而这不起眼的细节，往往就会造就创新的灵感，从而能让一件简单的事物、一个微小的细节有了一次超常规的突破。杜拉克认为，创新不是那种浮夸的东西，它要做的只是某件具体的事。创新不一定是“以大为美”，领导者绝不能掉以轻心于工作中的既不相同却又相互关联的每一个细节。

善于抓住工作细节中的蛛丝马迹，往往能够在人们熟视无睹的现象中灵光一闪找到创造的路径。寻找到还不为别人察觉的经典细节，往往能够出奇制胜。所谓绝招，是用细节的工夫堆砌出来的。

（三）对新事物、新设想抱积极、接纳的态度

对于一个新事物，新的思想、点子、方案或设计（无论是自

己的还是别人的）正确的做法是用开放的心态客观地进行分析。我们除了挑毛病，看它有哪些不足、缺陷之外，更应对它抱一种积极的态度、接纳的态度，看它还有哪些方面的价值和可取之处，并提供一些富有想象力的办法来试试它。

一个新设想、新点子、新思想的缺点有时可以成为获取有实际用途的创造性设想的阶梯。

对于一个新设想，我们应该放弃苛刻、苛求的态度，不追求绝对过分的完美，主要着眼于它的积极的、可取的、有价值的、闪光的、令人感兴趣的那些方面，支持、帮助好设想的完善，避免它们遭到过早过多的指责。

（四）培养科学的怀疑精神和批判精神

创新是对原有的、传统的扬弃。如果把原有的、传统的视为绝对完善和神圣不可侵犯的东西，不敢越雷池半步，那就永远不会有创新。要创新就要有科学的怀疑精神和批判精神，

科学的怀疑，不是怀疑一切，而是遇事问个为什么，不盲目相信和崇拜，是对原有的人、事物或问题提出疑问。科学的批判，也不是否定一切，而是指对事物采取分析和扬弃的态度，是指分清事物中有用的和无庸的，正确的和错误的，去分别对待，是发扬旧事物中积极因素，取其精华，抛弃其消极因素，去其糟粕。

科学的怀疑精神和批判精神是创新的基础。创新最基本的态度之一就是怀疑，最基本的精神之一就是批判。对每一种事物都提出疑问，这是许多新事物、新观念产生的开端。世界上没有尽善尽美的人和事物，需要我们进一步去发现和创新，也就是说，应当提倡科学的怀疑和扬弃基础上的批判。

“批判是科学的生命。”“不满是向上的车轮。”批判就是一种“不满足”，不满足于对已有政绩、功劳、经验、做法、认识、科学、文明的欣赏和享有，而是重新审视，重新评判，指出其疑

点、缺点、弊端。批判本身就是一种超越，至少是进行超越、进行创新的关键和开端。

科学的怀疑和批判，就是肩膀上要扛着自己的脑袋，善于独立思考，敢于提问题、问问题，列不足、想疑点。就是要有鲁迅的“从来如此？从来如此便对么？”的精神。

2001年5月7日，美国耶鲁大学22任校长莱温（他是美国著名的经济学家，以分析美国国内及国际工业经济的变化发展而著称）在中国接受记者采访时谈到：“在分析问题时要不断的提出问题，在了解一个问题的过程中，要不断提出怀疑的问题，要以自己的眼光和自己的角度提出问题，同时要重新思考这些问题，也就是不断地培养自己问问题的能力。”

马克思有句名言：“辩证法不崇拜任何东西，按其本质来说，它是批判的革命的。”恩格斯也有句著名的名言：“在辩证法面前，不存在任何最终的、绝对的、神圣的东西，一切事物都是暂时的。”

理性质疑，扬弃批判，具体来说，就是对传统、惯例、常规敢于打个问号，不被陈规旧章束缚，不拘泥框框；就是珍视经验，但不固守经验，对别人的经验不是全盘照收，对自己的经验也不过分依赖、陶醉；就是不唯书，对书本、条条不迷信，不把旧理论，旧原理，旧结论作为至高无上的律令；就是不唯上，对权威包括领袖、伟人、名人、上级尊重、学习，但不是神化，不盲目崇拜，不被权威、名人或上级牵着鼻子走。

（五）敢于尝试

美国软件频谱公司前董事长米笛·西姆斯提出：“创新精神基本上就是再三尝试。”美国人最爱说的一个单词是“try”（尝试），大家也习惯于对没见过的东西都去“try”（尝试）一下。

什么都敢“try”，这是一个民族、一个人有生气、充满生机的表现。你“try”，我“try”，他也“try”。你“try”出一个新主意，我要“try”出比你更好的新东西，社会和高科技日新月异的进步就是这么来的。

王选说：“按国外的惯例，当自己提出新的思想的时候，必然自己是首先的实现者……这个新思想假如不实现，时间一过，它的创新就没有了……没有动手的习惯，只想出主意，不想动手，很难取得很大的成果。”

创新仅仅有“想”、“思考”还不够，还需要去“做”、去“尝试”。光想不干，就会成为“空想家”，光说不练，就会成为“空谈家”。观念再新，思路再好，点子再有创意，不去尝试，结果也只能是跟在别人的后面走，“夜有千条路，转天卖豆腐”或人家吃肉你喝汤，甚至连汤都喝不着，连存活的机会都没有。

（六）敢担风险、不怕挫折和失败

所谓风险，就是指从事创新活动需要投入一定的人力、物力和财力，但最后不能预期取得创新成果，甚至还会因创新失败而使创新者遭受损失。

敢担风险、不怕挫折和失败，是创新的条件。许多创新、创造都不是一帆风顺，大都是有风险的，可能出错，可能失败、丢面子，也可能遭受经济损失，甚至会伤害自己。人们在创新的过程中，总会出现这样或那样的挫折、失败或错误。

创新的风险性表现有二：一是由于创新活动是一种探索未知领域的活动，需要走前人没有走过的路，解决前人尚未解决的问题，这就决定了它不能每次都取得成功，甚至有可能毫无成效或做出错误的结论。二是创新必然形成对权威、传统、习惯、常规、惯例和偏见的冲击，可能打破某些人的即得利益，使利益重新调整。传统势力、现有权威、即得利益者都会竭力维护自己的利益，对创新抱有抵制、阻碍甚至抵抗或仇视的心理。

在创新上，有些人总是劝自己：“稳当点好”“安分点吧”“何苦呢，图什么?”“枪打出头鸟，别自找麻烦”。这种怕担风险，怕犯错误、害怕失败的心理会导致人们的思维和行动趋于保守，不敢试，不敢闯。逃避失败就是逃避创新，害怕风险就是害怕创新。逃避的方式可以是人云亦云，见风使舵，惟命是从；可以是畏新如虎，因循守旧；也可以是引经据典，照本宣科。

对一个人来说，遭到指责、排挤、压制是失败；坐失良机、虚度光阴是失败；管理不善、入不敷出也是失败。但是，最最可怕的失败莫过于不敢越雷池一步，莫过于永远立于“不败”之地。最大的风险是逃避风险。

邓小平说：“没有一点闯的精神，没有一点‘冒’的精神，没有一股气呀、劲呀，就走不出一条好路，走不出一条新路，就干不出新的事业。不冒点风险，办什么事情都有百分之百的把握，万无一失，谁敢说这样的话？一开始就自以为是，认为百分之百正确，没那么回事，我就从来没有那么认为。”①

当干部、做领导，为任一方，要多想事业，少想名利；要多想开拓，少想利益；要能担事，能成事。一事当前，先替自己打算，工作上得过且过，风险面前退避三舍，做“太平官”，这样的领导，是不可能创新，不可能干成事的。

（七）抗住非议

有人说：“脸皮厚是上帝的礼物。”要坚定地实现你的创意设想，就要有能抗住众多非议的韧力。

一个新设想、新做法经常会受到嘲笑、批评、责难、非议或威胁：“太荒唐了！”“在我们这里它不会起作用”“你能保证它一定能行？”“空想，不实际”“人们不会接受这个怪东西”“谁会有时间理会这玩意”等等。

常言道，人言可畏。可是有创新精神的人，却能够在唾沫中畅游。王选（中国科学院、中国工程院院士，北大方正技术研究

---

①《邓小平文选》第三卷，第372页。

院院长，中国科协副主席、九三学社副主席，被授予 2001 年度国家最高科学技术奖）1975 年（38 岁）研究当时国外还没有商品的第四代激光照排系统。他提出要超过日本流行的第二代照排系统，跳过美国流行的第三代照排系统。可惜当时王选是一个无名小卒，别人根本不相信，他们觉得这简直有点开玩笑，说："你想搞第四代，我还想搞第八代呢！"王选从数学的描述方法来解决，他们也觉得难以理解。当时清华大学精密仪器系和长城光学所的一批权威都是在光学上非常出色的，这么多的光学机械权威，所解决不了的问题，怎么可能由一个无名小卒用一种数学的描述、软硬件结合一下，就解决了？这不可思议。所以王选被批判为"玩弄骗人的数学游戏"。幸亏，当时有一个伟大的发明家的一句话，一直鼓励着王选。这个人就是美国"巨型计算机之父"西蒙·奎因。奎因曾经说过，他在没有成名的时候，提出一个新的思想，人们经常回答说："Can not do!"（做不成的！）——对"Can not do!"（做不成的）最好的回答就是 do it yourself!"（你自己动手做！）

（八）激发勇气

勇气是什么？就是勇于探险，坚韧不拔，敢于面对危险、恐惧和困难的精神力量。

创新需要勇气，因为创新不是墨守成规，而是要打破一些旧的条条、框框，砸开一些束缚人的锁链。这些条条、框框和锁链，有些是数千年一直沿袭下来的东西，在人们的脑子中比较根深蒂固；有些是领导者的金口玉言，神圣不可侵犯；有些是权威的盖棺定论，已经成了铁定的定理公式，不容置疑；有些是自己多年的习惯使然，改变了也就等于否定了自己，尤其对一些在某些领域颇有建树的人，这等于破坏了自己来之不易的形象。因此，没有勇气，创新是很难做到

勇气是创新首要的品质，因为其它品质都要靠它来保证。如

果缺乏勇气，一个小小的障碍就会把你打回原地。

一个新设想在本质上必然具有异常性，实施它需要勇气以承担可能失败和被拒于门外的风险。譬如，你怎么就能够知道你的新设想不会钻入一个死胡同，使你愚蠢，叫你破费，或产生更坏的结果（处分、降职）？所有这一切你是不知道的。因此，创新的一个重要因素就是要有勇气去冒险。

唐纳德·麦金诺从事创造力的研究很多年，他认为个人的勇气是创意人的核心。这个勇气包括与别人不站在同一战线上，必要时可以对立的勇气。领导干部要努力成为勇于创新的典范。

（九）锲而不舍

锲而不舍是创新成功的保证。领导者仅有不怕失败和勇气还不够，还要坚持到底，知难而进，百折不挠的毅力和坚忍的意志，才能赢得最后的成功。

很多获得成功创新的人都是靠持之以恒的毅力、坚忍，一步一个脚印走向辉煌的。所以有人形容说，烹调“成功”的秘方是把“抱负”放到“努力”的锅中，用“坚忍”的小火炖熟，再加上“判断”做调味料。

21世纪中，经常跌倒是正常的，变化是正常的，所以，在这样一个时代里，做任何事情，没有持之以恒的坚持精神，没有高度的意志力、毅力，只有三分钟热度，一时心血来潮，很难在哪里跌倒就在哪里爬起来，也很难取得创新的成功。

案　例

领导者创造精神与创造力测评

测试说明：

1. 先审览量表中的各个选项，选择其中三到四个、最多不过六个你认为正确的选项和适合于你的选项，并在其后的方框内划勾。

2. 将你划勾选定的诸选项对照“分值标准”栏中查找划勾选项的对应序号及其分值，再将这些分值累加，得出一个和。

3. 根据计算出的和，与专家的“结果和简要评议”对照查核，判知你的基本状况。

案例：

某单位小刘外出学习快结束时，单位就搬家了。回来后，他就想先到新地点去看看。刚进办公室，小刘就发现他的头儿老王和一个主任科员小李正在那里干活。地上铺着一大片报纸，报纸上放着两堆叠起来的沙发软垫，软垫前是一张小茶几，茶几上放着录像机和笔记本电脑各一台，茶几的前面就是一个电视柜，柜上放着电视机、电风扇和收录机各一台；老王和小李均穿着拖鞋各坐在一个软垫上，操纵着录像机，并正在专心地使用着电脑。小刘进门看见这情景并打了招呼以后，就觉得不舒服。看看那两个人，要么把腿蜷曲在茶几前坐着，要么把腿笔直地伸过茶几下，将两只脚丫子跷起在茶几的另一侧，正不辞辛苦地工作着。而旁边是堆满了书、文件、资料和办公用具的办公桌和两把小椅子。整个房间本来不大，在这样的情况下就变得尤其小了。小刘非常纳闷：要是坐椅子，至少该能更舒适一点、更不容易疲劳而能够干更多的事吧。可是他俩为什么不坐小椅子呢？哦，原来在茶几前坐椅子会太高，用起电脑来会更不舒服，甚至会把背脊累弯；那么，为什么不转到办公室桌上去呢？哦，也许是这个活很紧，要马上利用它恐怕还得先费许多时间收拾一下，或者是因为电线不够长、电路会接不上；但是，在柜子前坐椅子正好很合适，为什么不会把电视柜利用起来？于是，小刘就上前出主意说“把电风扇和收录机挪开，把录像机和电脑放到柜子上去。再把椅子搬过去坐。”老王一听就“大发雷霆”，大声呵斥道：“你一回来就找麻烦。人家正在忙活呢。不要动了。这很好。”小刘说：“那样坐着不是活受罪吗！”老王说：“恐怕电线不够长。哎呀，就别搬了。”小刘坚持说：“来，我来帮你们搬，只需一会儿。”老王和小李悻悻然站起来，很不高兴地让小刘去干。结果，一分钟不到，小刘就把录像机和电脑都放好在电视柜上了，并让老王和小李在柜子前坐到了椅子上。小李马上就说：呵，还真是更舒服、方便多了。”老王轻轻点点头，也不自觉地说道：“哼，这也还行吧。但是，你小刘只要在，就会给我添麻烦。好了，你回家去休息，明天再来上班。你不赶快走，说不定又给我找出哪儿的麻烦了。”

对此，你认为：

1. 假如你是老王，你会觉得很窝囊、很羞耻，因为就连这样的小事都要由部下来指手画脚。□

2. 假如你是老王，你会觉得很窝囊、很羞耻，因为就连那样的工作方式都能忍耐下去，没有脑子，还对人家小刘发火。□

3. 如果老王这种人多了，我们大家就没有“戏”了，我们的希望将全部葬送在这班蠢人身上，因为这一点点灵活都不会有，尽是死脑子，如果把大事交给他，结果将会怎么样就可想而知了。□

4. 如果老王这种人多了，我们大家就没有“戏”了，我们的希望将全部葬送在这班蠢人身上，因为这类人智慧不足，对于稍微变化，变革和改善一点都不能主动接受，甚至还态度恶劣，就可想而知那是多么愚昧顽固，而群体的进步与发展是多么不容易了。□

5. 小刘没必要那样做，人家爱怎么样就怎么样，人家愿意。□

6. 小刘是聪明人，可以托付大事；老王是个智慧不足，老化愚顽的人，不足以托大事。□

7. 你要是处于老王那样的角色，在一开头就会像小刘那样多考虑几个办法，做出一个很好的选择，也不至于出现任何窝囊愚蠢的情况□

8. 你要是老王，虽然不一定能像小刘脑袋转得那样快，但是至少不会像老王一样接纳不了小刘的意见或建议，只要能做得很好，要改进就改进，要变革就变革；就那么一点变化的事情怎么会引起那么大的反响或逆向反应呢。□

9. 你是一个喜欢大家出主意的人，还会采取措施来鼓励大家荐言献策，对于老王那样既愚蠢又懒惰的人，实在是感到难以想象。□

10. 老王事实上做得对，因为没有哪个领导能那样受下级的随便拨弄，否则那才是傻子呢；要是换了你，也会像老王一样，必然会、也坚决要把小刘的不自尊给顶回去。□

11. 老王的反应是可以理解的，他的习惯或做法也是无可非议的；根本不能说他因此就很愚蠢了。事实上，这是领导的表现和需要，你要是他也必定会这样，因为这样可能会感觉更适合自己，也就是更舒服。□

12. 无论在什么情况下，你都会像小刘那样或者高于他，而永远不会像老王那样；老王那样对于你来说，

是绝对不可想象的。□

13. 老王与大家的关系在总体上还是很不错的，彼此是非常融洽、真诚和信任的。但这里却似乎给人以一种不舒服的感觉，似乎还是存在某种问题。□

分值标准

1：0 分；2：5 分；3；5 分；4；5 分；5：2 分；6；4 分；7：6 分；8；6 分；9；6 分；10；0 分；11：1 分；12；6 分；13：3 分。

结果与简要评议：

0—4 分：表明应测者是一个不善于进行创新思维和创新活动的人，习惯于墨守成规，按老一套的办法继续下去，很保守落后，也很僵化死板，对于哪怕是一点小改革或小改进都是不可接受的；依凭如此素质，是完全不适合在现代社会生存的，更不用说可以在现代社会实施领导，实现发展了。

5—15 分：表明应测者比较保守，或许也可能是比较愚笨、但至少是缺乏高级的文化教育与训练，不太善于、也不在习惯于创新和创造；对于别人的创新思维和创新动议也都不太愿意接受。这种人本身就已经落后于时代了，是不能把组织群带向社会发展的前沿的，事实上常会阻碍组织群体的进步与发展。

16—30 分：表明应测者基本上没有保守的习惯和在创新面前的被动无能，倾向于并善丁创新和创造，具有良好的创新能力和创造能力，习惯于接受新鲜事物，不习惯于陈陈相因、死水一潭，喜欢学习和接受新思想、新观点、新理论，喜欢了解和提出新创意、新创见和新设想。喜欢不断地改动、改进和改革，喜欢追求新的变化，新的发展与新的实现。

31分以上：表明应测者具有锐意创新的精神和强烈倾向，具有相当高水平的创新能力和创造能力，不仅要创新工作方式以直接提高工作效率，而且要创新体制以全面改善组织群体的活力和生机，与一切乐于享受现成、维护旧法，安于落后、愚昧无知等等现象和倾向完全是水火不能相容。这种人具有极大的创新力和创造力及相应的创造激情，能够影响一群人、一个组织甚至一个社会，并形成巨大的驱动力推进它们不断发展，是最具典型意义的现代领导或现代领导人才。

选自邱霈恩《现代领导测评》

思考题

1. 创新的含义和特征是什么？
2. 创新的思维方法是什么？
3. 科级领导如何创新？

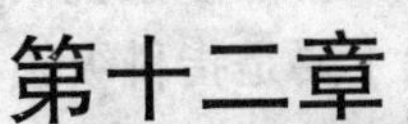

第十二章 科级领导的形象塑造能力

科级公务员是国家公务员队伍中的骨干力量，他们处在兵头将尾的位置，既是各级领导岗位的后备人才，又是党和国家路线方针政策的直接执行者和落实者，他们的地位和作用要求其应重视自身的形象塑造。作为政府部门的基层领导者，科级领导的形象直接反映和代表着一个部门，乃至一个机构的工作作风和形象。科级领导重视自身的形象塑造，直接关系到工作的绩效高低。

一、科级领导形象塑造的涵义及原则

（一）形象的涵义

形象是指客观世界作用于人并被反映在大脑中的人和事物的印象。人生活在自然界和社会中，人不是无知无觉的，人是有思想有感情的，形象就是人们在一定时间内形成的对事物较为鲜明、具体的轮廓。

形象的内涵十分广泛，不同的领域有其不同的涵义，主要包括三个方面：（1）在现实生活中，指人或事物的形状相貌；（2）在文学艺术中，指根据现实生活的各种现象，通过选择、提炼、改造、和加工所创造出来的具有一定思想内容和审美意义的具体生动的图画；（3）在心理学中，形象也称之为表象，指人们对感知过的外界刺激在头脑中的再现。由于人是形象的感知者，任何客观形象都是通过人的感知反映出来的，所以形象就成为人们对某种对象的总体印象。科级领导的形象主要是指科级领导者的个人形象，也就是能够引起公众感知并作出整体评价的个人的内在素质与外在表现等印象的总和，简单来说，就是公众对个人感知和评价的总和。

科级领导者形象就是其在实践工作过程中所形成的形象，是反映其学习、工作和生活的一种特定形式，是根据在长期的实际工作中的认识、体验、实践、总结而凝聚塑造成的具体可感知而又富有主观感情色彩和影响力的一种情境。它是在实践活动中，形象的塑造者不断努力、丰富和完善的结果。

（二）科级领导形象的基本特点

1. 一般性与特殊性

一般性是指不同的科级领导者之间在科级领导形象的内容、标准、外在表现上存在着相同的方面。这也是我们探讨科级领导形象的前提。特殊性是指每个科级领导者在其科级领导形象的具体内容上都有与别的科级领导者不同的地方。这是因为人们在日常工作中，科级领导首先往往表现为某一具体的、特定的人，具有一般人的特性，即特有的情况。这主要表现在，每一个科级领导者的形象表现的侧重方面和展示程度是不尽相同的，形象的适应性、效用性、效用程度和发展潜力是不同的，这是由人的内在素质和外在条件的不同导致的。

2. 先天性和后天性

从外形体貌到秉性、禀赋、智力等因素都是先天的，其状况和特性决定着科级领导者形象的基本特征和定位。科级领导者形象之间的差异往往主要与这些先天的、与生俱来的素质条件有关，谁也无法超越这一点，这就是科级领导者形象的先天性。但由于科级领导在社会生活中有意识地去追求一定的目标，这就使其不断寻求一种优化来满足自身的现实需要。这种有目的、有需要培养出来的各种素质能够弥补先天性的不足，是为科级领导者自己所能够掌握和控制的，并可以不断得到强化和发展。这就是科级领导者形象的后天性。

3. 积淀性和发展性

不管是先天遗传的、环境熏陶的，还是由自身主观努力所形成的形象，都不是一蹴而就的，而是逐步形成的，是一点一滴缓慢积累的。每一点形象的改变都为后一点形象的改变奠定基础；而所有形成科级领导者形象的有关内容或有关成分则相互迭加、累积在一起，最终才形成科级领导形象的基本格局。也就是说，每个科级领导者形象是由科级领导的品格、学识、能力、风度……有机的累加、积淀到一定程度的结果。科级领导者形象是非权力因素，它极其活跃，极具发展潜力。因此，科级领导者形象可以不断发展，可以在学习、实践和磨练中不断巩固、加强、优化、提高和扩展，并一直发展下去。所以，科级领导者形象具有惊人的发展特性和发展余地。事实上，科级领导者形象正是靠发展才不断升华的。

4. 历史性和时代性

科级领导者形象的意义和价值在于社会，脱离社会，科级领导者形象就无价值和意义可言。不同社会背景、历史时期的科级领导者由于政治、经济、文化等因素的影响，科级领导者其形象有不同的社会色彩。处于不同社会发展阶段的科级领导者形象就会有不同的具体内容和基本特征。科级领导者形象的这种性质就是其时代性。科级领导者形象的时代性既可以区分和辨析不同时代的科级领导者形象，又可以增强科级领导者形象的现实性和适应性。

（三）科级领导形象的构成

1. 品格形象

品格形象是指和思想行为有关的内容，包括道德、品行、人格和作风等方面，是科级领导者形象的根本。品格形象包括政治品格和道德人格。

政治品格包括：科级领导要有坚定的政治信念、正确的政治方向、鲜明的政治立场、敏锐的政治眼光，即江泽民同志讲的“领导干部一定要讲政治”。这一点是衡量科级领导者是否合格的重要标志，决定着科级领导者形象影响力的方向。

高尚的道德人格，是科级领导干部的道德尊严、道德品质、道德境界以及所实现的社会道德价值的总和，是科级领导干部在社会生活，特别是在职业生活中长期养成的良好道德行为的升华。这种道德人格是一种道德品质，一种精神境界，一种价值取向，它是优秀科级领导干部真善美的内在素质，是在科级领导活动中的自然渗透和外在表现，是优秀科级领导干部毕生追求和刻意修养的结果。

高尚的道德人格集中体现了中华民族的优秀美德和共产主义道德情操，表现出忠诚老实、正直无私、襟怀坦白、诚实信用、公道正派、以身作则、光明磊落、追求真理、求真务实、清正廉洁等道德人格风范。

2. 学识形象

学识形象是科级领导者形象的基础，是一个人智慧的象征，是科级领导者形象的生命之泉。博学多识的科级领导者容易建树威信。每个科级领导者都应有较高的学历、较深的理论功底、广泛的知识面，并将这三者合理地组合，形成较高层次的复合型的多元知识结构。在当今科学技术迅速发展，干部群众文化水平大大提高的情况下，如果一位科级领导者没有足够的知识和较好的业务水平，甚至不学无术，还要在有专长的下属面前指手画脚，很难设想会有多少人服气。试想，学校的校长上不了讲台，医院的院长对医学一窍不通，他的威信从何而来，他在群众中会是什么样一种形象呢？反之，如果他博学多才，而且又精通专业，就不仅能运用自己的学识领导好本部门、本单位的工作，同时又能与部属和群众有更多的共同语言，这样的科级领导者形象，还有谁不敬佩和信服呢？

科级领导学识形象主要内容包括：坚实的文化科学基础知识、深厚的马列主义理论知识、熟练的专业知识、丰富的社会生活知识和实际经验。科级领导的学识形象还体现在，能够根据形势发展的需要，不断补充新知识，丰富和扩大知识面；能够组合为“专精与广博”相互交融的知识结构。

3. 风度形象

风度指人的言谈、举止、仪表，是一个人内在气质的外部表现。科级领导风度是一种给人视觉刺激最直接的科级领导影响力，是科级领导形象的外在形式。我们常听见这样的议论：某某举止不凡、气质超群，有大将风采，让人佩服。这举止、气质、风采，就是指风度。科级领导个人的个性品质不一样，风度就会各有千秋。但科级领导在风度形象上无疑也要讲究美，良好的风度形象定然符合美学原则。这种美的追求，所要遵循的就是与现实环境的和谐，即与本职行业的传统作风，与科级领导的审美要求和时代精神相一致。同时，人的风度又不是由单一形式表现的，特别是那些生活阅历丰富的人，他们可能受到多种环境的影响，而使自己的风度形象综合化、复杂化。个性优良的科级领导，能根据环境的变化，适当地调整自己的言行规律，使风度与环境保持协调一致。

风度在科级领导形象艺术中占有重要地位，科级领导风度形象美必然会形成科级领导魅力，对自身可以陶冶情操、净化心灵、使思想境界得到升华；对群众可以起到示范表率作用，在人们心目中树立起光辉的形象；对社会具有传播、感染和宣传作用，产生社会凝聚力和感召力。

风度主要包括言谈风度、举止风度、仪表风度。言谈风度包括言谈内容和言谈方式：言谈内容可以充分反映出科级领导的思想境界和文化修养；内容再精彩，言谈方式不好也达不到很好的效果。举止风度包括言谈谦逊、举止端庄、礼貌待人、行为端正等方面。仪表风度是指体格外貌、穿着举止以及精神状态等方面的情况。

科级领导身上没有幼稚的习惯和嗜好，在情绪范围内应当使审慎、坚忍、成熟、善意占优势。一个善于领导别人的人应当是具有在社会里受人珍视的常人品质的"复合体"，有极大的修养风度。

(四) 科级领导塑造形象的作用

1. 制约作用

科级领导都希望自己能够有较高的领导效能。但实际上，领导效能的高低是要受科级领导形象制约的。如果科级领导能够树立起良好形象，给人一种德高望重、能力高强、知识渊博的整体印象，他就会对被领导者产生强大的感召力、向心力，被领导者就会积极主动地支持拥护他，导致一呼百应的效果，具有很高的领导效能；反之，不能树立起良好的科级领导形象，给人一种无德无能、孤陋寡闻的印象，他在领导活动中必然缺乏感召力、向心力，对科级领导会消极被动以待，甚至会明里暗里进行抵制，百呼不应，导致领导效能低下。

2. 导向作用

由于科级领导地位的特殊性，他们很容易成为干部群众关注的焦点和效仿的对象。良好的科级领导形象、往往产生强大的号召力、动员力和说服力。他们热衷于什么，他们提倡、追求、强调什么，都会明显影响大家的行为，并进而影响着社会风气的变化。

3. 认识作用

科级领导在日常工作过程中，必然要反映他们的思想修养、秉性气质、文化水平、社会阅历、领导素质等等。人们则能通过日常工作的接触，通过科级领导言传身教，身体力行的先锋模范作用和影响力来加深对科级领导的了解，获得更为生动更加具体的认识，从而，有利于融洽领导与群众、上下与左右之间的关系。进而，通过认识科级领导形象来认识工作的性质、任务和目的。同时，人们对现行社会制度的感受、对执政党和国家的认识，对形势和社会的认识，最先来自于对本单位、本部门领导行为的认识。所以，科级领导在群众中的形象如何，对人们认识党风、民风、认识国家的前途与命运有着极其重要而深远的影响。

4. 教育作用

"火车跑得快，全靠车头带"，科级领导本身就是一个集体的模范。先进性与影响性统一的特点，决定了科级领导本身具有教育意义，具有楷模作用。科级领导优良的思想作风、工作作风和生活作风，在组织群体中起着以身作则、率先垂范的作用。科级领导在整个领导过程中必须带头执行党的路线、方针和政策，去启迪人、教育人、影响人，去振奋人们为实现共同目标团结向上、勇于拚搏，去鼓舞士气、激励先进、鞭策后进。

5. 凝聚作用

良好的科级领导形象可以形成一种强大的凝聚力，这种凝聚力可以促成生产力要素和生产力要素组合的转化，从而形成一股不可估量的现代化建设力量。能否赢得人心，不是靠权力、地位，关键是形象。科级领导所表现出的高尚道德品质使下属产生敬爱感；科级领导知识渊博，才能出众，使下属产生信赖感和敬佩感，科级领导关心、爱护下属，与群众心连心，使下属产生亲切感。崇高的道德品质和高尚人格，是凝聚人心的一面旗帜，是激励、鞭策下属和群众的巨大精神力量。科级领导形象建设也是我们政权建设的重要组成部分，是国家政治建设、经济建设和文化建设的导航仪，我们一再强调科级领导形象建设的重要性，是因为科级领导形象关系到国家的命运、党的命运、人民的命运。

二、科级领导形象塑造的原则和内容

国家形象是国家力量和民族精神的表现与象征，是综合国力的集中表现，是一个国家最重要的无形资产。科级干部的形象也是一个举足轻重的课题。这是因为科级领导干部形象是领导干部的思想品格、知识水平、能力作风、仪表风度、心理气质等多方面的行为规范和自我约束能力的外在表现，是领导干部内心世界和外在表现的高度统一，并时刻是科级干部所感知的一种客观存在。领导干部形象是我们干部队伍综合素质和精神风貌的表现与象征，同样也是衡量我们干部队伍最重要的条件之一。因此，重视科级领导干部的形象塑造，有着重要的现实性和必要性。

科级领导干部的形象塑造，首先要给科级领导的形象定位。不同社会、不同时期的科级领导形象定位不同，我们社会主义科级领导形象的定位应该是人民公仆的形象和改革开放的形象。

当好人民公仆，自觉为人民服务是社会主义领导的本质，是由我们党和国家的性质决定的。这种人民公仆的本质，集中体现在领导干部的责任、权力和义务上。我们社会主义国家领导干部的责任就是要向人民负责，尽职尽责工作，做好人民公仆；领导干部的权力是由人民所赋予的，就必须为人民掌好权、用好权，不能以权谋私；领导干部的义务就是无条件地为社会、为人民服务，不能有任何在政治上、经济上、生活上为自己谋私利、谈条件的权利。这种责任、权力、义务的高度统一，就要求领导干部做一个全心全意、尽职尽责、无怨无悔为人民服务的公仆。领导干部的公仆意识，就是要把全心全意为人民服务作为自己的天职，就是要把自己永远看作是人民公仆。只有具备这种人民公仆意识的科级领导干部，才能明确自己作科级领导是为什么、要干什么，才能明确要去塑造什么样的科级领导形象，才能真正得到广大人民群众的认可和拥护。

领导干部要树立改革开放的形象，这是因为：第一，十一届三中全会以来，沿着小平同志开辟的社会主义现代化建设新道路，勇于探索，大胆改革，使我们的现代化建设事业取得了举世瞩目的成就，国际地位得到显著提高，极大地提高了人民的物质文化生活水平，改革开放已深入人心。一个具有改革开放形象的领导者是顺民心和民意的；第二，改革开放是我们党、国家在新时期的基本国策，作为领导者首先要体现这一政策，领导形象是党和国家政策的外化；第三，改革开放是一个动态的过程，中国已经在新世纪向全世界进一步展现了中国改革开放的形象，蓬勃兴旺的形象，求实创新的形象。一个具有改革开放形象的领导者，展现出来的是一种开拓进取、不断创新的精神风范。具体地说，就是坚持改革开放，知识丰富，开拓创新，勇于实践，公正廉洁，作风正派的符合现代化建设要求的、全心全意为人民服务的领导者，这也是新时期领导者形象的本质规定。

（一）科级领导塑造形象的主要原则

1. 最大公众认同原则

领导者的形象塑造应当以公众最大认同为原则。所谓最大认同，一是要尽量使公众认同达到最高程度和层次；二是要尽量使公众认同达到最普遍化的程度。正是根据第一层意思的要求，我们给科级领导形象作定位定向设计时，提出的要求都是比较理想化的。而根据第二层意思的要求，科级领导在进行形象塑造时就要了解大多数公众普遍一致的期望和要求是什么，并根据这一期望和要求调整和塑造自己的形象。如果这个期望形象与科级领导在现实中的实际形象相吻合，科级领导就会赢得信任，得到拥护和认可。反之，公众就会感到失望，进而减弱对你的信任度和认可度，甚至会产生对立、反抗心理，削弱以至排斥你所施加的影响，妨碍上级领导意图的实施。美国前总统林肯曾说过：“当总统就像被人抬着游街示众一样。”这表明，身居领导岗位，会使人强烈感受到置身于众多目光监督之下的无形压力。这一角色特点决定了领导者的任何不良行为都瞒不过下属、群众和社会。领导者要努力使自己的角色行为赢得认同、赞许。因此，塑造良好的形象是成功履行科级领导者职责的必要条件之一。

2. 最大魅力原则

这是公众认同原则的进一步引伸和展开，领导者的形象要获得公众最大认同，当然就得有其最大魅力。越是有魅力的领导者形象，其吸引力、向心力、感染力和号召力也就越大，其“形象效应”和“形象效益”也就越好。

3. 个性化原则

个性主要是指个人先天所具有的特别是后天磨练与修养形成的独特的性格、气质、思维方式和行为规律。个人形象的个性是一个人在形象方面有别于其他人的高度概括的本质化的特征，是自身多种特征在某一方面的聚焦和凸显。

个性化是个人形象的灵魂和生命，有了个性，就有了灵魂，便能将自己的形象激活，给人以强烈的冲击力，从而能够在公众中独树一帜，卓然不群，形成与众不同的形象特征，烙上个人的印记，把自己与别人区别开来。形象越是个性化，越容易引起人们的注目，越容易被人们的视觉所接受，也就越容易被人们所记忆。所以我们可以说，最具个性化的形象就会成为人们注目记忆的焦点。因此，如果想使自己的形象被人记住，那么，在塑造形象时就要注意突出与强化自己的个性，即善于发现并挖掘出属于自己的独特的形体特征、独特的身体语言、独特的思维方式、独特的生活方式、独特的兴趣和爱好以及具有人性味的性格等等。

个性塑造就是要在一个人的各种特征中遴选出一种或几种最能反映其形象的个性来，既要依赖于自身的优势和长项，又要兼顾总体环境和社会需要。为了凸显与张扬个性，可不回避个性中某些缺点或不足，但一定要注意把握适度。科级领导的形象塑造，必须把一般的公仆形象、美的要求与领导干部的个性特质相结合，尽量显示出其个人创造和个人特性。由于职业不同、个性不同，以及时代不同，各个科级领导的形象不应当也不可能都是一样的，而是各具特色。每个人的形象是个性，普遍的形象规范又是共性，把个性和共性的形象结合起来，就构成了有特色而又符合普遍要求的良好形象。

4. 系统性与完整性原则

领导者的形象塑造要在形象统一的目标、宗旨、精神、文化等指导下，表现出一个系统整齐划一的形象。

必须强调指出的是，塑造出来的良好的形象，决不是简单的服装设计和美容美发所能代替的，既不是一个指头可以捅破的包装物，更不是花里胡哨的设计垃圾，而是由哲学、文化、政治、美学理念综合构成的体系。作为一个有机整体，它是外在的、可见的、可触摸的。但是，它又是内在的、不可见的、变化的。因此，科级领导的形象塑造应注意它的系统性与完整性。

5. 协调性与和谐性原则

协调是指配合得当。形象塑造应当强调搭配得当。一个人因为协调而美，五官的协调、身材的协调、气质的协调、风度的协调，协调就是美。协调指整体各部分的协调，含有全局的观点与整体的观点，这是基于各部分相互配合从而产生最佳效果的深刻内涵。

对一个人的形象来说，协调包括三个层次：

一是指外观方面的协调如美容化妆、服装打扮等的协调，按照每一个人的先天条件，如搭配得当、对比匀称就会使人赏心悦目，就能达到协调美的目的。

二是行为的协调，这是指行为与动作上的协调，如说的与做的一致，从而达到最佳效果。

三是指思想与行为的协调。思想指导行为，也就是要心口一致，想的与说的和做的一致，这样高度协调，才能达到协调美的境界。反之，就会成为思想的巨人、行动的矮子，就无所谓协调可言，而是思想与行为的脱节和分离。

在这里还必须强调指出的是个人本身三个层次之间不仅要注意协调，而且还要学会与人协调、与自然协调，才能在人际关系与自然环境中游刃有余舒适地生活、朝气蓬勃、关系和谐。

形象塑造不仅应当强调协调，还要达到和谐美的目的。要使设计的个人形象与自己所扮演的角色、与集体形象相一致，与自己的精神、气质相吻合，还要与本人的发展目标、与所处人际网络、与时代环境相和谐。只有这样，才能达到和谐美。

（二）科级领导形象塑造的内容

1. 品格形象塑造

第一，廉洁奉公，以身作则。科级领导只有清正廉洁，率先垂范，才有资格规范和约束别人，实施有效的领导。科级领导必须同时做到自律和律人，而且应当首先律己，然后律人。随着改革开放的扩大和社会主义市场经济的发展，不可避免的产生一些消极的东西，科级领导都面临着抵御种种腐朽思想侵蚀的严峻考验。领导干部处于一种特定地位，稍有放松对自己的要求，就会滋生一些不廉洁行为，就会栽跟头。这就要求科级领导必须具备律己的品格，增强“免疫力”，在金钱和权利面前保持清正廉洁、不贪不占、两袖清风、洁身端行。作为科级领导在模范遵守党纪政纪，切实管好自己的同时，还要管好身边的工作人员和家庭成员。凡是要求别人做到的，自己首先做到，以实际行动促进党风、政风和社会风气的好转。

第二，开拓创新，工作务实。建设社会主义市场经济是一项前无古人的开拓性事业，既要注重现实的实际工作效率，又要充分考虑到长远的战略目标。只有培养和具备创新的品格，勇于打破旧框框，探索新路子，才能披荆斩棘，不断前进，逐步把理想变为现实。

第三，正直坦诚，公道正派。正直坦诚是一个科级领导必须具备的品格。无论对上对下都要以诚相待，这样就会得到下属的尊重，赢得同事的信任，社会的好评，也自然会树立起威信，形成感召力。公道正派，就是讲究党性原则，不徇私情，不因同事和亲朋好友而厚待，也不因关系疏远而刻薄。要正确对待“权、功、过”：不要个人权威、不滥用职权；有了成绩归功群众，不夸大个人作用，不贪功；出了问题主动承担责任，不诿过，不粗暴埋怨下级。

2. 学识形象塑造

第一，专业知识的深度。科级领导必须掌握本行业的业务知识，这是市场经济对科级领导的起码要求。因为只有成为内行和专家才能把握住部门工作发展变化的规律和前沿动态，才能与工作人员有共同的语言，工作起来才能得心应手，成为明智的指挥者。

第二，社会知识的广度。科级领导工作是一项复杂的创造性劳动，要遇到各种矛盾，处理各种问题。因此，科级领导要有广博的社会知识和阅历，以及多方面的兴趣和爱好。这是一个科级领导心理健康的标志，也是增长见识和才干的途径。只有拥有广博的知识，才能开阔视野，活跃思维，才能在复杂多变的情况下，适时进行正确的宏观决策和调控，把握市场机遇，驾驭局势。

第三，运用领导和管理知识的娴熟度。领导学和管理学的知识是科级领导必须掌握的知识，它直接关系着领导工作效果的优劣、成败。没有科学的理论，就没有科学的实践。科级领导只有掌握了这些知识，才能真正去做到理论联系实际，才能成为头脑清醒、业务精通、方法得当的科级领导。

第四，对知识、信息更新的应变能力。在当今知识和信息激增且瞬息万变的时代，科技发展节奏大大加快，新技术产生，新产品开发几乎令人目不暇接。因而科级领导应有意识地去丰富自己的知识，不断调整自己的知识结构，从而使知识水平与所从事的工作相适应，与发展着的科学技术相协调。

3. 风度形象塑造

第一，豁达大度，朝气蓬勃的精神面貌。人都有自己的性格、气质和情感，都希望得到别人的尊重、理解和认同。科级领导要有“宰相肚里能撑船”的宽广胸怀，对群众温和善良、谦逊礼让，谅解别人无意间造成的过错，对别人的误解不耿耿于怀，揪住不放。在公众场合，精神面貌是科级领导的风度形象的核心内容。在社会主义市场经济建设中，科级领导将越来越多地涉足社交场合。在这种场合中，科级领导要有充分的自信心，朝气蓬勃，充满热情，主动积极地与人交往。不是装腔作势摆架子，而是富于感染力，用开拓进取的勇气与时代风采影响对方。作为科级领导要有洞察细微事物的慧眼，决不能因小事斤斤计较，应以事业为重，求同存异。

第二，讲究礼节，举止稳重得体。讲究文明礼貌，是沟通思想，搞好人际关系的重要因素。科级领导应了解和遵循社交场合约定俗成的礼仪习惯。这些看似小事，但可以表现一个科级领导的修养，也可直接或间接地关系到公众对他所代表的组织的看法。举止稳重大方，文雅得体，可以增强科级领导的吸引力、凝聚力和感召力。

第三，谈吐大方，讲话机智幽默。实现科级领导职能的一个重要途径就是讲话。科级领导除了一般社交活动外，主要便是讲话、演说、讨论、交谈、总结和汇报等等。通过这些活动去宣传政策、发动群众、布置工作和组织实施。这些活动的成败如何，很大程度上取决于科级领导的语言表达能力。一场出色的演讲总会感染无数听众，给人以思想启迪、美的享受，科级领导的形象和威信也会随之逐步建立起来。而幽默会使言简意赅的哲理变得奇趣盎然，使人以新的眼光和心态对待人生及工作中的困境和问题。

第四，衣着适时合体。这是指科级领导应以庄重、大方、得体的衣着出现在公众面前和公务活动中，并根据不同场合和对象，选择合适的衣着，给人以愉悦感，从而提高和衬托科级领导的良好形象。

三、科级领导形象塑造的主要途径和艺术

（一）科级领导塑造形象的主要途径

要树立良好的形象，科级领导首先要从自我做起。组织的培养教育、领导和同志们的支持与帮助固然重要，但根本的还是要靠自己在工作、学习和生活中塑造、锤炼。关键是要提升自身的内在素质，来优化科级领导形象。从实践来看，塑造良好形象有以下主要途径。

1. 要有形象意识，提高自我修养

科级领导要自觉增强形象意识，要像珍惜自己的生命那样珍惜自身形象。树立形象意识，贵在坚持。对每个科级领导来说，树立形象意识，都需要刻苦实践，毕生努力，不能时有时无，时强时弱，也不能在这个领导岗位上有，在另一个领导岗位上没有，在这项领导工作中有，在另一项领导工作中没有，工作顺利时有，工作不顺利时没有等等。因此，我们必须切实做到时时、事事、处处都有强烈的形象意识。

2. 要加强学习，不断提高自身素质

科级领导素质是履行职能的基础，是事业发展的关键，是树立良好形象的决定性因素。内在素质决定自身形象，有什么样的内在素质就有什么样的自身形象。提高自身的内在素质，是领导干部树立自身形象的根本前提。在改革开放和市场经济建设中，新情况、新问题、新知识层出不穷，科级领导已有的知识、水平、能力往往产生差距，解决这一问题的办法只能是刻苦学习。

作为一名科级领导应该具有良好的政治、思想、道德、科

技、能力、语言、心理、信念等素质。首先，科级领导要提高自身的思想政治素质。要认真学习马列主义、毛泽东思想和邓小平同志关于建设有中国特色社会主义的理论，提高政治理论水平，运用“三个代表”的思想来从严要求自己，塑造优秀的思想政治品质，始终坚持全心全意为人民服务的根本宗旨。二是要重视学习党和国家制定的新时期的路线、方针、政策和法律、法规，把握工作的前进方向。三是要努力拓宽自己的视野，使自己善于分析世界局势和正确把握时代脉搏。四是要大力培养自己的战略思维能力，使自己善于从实践出发，不断研究解决改革、发展、稳定中的重大问题。其次，科级领导还要努力掌握各种科学文化知识，提高自身的科学文化素质，要坚持不懈地学习社会主义市场经济经济知识、现代科学技术知识、法律知识和其他各方面的知识，努力提高现代知识水平和驾驭市场经济的本领，适应社会主义市场经济发展的需要，使自己成为有知识、懂业务、胜任本职工作的合格的科级领导。

3. 要积极投身于社会实践

实践锻炼，是优化科级领导形象的有效方法。科级领导的良好形象不是自发形成的，而是要亲身实践，在实践中锻炼、成熟。实践出真知，群众是真正的英雄。经常深入实际、深入群众，是非常必要的、有益的。一是有利于促进基层的工作；二是有利于明察下情，防止官僚主义、减少盲目性；三是有利于向基层干部和群众学习，从群众中吸取营养、丰富知识、增长才干。科级领导不断地总结实际工作经验，不断地吸取群众智慧，就能使自己变得聪明，在工作中少走弯路。自身素质的提高和自身形象的改善，不能靠豪言壮语，也不能靠装腔作势，而要靠具体的行动和实践。首先，要时刻注意讲政治，在事关大局、事关政治方向、事关根本原则的问题上，必须始终保持清醒和坚定。这一条，对我们各级领导干部来说都非常重要，不论是做什么工作的，都务必做到这一条，都要做一个政治上的清醒者，切不可做政治上的糊涂虫。其次，要自觉加强党性锻炼，努力改造世界观、人生观、价值观。每一个领导干部都应好好想一想，参加革命是为什么？现在当干部应该做什么？将来身后应该留点什么？对这些问题，要经常想、反复想、深入想。只有把这些问题想清楚了，想正确了，才可能在行动上做到一身正气，堂堂正正。再次，要诚心诚意为人民群众谋利益，始终保持同人民群众的血肉联系。全心全意为人民服务是我们党的根本宗旨，我们的干部一定要牢固树立群众观点。群众最可亲，群众最可敬，只要全心全意为人民服务，群众就会拥护我们。党的各级领导干部，都要立志做大事，不要立志做大官。凡是涉及人民群众利益的事，都是大事，都要认真细致地去做，都要夙兴夜寐地去抓落实。各级领导干部无论在什么岗位上，都要对自己的工作经常加以检查和总结，看看是不是真正符合最广大人民群众的根本利益，符合的就毫不动摇地坚持，不符合的就实事求是地纠正。这样，我们就能永远立于不败之地，我们的党就能永葆旺盛的生机和活力，我们的各级领导干部就能更好地肩负起历史的重任，经得起新的考验，赢得新的胜利。

4. 要以政绩取信于民

邓小平同志指出：“什么叫领导？领导就是服务。领导威信从哪里来？必须为官一任，造福一方，少说空话，为民多办实事。”怎样才能做到为民办实事：一是做到民思我想。办人民群众想办、愿办、欢迎办的事。二是做到民困我帮。切实做好扶贫帮困工作，带领群众走致富之路。三是做到民需我为。时刻考虑群众需求，考虑群众愿望，比如针对社会风气没有根本好转的问题，认真做好维护社会治安工作；办好公益事业，解除群众后顾之忧。四是做到民求我应，不当懒官，不当庸官。努力开拓，尽心尽责为群众排忧解难，尽心尽责为人民服务，以好政绩来赢得好政声。

5. 要接受批评监督，及时纠正缺点和失误

任何高明的领导者，都不是十全十美的，缺点和错误在所难免，问题是有了缺点错误能不能及时认识和纠正。作为对领导干部的批评监督，需要从三个方面着手：一是党组织的批评监督。要把自己置于党组织的领导和监督之下，决不能凌驾于党组织之上，要通过定期召开组织生活会，充分发扬民主，虚心接受批评意见，认真总结经验教训，及时进行反思。二是群众的批评监督。要经常诚心诚意地听取群众的批评意见，每项决策出台前后，都要听取群众的反映，凡是正确的意见和建议都应虚心接受，片面的、不恰当的批评意见也应耐心听取。三是舆论的批评监督。要发挥舆论的监督作用，对舆论监督，做到不扣帽子，不打棍子，有则改之。同时还要积极支持纪检（监察）机关及审计、督查等部门的检查与监督。以上虽然说是对各级领导干部进行批评监督的基本要求，但作为科级领导更应当做到率先垂范。

（二）科级领导形象塑造的艺术

科级领导形象的塑造，必须从其自身的特点出发，去探求科级领导形象塑造的规律。科级领导形象塑造的艺术主要有以下几方面。

1. 自我塑造艺术

自我塑造是科级领导形象塑造最重要最基本的内容，是核心问题，是产生领导影响力和凝聚力的前提。它不仅直接影响了某个科级领导的形象和声誉，而且势必影响整个领导干部队伍的形象和声誉，进而影响党风和社会风气，影响执政党的威望。故此，科级领导在自我塑造过程中，应保持谦虚谨慎，戒骄戒躁的作风，不断提高品行修养、文化知识和工作能力，这是一个永无止境的修炼过程。由此可见，科级领导形象首先是自我塑造的结果。

2. 群体塑造艺术

科级领导形象的群体塑造包含了两层含义：一是从科级领导

构成方面看，对某一具体科级领导团体而言，科级领导是一个执行决策的领导集体，一个模范集体，他们承担着承上启下的职能，他们是贯彻党的方针政策最直接、最重要的环节。从这个意义上说，科级领导形象的塑造是群体塑造，是科级领导集体共同努力所形成的。二是从科级领导形象所影响的范围来看，一个单位就是一个团体，而科级领导工作不外乎出主意、用人两件大事。群众对领导行为极为敏感，“上行下效”，“身教重于言教”，“领导的行为是无声的命令”，“群众看干部，干部看领导”，以及“上梁不正下梁歪”等等都是从正反两方面说明领导形象的自身效用对群众及其左右的影响。一个单位的领导，如果群体塑造的好，则就有吸引力、凝聚力和战斗力，就会呈现出一派和睦团结，蓬勃向上的正气，人们对这个单位领导的评价就高。所以，领导在群众中的形象如何，是评价和检验一个领导得失成败，衡量领导班子战斗力强弱的试金石。可见，领导形象是群体塑造的结果。

3. **社会塑造艺术**

领导形象的社会塑造是社会意义上的内容，包括领导与单位之间的上下左右广泛的关系。人是领导服务的直接主体，而社会则是领导服务的客体。领导效用如何，主要取决于社会效益。如果说单位群体是社会的“细胞”，那么，单位领导则是社会的“细胞核”。因此，领导形象的塑造还必须提高到社会意义的高度上来完成。这就像是人物雕塑定型之前，需要认真细致地作一番全面、系统、综合、协调的努力才能趋于完成。可见，任何事物都只有反复经过社会这一大熔炉的锻炼、实践和检验，才能对社会有所作用。

总而言之，领导形象的自我塑造、群体塑造和社会塑造是一个过程的三个方面的内容，它们三者在领导过程中是同时进行的，互相渗透的，互相影响的，有机统一的。是一个征服自我，取信群众，走向社会，逐步深化和完善的渐进过程。领导形象的重要性主要就在于领导通过领导形象来感染人、启迪人、教育人，这是发挥领导影响力和取得领导绩效的前提条件，它必将同艺术形象一样发挥着重大的作用。

案　例

办公室的王科长到了该退休的年龄，局里找他谈话，希望由部门内部推荐出一名工作能力强、有热情、有责任感的年轻干部担任科级领导。征求了科里同志们的意见，大家的意见都比较集中在小郑和小商的身上，这与王科长的想法不谋而合。可是，这又让王科长拿不定主意。

小郑和小商是大学的同班同学，大学时都是学生干部，学习成绩也都很优秀，不相上下。当初两人考录到这个科室，王科长一直重点培养他们。两个人从参加工作以来，在工作上也非常努力，工作业绩是科里最突出的。从两人中选一个，确实难以取舍。

两个人最大的不同点恐怕就在外表形象和性格上。小郑性格比较内向，为人谨慎，不善言辞，工作上一丝不苟，什么事情都严格按照规章制度执行。平时衣着很朴素，很少修饰自己，也不太喜欢与其他科室的同志接触，少言寡语，但工作中办事周密，无论事情多么复杂、繁琐，从不出半点纰漏。小商正好相反，性格外向，思想活跃，工作起来很有热情，经常提出一些新的方式、方法，被王科长采用后效果确实很好。小商观念时尚，很注重修饰自己，非常精神，显得活力十足。而且，小商的语言表达能力很强，知识面又比较广，所以他与单位的同志都很熟，许多事情由他出面去协调，往往收到事半功倍的效果。但小商爱与同事们开玩笑，在工作上有时不太细心，王科长总是帮他补台。

如果你是王科长，请帮他出出主意，你认为应该提拔谁当科级领导比较合适，为什么？

思考题

1. 什么是形象塑造？科级领导形象塑造的必要性是什么？
2. 科级领导者塑造形象主要包括哪些内容？
3. 科级领导塑造形象的主要途径和艺术有哪些？

第十三章 科级领导的用人能力

人才资源是第一资源，人才问题是关系党和国家发展的关键问题。因此，“用人”始终是与科级领导的领导活动相依相伴的，科级领导的领导活动有效与否，往往是从用人得失中得到印证和检验。

邓小平同志指出：“善于发现人才，团结人才，使用人才，是领导者成熟的主要标志之一”。科级领导作为科级部门的负责人活跃于现代生活和群众之中，人们从不同角度、不同尺度衡量和检验他们。看他们的政治觉悟，看他们的思想作风，看他们的工作能力等等，这些都很重要。但是，最重要最根本的却是应当看他们对待知识和人才的态度。这不但是衡量科级领导觉悟高低的标志，也是检验科级领导能力和水平高低的标志。一个科级领导无论他有多大能力，如果不能发现人才、团结人才、培养人才和使用人才，就可以说他缺少作为科级领导的基本能力，事实上他也绝不可能成为一个高明的高水平的科级领导。因此，科级领导作为领导者一定要有“人才为本”的理念，为选人、用人奠定雄厚的组织基础。

一、科级领导要有科学的人才观

科级领导的用人能力是指科级领导用好人才的能力，

科级领导要用好人才首先要有科学的人才观，在树立科学的人才观方面，科级领导应注意解决好以下几个问题。

（一）全面看人才

作为科级领导选才不可求全责备，识才应该力求全面。因为人生活在复杂的环境中，扮演着不同的社会角色，所以表现出来的特质和个性也是丰富多彩的。只有全方位、多视角地观察分析，才能获得对一个人整体、全面、正确的认识。因此，考察和识别人才，一定要全面了解和把握。既要看他的正面，又要看他的反面；既要了解他的德勤表现，又要了解他的能绩状况；既要了解他的长处，又要了解他的短处；既要了解他在某一方面的优缺点，又要掌握他在其他方面的优缺点；既要看他的现在，又要看他的过去；既要看他的本身，又要看他与周围事物的联系。只有在全面认识一个人的素质和表现的基础上，才能分清主次，把握本质，做出客观的评价。

（二）发展看人才

世界上万事万物都是发展变化的，人才的成长也是这样。任何一个人，其思想境界、性格作风、学识水平、专业能力，都在随着环境的变化和自身的努力而不断变化。有的百尺竿头节节高，小才长成大才；有的则台阶往下步步低，由少年得志变为江郎才尽。“试玉要烧三日满，辨才须待七年期”，“士别三日，则当刮目相看”，这些古代的箴言都告诉我们：识才不是一蹴而就的事情，需要放长眼光，从发展中去考察，在动态中去把握。

从上面的事例中可以清楚地看出，用静止、孤立的观点看待人，会把活人看成“死人”。只有在发展中看人，才能真正做到知人善任。用发展的观点看人，就是要着眼未来，看重人才的发展潜力，注重人才的可塑性。人都处在不断地变化发展之中，过去表现优秀，并不能说明其今后表现也优秀；现在表现平平，并不能说他终身平平；以前犯过错误，并不表示以后一定会犯错误；现在不成熟，并不表明将来永远不成熟；现在不行，并不能说这个人终身不行。

每个人都具备一定的基本素质，具有一定的发展潜力，通过采取有效的组织措施，进一步加强培养锻炼，就一定会快速成长起来。如果对一个人过早地、草率地下结论，用静止的观点看人，就会打击人才的积极性，限制人才的发展，最终埋没人才。科级领导要善于根据这些素质识别人才，这就要求具有一种特殊的或者说是近乎于潜意识的洞察力，具有伯乐相马的非凡本领，别人识别不了的千里马，他识得出来，其洞察力就在于他能根据马的外貌、脾气、筋骨以及鞭策后的反应等，看其是否具备千里马的素质。人的素质不会是一成不变的，它会随着人的年龄的老化，生理机能的衰退而减弱，也会随着人的实践锻炼和自我造就而增强，或者形成新的素质。科级领导要善于从人才的现有状态看发展，从潜在的素质看趋势。

（三）辩证看人才

任何事物都是互相对立又互相依存的矛盾统一体。人往往也是优缺点的统一体。世上没有完人，每个人都会有不足。关键是科级领导作为领导者在识才时一定要看清人的长处、短处，扬长避短，把握主流。人的优缺点是可以转化的，如果善于识才，并做到才为我所用，越突出的才能会带来越大的绩效；反之，如果不善于识才用才，其才越大，对自己和社会事业的损失则越大。另外，若被竞争对手所用，则对自己事业的危害更大。

“金无足赤，人无完人”。鲁迅先生曾说，倘要完全的书，天下可读的书怕要绝无；倘要完全的人，天下配活的人也就有限。陈云同志也指出，一个人的长处里同时也包括某些缺点，短处里同时也包含着某些优点。优点和缺点往往相辅相成，有的人很有本事，就可能有些“骄傲”；有的人小心谨慎，就可能有些懦弱无能；有的人办事很果断，就可能有些“主观”；有的人勇于创新，就可能有些不够稳重；有的人喜欢做事务性的工作，就可能不爱学习；有些人善于搞宣传鼓动，就可能不太扎实等等，优点和缺点往往是相互联系、相互依存的。

清代思想家魏源指出：“不知人之短，不知人之长，不知人长中之短，不知人短中之长，则不可以用人，不可以教人。”因此，科级领导识人既要看其长处，又要看其短处，通过长处与短处的比较，看哪些是主流，哪些是起主导作用的因素。如果一味吹毛求疵，寻求十全十美的完人，那他将什么人也看不中，什么人也不敢用，最终也必然一事无成。

当然，辩证看人才，不光要看清人才的主流，还要善于识别人才之“才”本身的相对性。有些“才”在这个地方是“才”，在那个地方可能就不是；有些过去算作“才”，现在则未必。因此，我们要善于以辩证的眼光加以区分。

（四）客观看人才

识才的过程，也是对领导者用人能力的检验过程。领导者识才过程不可避免地要带有主观成分，不同的领导者看人往往会得出不同甚至完全相反的结论，原因就在于领导者看待人才的角度、对人才了解的程度以及个人感情的好恶是不同的。因此，科级领导作为领导者要尽量树立客观公正的态度，才能真正了解人，正确评价人，不至于对人才形成歪曲的印象。要做到客观公正，必须出于公心。心至公，则内不受感情所左右，外不受他人所干扰。心平而正，量人则准。

心公则平，其心如秤，不偏轻重方能公平衡德量才，实事求是地评估人，为用人提供正确的根据。如此则能用当其人，有利于事业。无数的事实说明，凡能知人用人者，都因其心至公。“公生明”，只有做到公正无私，才能明辨是非。出于私心，往往会颠倒贤佞，不可能正确评估人。科级领导作为领导者识人，一定要从事业出发，摒弃个人恩怨、私人利益，不带任何偏见，客观公正地看待每一个人。

二、科级领导选拔人才的能力

江泽民同志《在庆祝中国共产党成立八十周年大会上的讲话》指出："时代在前进，世界在发展，党和国家对各方面人才的需求必然越来越大。要抓紧做好培养、吸引和做好各方面人才的工作。进一步在全党全社会形成尊重知识、尊重人才、促进优秀人才脱颖而出的良好风气。领导干部要有识才的慧眼、用才的气魄、爱才的感情、聚才的方法，知人善任，广纳群贤。要用崇高的理想、高尚的精神引导和激励各种人才为国家为人民建功立业，同时要关心和信任他们，尽力为他们创造良好的工作条件。加快建立有利于留住人才和人尽其才的收入分配机制，从制度上保证各类人才得到与他们的劳动和贡献相适应的报酬。通过各项工作，努力开创人才辈出的局面。"① 江泽民同志的这段讲话，不仅深刻阐明了人才资源开发和管理的重要意义，同时还具体地为各级领导如何搞好人才资源的开发和管理指明了方向。

（一）科级领导必须坚持德才兼备的选人标准

毛泽东同志说过，政治路线确定之后，干部就是决定的因素。因此，我们党在领导中国人民进行革命和建设的过程中，历来都十分重视干部队伍的建设和干部选拔任用标准的建立。始终坚持德才兼备的用人标准，并根据不同时期的具体情况，不断地赋予其新的内容。

党的十一届三中全会以后，全党工作重心转移到经济建设上

---

① 江泽民：《在庆祝中国共产党成立八十周年大会上的讲话》2001 年 7 月 1 日，《论"三个代表"》，第 174 页。

来。根据“一个中心、两个基本点”的基本路线，我们党制定和完善了新时期的组织路线，即党的组织工作要为改革开放和经济建设服务，要打破老框框，勇于改革不合时宜的组织制度、人事制度。培养“有理想、有道德、有文化、有纪律”的“四有”人才，把人民群众公认是坚持党的基本路线、业绩突出、德才兼备的人才选拔到各级领导岗位上来；要坚持“革命化、年轻化、知识化、专业化”的“四化”方针，坚持“三支队伍一起抓”的方针，努力建设一支适应现代化建设需要的高素质的干部队伍。在人才标准上，概括地说，就是德才兼备、业绩突出、群众公认这三条。在新的历史时期，干部的“德才”内涵发生了新的变化。比如，在“德”的方面，不仅要求坚决执行党的基本路线，党性坚强，有强烈的事业心和责任感，而且要求严守党纪，遵守法律，勤政廉政，有强烈的开拓创新意识和拚搏进取精神。在“才”的方面，不仅要具备基本的领导科学知识、管理知识，而且要求掌握现代科学技术知识、法律知识、经济知识，不断提高领导和驾驭经济工作的能力，成为胜任本职工作的内行。这些新的要求，是与建立和完善社会主义市场经济体制的目标相适应的，也是新时期选拔任用干部必须坚持的标准和条件。

社会在发展，历史在进步，用人标准的具体内容也必须相应地更新。当前，我国社会主义现代化建设已经步入关键时期，改革能不能顺利推进，发展能不能稳步坚持，国家能不能长治久安，关键在党，关键在人。因此，必须用新的德才标准培养选拔人才，为实现新世纪的发展目标提供强有力的人才保证。

在新的德才要求中，德的内容包括：政治品德、思想品德、职业道德、伦理道德等。“德”的核心是政治品德。政治品德是指一个人的世界观以及建立在这个世界观基础之上的政治立场。在新时期具体表现为认真执行党的路线、方针、政策，坚持四项基本原则，坚决反对各种错误思潮和政治倾向，在政治上、思想上、行动上自觉与党中央保持一致，时刻维护国家和民族的利益，为共产主义事业奋斗终身。“德”的内容还包括职业道德，即：热爱事业，忠于职守，勤政廉政，奉公守法等。“德”还包括思想意识方面的内容。新时期的各类人才不仅要敢于坚持真理，反对谬误，虚怀若谷，宽厚待人，不图名利，公而忘私，联系群众，谦虚谨慎，而且要不断强化改革意识、竞争意识、大局意识、创新意识，始终保持良好的精神状态，全身心地投入到改革开放的伟大事业中来。“德”的要求，还包括带头发扬家庭美德，遵守社会公德，等等。

“才”是对人才本领的高度概括。其主要内容是见识能力、专业能力和知识结构。见识能力是指人才对事物本质的识别能力和对事物发展规律的揭示能力。有人曾对几十名得到社会承认的拔尖人才进行了剖析，发现他们中的有些人在知识和专业才能方面，仅具有中等水平，但在见识能力方面，却比同一层次的其他人员高得多。显然，一个人能够发挥自己的才能，关键在于他是否具有超群的见识能力。衡量新时期人才的见识水平，主要鉴别他是否能高瞻远瞩和具有非凡胆识。新时期的人才必须具备过人的见识，要善于观察和分析问题，看准时代发展的方向，能够驾驭各种局势，会审时度势，抓住机遇；要具有远见卓识，对当前问题能够正确辨析，对未来的态势能够及时预见，对复杂的事物运动规律能够洞察清楚；要敢于拿出自己的主见，敢于决断事理，敢冒风险，进行科学民主决策。

专业能力是指一般能力之外的专业特长。现代新型人才不仅要具备较强的判断能力、思维能力、学习能力、表达能力、公关能力、适应能力、引领能力等，还要有适应本职工作的专门能力。比如，领导人才必备的领导能力，就包括科学判断形势的能力、驾驭市场经济的能力、应对复杂局面的能力、依法执政的能力、总揽全局的能力等。专业能力对于人才发挥自己的作用至关重要。如果说见识能力起激发、萌生、控制、指向作用，那么专业能力就起着促成最终目标实现的作用。专业才能出众的人才，其工作效率更高，支持者更多，工作阻力更小，获取的效益更高。因此，在考评人才素质时，要特别重视其专业能力。

知识结构是指人才的知识构成。形成合理的知识结构，要正确处理好"精"与"博"的关系。"博"是知识结构的基础，"精"是知识结构的核心。因此，既要善于获取广博的知识，又要及时更新专业知识，达到提升知识结构的目的。衡量人才的知识水平，要正确处理文凭与水平的关系。学历在一定程度上反映了人才受教育的程度，一定学历是人才向高层次攀登的基础。但是，文凭也并非通向成功的唯一天梯。相反，有很多没有机会接受高等教育的人，通过自学和艰苦实践，同样成为杰出的人才。因此，选人时既要重视文凭，更要看重水平。

（二）科级领导必须坚持在多数人中选人才

确立什么样的选才观，是一个至关重要的问题。邓小平同志曾经讲过："选拔干部，选拔人才，只要选的好，选的准，我们的事业就大有希望。"选才观是现代领导者人才观的重要组成部分，只有懂得如何选拔人才，才能更及时地发现和更有效地汇集各方面的人才，才谈得上使用好人才。

选拔人才，关键是要树立科学的选才观。要通过不断地解放思想、更新观念、积极探索，努力创建一种顺应时代潮流、顺应民心，能体现公开、公正、公平、竞争、择优等现代精神的人才选拔机制。建立并运用好这样一种机制，首先要求领导者必须树立开放的选才观。

树立开放的选才观，当前着重要解决的是"由多数人选人才"和"在多数人中选人才"的问题。在多数人中选人才，就是要注意在各个方面、各个层次、各个类别的人群中选人才，要敢于打破出身、资历、身份等界限，在坚持从各级干部中选拔人才的同时，也注意从工人、农民、知识分子和其他行业的优秀劳动者中选拔优秀人才。只有拓宽选才的视野，才能广纳五湖四海的贤才。由多数人选人才，就是领导者在选人上，要注意充分听取群众意见，树立群众观念。树立群众观念，必须不断扩大群众参与的范围。一般来讲，群众参与面越广，群众公认程度就越高，选拔人才的准确率也就越高。在群众推荐、民主测评、民主评议、考察座谈等诸多环节中，不能仅仅局限于领导及领导身边的“群众”参加，更应充分听取基层群众的意见。要确实把群众的呼声作为选人用人的第一信号。对在推荐和测评中大多数群众不满意、不同意的人选，坚决不能任用。

树立群众观念，就必须不断拓宽群众参与的有效途径。要进一步完善干部任前公示制度，逐步建立民意调查制度和民意采集制度，并在一定范围内推行民意测评制度，进一步完善民主选举制度，逐步扩大基层直接选举的范围，进一步推行公开选拔人才的制度，逐步规范个人自荐、组织推荐程序，切实尊重群众的意见，保护公平竞争。

作为科级领导者更要树立科学选才观和牢固的群众观，一方面有义务协助上级领导选好人才，积极反馈群众的意见；另一方面又要直接参与选才工作，尊重多数群众的意见，按多数群众的意见办事。并注意细致地进行考察，分清是非，主张正义，弘扬正气，坚持走群众路线，从多数人中选好人才。

三、科级领导集聚人才的能力

集聚人才是用好人才的基础和保证，聚才能力是科级领导用人能力的重要内容，为了更好地集聚人才，科级领导作为领导者必须解决好如下几个问题。

（一）学会尊重下属

自尊之心，人皆有之。科级领导作为领导者，应该充分考虑到下属的这种心理需要，真心诚意、不掺半点虚伪地尊重他们。

这是科级领导能留住人才的重要前提。

尊重人才的人格。对人格的尊重往往表现为运用权力时的慎重与理智。经验证明，当一个人的理性因素占上风时，就能够尊重事实，善于逻辑推理，得出较客观的结论。而当其情绪因素占上风时，就会失去理智，无视事实，看问题时会产生较大的偏见。因此在与下属的交往中，科级领导要保持冷静、理智。当下属对你布置的工作不上心时，不搞强迫命令，而是耐心开导；当工作上不去时，不是埋怨。而是多加具体帮助；当工作有过失时，不是当众训斥。而是主动承揽责任；当下属对你有意见时，不记恨，注重感化，真正在上下级之间创造一种亲切、融洽、无拘无束的伙伴气氛。这样，作为被领导者的下属就会感到你真诚可亲，值得信赖和依靠。相反，如果你总是摆出一副领导的架子，采取一种居高临下的态度，即使你的道理全对，也不能使人心悦诚服，甚至会引起逆反心理。

尊重下属的意见。工作中，对作为下属的正确意见要尽量采纳；当下属的意见瑜瑕参半时，要充分肯定其正确的部分；下级的意见只有在非常明显地错了时，才予以否定，但也要平心静气地说明道理。特别是下属对自己提出意见的时候，要有一种“闻过则喜，从谏如流”的态度，切不可耿耿于怀，挟嫌报复，甚至粗暴地以言治罪，有些科级领导自信心、好胜心很强，只按自己狭窄的视野、固有的定势、有限的知识和经验决定问题。对下属的意见，凡是不符合自己口味的和自己不懂的，或者没有听说过的，都漠然置之，甚至藐视、排斥。这是十分有害的。

尊重下属的权限。各级干部都有各自明确的职责范围，在这个范围内尽职尽责地完成工作，本人会感到快慰。因此，科级领导在给下属布置工作时责任要清楚，权限要明确，不要随意干预或代替他们干职责内的工作；既严格要求，又充分信任，才能充分发挥他们的主动性、创造性。如果不放心、不放手、不放权，事必躬亲，事无巨细，越俎代庖，大包大揽，不仅受累不讨好，而且会助长他们的依赖、推托、扯皮的思想和作风，还会因为压抑和窒息他们的聪明才智而招致不满，挫伤其积极性。放手让下属工作，给予信任、鼓励和必要的指导，其结果必然会形成一个有效的工作系统，使所有人的聪明才智都能得到充分发挥。

尊重下属的创造精神。在某种意义上，尊重下属主要体现为爱护下属的积极性和创造精神。这种爱护首先表现在为下属创造一个良好的工作环境和外部条件，使他们的聪明才智得以充分发挥。积极性和创造性的发挥与客观环境关系极大。有的科级领导喜欢自己的下属是传统保守型的人，认为思想活跃、对新事物敏感的人不安分守己，是本组织的不稳定因素。这样，势必挫伤以至扼杀下属的创造精神。当前要特别注意支持和保护那些思想解放、锐意改革的闯将，做到不为谗言所移，不以好恶分彼此，不因小过裁大将，而应甘当人梯，表现出伯乐风范。在下属中，要建立竞争机制，让"红杏出墙"。通过放马南山，天然竞逐，优胜劣汰，让下属各领风骚，齐展雄才。

尊重下属的劳动。尊重，还表现为尊重他人的劳动。一件工作、一项任务完成以后，科级领导要充分肯定下属为此付出的努力，把成绩讲足，客观分析他们的失误，把问题讲透。这样其工作得到承认，不足也得到指点，就会在以后的工作中扬长避短，提高自己。特别需要注意的是，对那些勤恳工作、超负荷运转和善于创新、勇于开拓的同志要格外爱护。在一般情况下，他们的失误可能多些，引起的议论可能多一些。对这些同志就更需要尊重、关心和理解。对他们的创见和贡献要大张旗鼓地表彰；对他们的偶然失误，要分析原因，共同担负责任，决不可过分渲染，使这些同志有委屈感，更不能揽功诿过，伤了下属的心。

一个人付出劳动，做出了贡献，可以从国家和社会获得不同的奖励。报酬有两种，一种是物质上的，如工资待遇、物质奖励等；一种是精神上的，如称号、荣誉等。两种奖励都很重要，但对于许多人来讲，在一定的物质条件下，他们更重视精神上的。

有时他们最想得到的，并不是经济待遇和物资奖励，而是理解、关心、友爱、尊重等感情上的需要，往往视声誉比金钱更重要。只有把物质利益和精神鼓励有机巧妙地结合起来，才能产生巨大的动力。

（二）适时启用人才

有经验的科级领导都有这样一个切身体会：用人行为的发展演变过程，十分复杂，但在许多时候，他并不能随心所欲地使用下属。在将用人认识转变为用人行为，最终实现自己的用人目标的过程中，科级领导的用人抉择，往往要受到许多内外在因素的制约和影响。为此，科级领导作为一个对下属负责任的领导者，就必须十分珍惜每一次极其宝贵的用人契机，尽可能在契机降临之际，适时启用那些德才皆优、实绩卓著的优秀下属。这种适时捕捉用人机遇，果断启用已经成熟的优秀人才的用人艺术，叫做适时启用艺术。

所谓启用人才的恰当时机，应该符合以下两个条件：第一，能够最充分利用他的最佳时期，使人才在精力最充沛、才华最横溢的时期，为国家和人民做出尽可能多的贡献；第二，对其健康成长最为有利，能够产生激励作用，促其成才。只有在这样的时刻，大胆地、及时地将人才选拔到重要的岗位上来，才算准确捕捉到了恰当的时机，用当其时。

按照上述原则，我们不难看出，适时启用，有两个明显好处。第一，能够充分利用人才的最佳时期，避免造成无形的人才浪费。一个人才基本成熟了，应该及时委以重用。假如每个人才的最佳时期，大约有15年至25年，那么我们在他基本成熟的时候，就应及时启用他，他就能将自己的全部最佳时期，都用来从事更重要、更有价值的实践活动；反之，如果我们行动迟缓，举棋不定，直到他过了峰值年龄才勉强启用他，显而易见，他能够用于从事重要工作的最佳时期，就所剩无几了。由此观之，前后两种启用，尽管没有超出人才的最佳年龄区，然而，人才能够发挥的人才效能，以及他为社会做出的贡献大小，是大不一样的。所以人才学界一致认为，启用人才的恰当时机，就是他基本成熟的时候。以领导人才为例，在正常情况下，一个大学本科毕业生，经过五、六年实践锻炼，只要他属于党政管理型或技术管理型的人才，在德才素质方面已经趋于成熟，大约到了 30 岁，组织上就应该及时启用他，当然最初可以将他安排在低层次的领导岗位上，经过一段时期的锻炼培养，再视具体情况，逐级往上提升。这样做，不仅能使他尽早得到实践锻炼，尽快提高领导才能，而且还可以避免造成无形的、难以测算的人才浪费。

适时启用的第二个好处，就是能对人才产生有效的激励作用，促其更加勤奋，更加刻苦地自觉成才。在组织人事实践中，我们经常可以遇到下列对比强烈的人才现象：每当组织上找选拔对象谈话时，倘若选拔对象是一个二三十岁的青年干部，他就会表现为感激涕零，将组织上的委任，视作是对自己的充分信赖，当即坚决表示，决不辜负上级的期望，一定好好干；倘若选拔对象是一个 40 多岁的中年干部，情况就稍有不同，尽管他出于政治上的成熟和理智上的抑制，也可能向组织上作一番感激、谦虚的表白，然而从他的神情和态度上，却可以明显看出，他在内心深处，并没有因为组织上的委任，而引起什么感情震动，至多不过认为，这是合乎情理的事情，甚至还会认为，论他的资历、能力和贡献，早就应该担任这一职务了；倘若选拔对象是一个 50 多岁的老同志，情况就更为不同，他肯定不会将组织上的委任，视作是对自己的充分信任和最大激励，而只能看作是对自己的一种照顾和安慰。上述三种截然不同的人才现象，充分说明了一个浅显的道理：只有在风华正茂的成熟时期，及时启用那些立志高远、前途无量的中青年人才，才可能对他们产生强烈的激励作用，促其更好更快地成才。

（三）重赏优秀人才

俗话说：重赏之下必有“勇夫”。在特定条件下，领导为了完成某项难度较高的任务，或者为引进某些紧缺人才，不得不以十分优厚的物质待遇，吸引一些身怀绝技的人才投奔到自己的麾下工作。

按照传统的用人观念，依靠重赏这种特殊手段来招聘人才，收买“勇夫”，实乃一种不得已而为之的“不体面”的方法。因为至少从形式上看，重赏“勇夫”，很像领导与被使用对象之间达成的一宗物质交易；我给你重赏，你为我效劳。双方既没有牢固的思想基础，又缺乏长期的维系手段。一旦任务完成了，赏金付清了，双方就可以分道扬镳，各奔东西。为此，有些古板的领导者对此很有点不屑一顾。

然而，这些领导者大概不知道，在任何时代，任何社会，重赏“勇夫”这一用人艺术，从来就没有被各级领导放弃过。无论是在生死存亡的危难时期，还是在急剧动荡的变革时期，也无论是在改朝换代的非常时期，还是在政通人和的发展时期，作为一种十分重要的用人艺术，他为顺利实现领导者制定的各种管理目标，做出了难以估量的卓越贡献。

鉴于此，现代用人理论，依然将重赏“勇夫”这一用人艺术，视为十分重要的、具有较高应用价值的用人艺术。在具体运用中，重赏“勇夫”这一用人艺术，通常具有以下三个特点：

一是收效快，应急性强。在紧急情况下，往往能在很短时间内，物色到最急需的人才。

二是手段灵活，形式多样。选用人才，即可以达成一次性的雇用协议，又可以办理长期性的工作调动手续，还可以采用其他多种变通方式，尽快将人才“抢”到手。

三是以才取人，讲究实用。由于此类用人行为，属于应急性质的利用，起码在用人的最初阶段，只能利用，不能重用，因为在选用“勇夫”时，势必放宽选人的标准，着重选其才而不必过分计较其德。只要被选上的“勇夫”，道德上没有明显的毛病，不至于影响到对他的才能的充分利用，领导者就敢于拿来使用。以上三个特点，决定了重赏“勇夫”这一用人艺术，在特定条件下是可取的，颇有实用价值的。

四、科级领导使用人才的能力

爱才、识才、求才都是为了用才。用人要有魄力，要有胆略，要有海量。科级领导的用人方略，概括起来就是实行十六字原则：“用才之能，容才之量，护才之胆，举才之德”。

（一）用才之能

用人要诀在于用其长、避其短。“骏马能历险，力田不如牛；坚车能载重，渡河不如舟；舍长以就短，智者难为谋；生才贵适用，慎勿多苛求。”这是清朝诗人顾嗣一首题为《杂兴》的诗。他形象地说明对人才的使用，要力争用当其才。孙中山先生说：“人能尽其才，则百事兴。”本来是个人才，如果用的不是地方，那可能变成“庸人”、“蠢才”。世界上很难找到全才，只能找到适合某一项工作的人才。所以，科级领导用人最重要的是要考虑：这个干部的长处是什么？他能做得最好的工作是什么？你给予他的职务应该是最能刺激他发挥自己优势的职务。既然要用其所长，科级领导作为领导者必须看到人皆有所长。有的雄才伟略，既有战略眼光，又有组织才能，应放在决策中心担任领导工作；有的思维活跃，知识面广，综合能力强，既有真知灼见，又能秉公直言，这是优秀的智囊人才；有的铁面无私，耿直公正，循规蹈矩，联系群众，让他做监督工作，定可做出一流的成绩；有的对领导意图心领神会，对领导的批示忠实执行，埋头苦干，任劳任怨，这类同志是难得的执行人才……如此等等。各种人才应该各得其位。如果让优秀的智囊人才当执行人员，必然“犯上多事”；反之，如果让执行人才去当智囊，难免“滥竽充数”。

用人要明责授权。国外管理界有句行话：“有责无权难成事”把权分给敢于负责的下属，对人尽其才，对提高效能，是必不可少的。古人云：“非得贤难，用之难；非用之难，任之难也。”其道理就在于此。科级领导作为领导者容易犯的毛病是：想用他，又不放心，一怕他不能胜任，二怕他不服管。这些疑虑都是不对的。疑人不用，用人不疑。对于有才能的人，应该敢于授权。既是人才，即使常有顶撞，但他总是能识大体，顾全局。因此，对信任他的领导总是真正忠实的。趋炎附势的人，平时百依百顺，貌似忠实，但一遇风转浪急，必生变异。总之，要把目标、任务、权力和责任四位一体地授予合适的下属，充分信任他们，放手让他们工作，这是科级领导作为领导者应有的风格。

（二）容才之量

用才不易，容才更难。在现实生活中我们常常见到一些领导者，身边虽是人才济济，但矛盾重重，关系紧张，最后不是将人才调离，就是人才拂袖而去。人才虽有所长，也必有缺点。而且常常是优点越突出，其缺点也越突出。恃才自傲是人才的通病。大才者常不拘小节，异才者常性情古怪，人才与人才之间还常有各种矛盾，等等。因此，科级领导作为领导者既要用其所长，就要善于容纳他的弱点。科级领导要有宽大的胸怀，才能像磁石一样，把各类富有才能的人才，紧紧吸引在自己的周围，为总体目标而有效地运转。科级领导要容得下比自己才能高的人才。有的人则容不得比自己能干的人，这必然使本单位人员的素质越来越低，使事业受到损失。我们应向汉朝刘邦学习，刘邦之所以战胜了项羽，就在于他重用了在某方面分别比他强的“三杰”。美国有个著名的企业家卡耐基，由于他很善于用能力比他强的人，使得他的企业迅猛发展。他死后，有人在他的墓碑上写了如下的碑文："一位知道选用比他本人能力更强而来为他工作的人，安息于此。"

科级领导作为领导者还应正确对待那些曾经反对过自己或同自己意见不一致的人才，主动团结他们并予以重用。有的科级领导用人往往以别人对自己的态度划线。对自己奉承者，无才也是有才；对自己批评指责者，有才也是无才。社会上流传着这么两句挖苦这类领导者的顺口溜："说你行，不行也行；说你不行，你行也不行。"这是"任人唯亲"的不正之风。北宋政治家范仲淹称赞诸葛亮说："史称诸葛亮能用度外之人。用人者莫不欲尽天下之才，常患近已之好恶而不自知也。能用度外之人，然后能成大事。""能用度外之人"，就是能够启用跟自己疏远的人，这样才能成就一番事业。如果自己身边尽是一些迎合自己好恶、吹牛拍马的人，那就容易犯主观主义、官僚主义和封建家长式领导作风的毛病。张闻天在《论待人接物问题》一文中写道："事实上，那些善于恭维自己、奉承自己、拍自己马屁的人，正是那些最容易把事情弄坏的人。而那些能够经常指出与批评自己缺点的人，却是对于事情最有帮助的人，最可贵的人。"因此，热衷于搞裙带关系，搞宗派主义的领导者，是违背党的用人原则的。

在有的情况下，一个心胸狭窄的领导者耿耿于怀的并不是人才的缺点，而是人才的优点。既是人才，必有真知灼见，并对自己的见解充满自信心，不肯对领导者随意附和，而往往固执己见。既是人才，忙于求知干事，必无时间去搞人际关系，可能会不顾领导者的情面、不分场合秉公直言。所有这些使个别领导者斥之为"骄傲自满"，"目无领导"。这种领导者既是无容才之量，也是无爱才之心。

当然，容才之量不是说让人才放任自流，对其缺点不批评，不给予诚恳的帮助，这不是真正的容才，也不是真正的爱才。人才的缺点不仅会影响管理效能，也会影响到人才才能的发挥。帮助人才成长要讲究方式，动之以情，晓之以理，这是优秀科级领导者容才之道。

（三）护才之胆

既是人才，他总是不和于俗、真知灼见。因此，他与某些群众之间有时会发生一些“对立”，会给同级或群众带来某种“管理压力”，容易产生对立心理。而一些才疏学浅的人，也难免有妒才的心理。此外，人才本身也有缺点，决非无懈可击，如此等等。在这种情况下，一个科级领导应挺身而出，力排众议，保护好人才，做到用人不疑。一要对谗言不予相信，头脑保持冷静；二要教育谗言者；三要通过调查研究，弄清事实后，对人才做好思想工作，使其安心工作。

（四）举才之德

下属的才干与所处的岗位不适合是常有的事。即使当初适合，随着客观情况的变化，随着人才在实践中才干的增长，都可能变得不适合了。甚至下属的才干超过科级领导也是常有的事。在这种情况下，科级领导应有举荐人才的美德。这不仅对国家和人民的事业有利，对发挥领导功能也有利。如果埋没了人才，即使人才本人十分顺从，没有怀才不遇的情绪，广大群众也会“事不平，有人鸣”的。因此，科级领导应有举才之德。

邓小平同志在 1980 年就语重心长地指出：“老干部要把选拔和培养中青年干部，作为第一位的庄严职责。别的工作做不好，固然要作自我批评，这项工作做不好，就要犯历史性的大错误。”科级领导作为领导者应坚持履行这个第一位的庄严职责。具体而言，就是要加强年轻干部上岗后的培养和管理。科级领导作为领导者不能以为把年轻干部推上领导岗位之后就万事大吉了，还有一个传帮带的重要责任。一是上岗前辅导，指引其上路。对新上岗的年轻干部要明确提出角色的素质要求、工作要求和具体职责，帮助他们分析自己的优势和不足，指出今后工作中要注意的问题，减少失误，要帮助他们理清工作思路，制定科学合理的工作计划；帮助他们研究开展工作的方法艺术，提高领导工作的能力和效果。二是上岗后跟踪，及时指导。对新上岗的年轻干部，科级领导要配合上级党委组织部门，有目的、有计划地定期考察，检查他们的工作、思想、作风等方面的情况，并将考察情况及时反馈给本人。三是遇到困境时鼓励，增强年轻干部的信心。科级领导要主动与年轻干部交流思想，倾听心声，帮助他们分析得失，正视缺点，多鼓励和加油，使其在磨难中成长。四是顺境时提醒，警钟长鸣。有些年轻干部走上领导岗位后，颇有功成名就、春风得意的感觉，尤其在工作取得初步成效后，更容易飘飘然。这时科级领导作为领导者要及时给他们"泼冷水"，"拉袖子"，促其在鲜花、掌声中保持清醒的头脑。

案 例

张涛是否应该提拔为科长

某局总务处行政科副科长张涛，33岁，中共党员，原在部队后勤机关工作过10年，2000年转业回地方。

张涛到地方后，虚心好学，上进心强，在部队又搞过后勤行政工作，有一定工作能力。因此很快适应了地方工作。由于行政科科长年龄较大，身体状况欠佳，张涛能积极配合老科长抓工作。在老科长患病期间，主动承担负责本科的工作，和科里其他同志关系也相处的较好。几年来，行政科工作协调、办事效率高，取得了一些成绩。在这期间，张涛还考上了业余大学，学习成绩优秀，2003年取得了大专文凭，被任命为副科长。此时，张涛认为自己在科里学历最高，能力又强。因此，工作积极性很高，正踌躇满志地准备干一番事业。2004

年初，由于工作需要，行政科增加了几个编制，总务处领导为了加强该科的工作，从其他部门调来一位叫李强的同志担任行政科副科长。小李，31岁，大学本科毕业，思维敏捷，处事果断，并擅长文字表达，经常执笔写材料和简报，颇得一些领导的赏识。自从李强调来以后，张涛情绪低落，工作积极性不如以前，多次向领导提出要调到其他部门去工作，领导未予同意。

过了一段时间后，李强因工作需要，被调往局宣传部门工作，组织上又调进原在组织部门工作的王进担任行政科副科长。王进年龄与张涛相仿，工作踏实、肯干，高中文化程度。自从王进来到行政科后，张涛未再提出调动工作一事，工作积极性又同以前一样，和王进一起积极配合老科长搞好科里各项工作。

2004年9月，老科长已到退休年龄，群众议论张涛可能接替科长职务。他自己也认为无论在学历、能力、资历等方面都比王进和科里其他同志强，在科里同志面前时常流露出科长职务非他莫属的思想。由于张涛在行政科工作时间较长，对各方面情况较熟悉。因此，在老科长退休后未任命新的负责人之前，有时候总务处领导布置工作也直接找张涛。张涛也以负责人身份向王进和其他同志交待任务，工作显得更加勤勉。

半个月后，几位处领导经过讨论研究，认为张涛虽然有文凭，有能力，但联系他的前后表现，总觉得此人个人主义思想比较突出，当官心理比较严重，工作积极性时高时低。因此，还需继续考察一段时间，目前不宜提拔为科长，决定由王进同志担任科长职务。当这个决定宣布后，张涛情绪反应极大，工作积极性又开始下降，而王进到行政科工作时间不长，又自感工作能力不如张涛强，对张涛比较尊重，经常主动找他商量科里工作、征求意见，但张涛往往不置可否。有时候见王进在工作中遇到困难时，便冷眼观望。在全科会议上，当王进对工作安排提出自己意见时，张涛总是持反对态度，而要按自己的意见办，不久领导发现这些问题后，权衡再三，决定将张涛调离行政科。

根据此案例，你认为张涛是否应该提为科长？

思 考 题

1. 科级领导在识别人才方面应注意哪些问题？

2. 科级领导在选拔人才过程中为什么必须注意在多数人中选人才和由多数人选人才？

3. 科级领导作为领导者如何才能使用好人才？

第十四章
科级领导的学习能力

学习能力是领导者的重要能力之一。学习，也能体现一个人尤其是领导干部的水平、素质、能力和精神状态。学习是金，学以明志，学以立德，学以增智。科级领导，学习也是一种神圣职责、一种精神境界。学习能力是一种树立正确的世界观、人生观、价值观所不可或缺的重要途径。

一、学习能力的时代动因及现实意义

（一）学习能力是时代的要求

学习是一个永久性的话题，而学习能力是新世纪新阶段，人类社会进入“学习社会化、社会学习化”的时代要求。党的十六大明确提出创建“全民学习、终身学习”的学习型社会，学习这一人类的基本行为被赋予了崭新的时代意义。这是经济全球化、信息化和高科技发展的必然要求，也是全面建设小康社会在文化方面的一项重要任务。

所谓学习能力，指的是个体在主动选择和运用知识及信息手段的基本素质。有两层含义：一是指吸收、积累知识的能力；是建构意义并对新信息重新认识和编码，增强个人理解的能力。二是指“过程学习”的能力。即判断新形势，了解新情况，发现新问题，并在工作过程中不断创新方式方法，在实践中不断学习应变、调整的能力。

当今时代，国家之间综合国力的竞争，越来越表现为科技的竞争、知识的竞争、人才的竞争，更表现为学习能力的竞争。谁在激烈的国际竞争中不断判断新形势，了解新情况，发现新问题，并在工作过程中努力创新方式方法，在实践中不断学习应变、调整自己的战略思维和战术方法，谁就能在新的国际竞争中处于战略主动地位。例如毛泽东提出的“在战争中学习战争”的思想，就是学习能力的具体体现。在抗日战争时期，中国共产党在极其艰苦的环境条件下，带领中国人民不畏强暴，敢于斗争，在实践中创造出游击战、运动战、麻雀战、地道站、地雷站等一系列战法，最终打败了日本帝国主义。

一个国家要想实现现代化或保持其在世界上的先进地位，就要使其人力资源不断适应国内外环境的变化，能够对新趋势和新机遇做出灵活反映。其中，最根本的是培育和提高全体社会成员的创造能力，这是实现经济与社会全面发展的原动力。而提高全体社会成员素质和能力的关键，是提高他们学习新知识、应用新技术的能力，使学习由个人行为转变为社会行为，让学习从追求自身价值目标的个人愿望，转变为社会对每一个成员的根本要求。正如彼得·圣吉说：学习就是提升创新的能力，只有当我们尝试去做一些真正想做的事，我们才开始学到东西。当人们迫切需要创新，这就是学习，学习就是真正去做。学习是一种全过程的学习，整个工作的过程也就是学习的过程，也即在工作中学习，在学习中工作。

从知识本身看，知识具有时效性、增长和扩充的无限性等特点，特别是科学技术的迅速发展，信息网络社会的形成，加快了知识更新的速度，我们只有树立终身学习的观念，才能不断更新知识结构，以适应时代发展的要求。

（二）终身学习是打开未来社会的金钥匙

30 年前，联合国教科文组织（UNESCO）的国际教育发展委员会提出的报告《学会生存》（《Learning To Be》）就曾预言：未来社会“最终将走向学习化社会”。1995 年，教科文组织的 21 世纪教育委员会又提出一份报告《学习：财富蕴藏其中》（《Learning：The Treasure Within》）提示：“终身学习是打开 21 世纪光明之门的钥匙”。1992 年，荣获世界企业学会最高荣誉奖、开拓者奖的《第五项修练》提出：未来“最成功的企业将会是‘学习型组织’”，“因为未来惟一持久的优势，是有能力比你的竞争对手学习的更快”。《学习的革命》一书认为，学习——经过了变革的学习——是“通向 21 世纪的交互式执照”。

学习对于未来世纪的重要性是显而易见的，一是由于信息化社会的到来，要求人们接受、选择、分析、判断、评价、处理信息能力的提高；二是由于知识经济时代的到来，要求人们紧跟科技发展前沿，不断推出科技发明创造；三是世界上人类面临诸多难题的困扰，如消灭贫困、缩小差距、追求平等、减少犯罪、控制人口、优化环境，等等。人们寄希望于未来社会，更寄希望于未来教育。显而易见，“未来的文盲不是不识字的人而是不会学习的人”。因为，当“网络教育”将要迅速登上教育舞台的时代到来的时候，究竟如何面对未来的教育和学习，不能不引起人们的深思。江泽民同志指出：“要迎接科学技术突飞猛进和知识经济迅速兴起的挑战，最重要的是坚持创新。创新是一个民族的灵魂，是一个国家兴旺发达的不竭动力。”培养创新人才是教育的重大任务，也是培养领导干部所面临的严峻挑战。要培养具有创新精神和创新能力的人才，最重要的是培养他们的学习能力和思考能力。因为，创新的基础是在学习和继承前人的成果，踏着历史巨人的肩膀，而登上创新的阶梯，则靠创新思维和实践。当然，缺乏基础知识，沉迷于“异想天开”，也出不了创新成果。

只有既善于通过学习继承前人财富，又善于通过学习培养创新能力，才能真正成为创新人才。一句话，只有创新性的学习，才能有望学习后的创新。学习本身也面临深刻的革命。未来学习将更加社会化，同时也更加个体化。学习的时空，将由人生的学校学习阶段扩展到终身的学习，将由个人的学习而扩展到团体的、组织的学习。

（三）提高学习能力的现实意义

我们正处在一个急剧变革的年代，一个不断创新的年代，一个飞速发展的年代。科学技术的发展迅猛向前、日新月异，令人眼花缭乱、目不暇接。人们要适应社会的变革，赶上时代的潮流，就必须在提高学习能力上下功夫。当今时代，学习已变成一种责任、一种需求，成为生命的一部分。因此，提高学习能力具有重要的现实意义。

1. 提高学习能力是党对科级领导提出的新要求

党的十六大报告强调：要“形成全民学习、终身学习的学习型社会，促进人的全面发展。”这从深度和广度上对学习提出了更高、更新的要求。

终身学习，讲的是人一生都要学习。从幼年、少年、青年、中年直至老年，学习将伴随人的整个生活历程并影响人一生的发展。这是不断发展变化的客观世界对人们提出的要求。人类从诞生之日起，学习就成为整个人类及其每一个个体的一项基本活动。不学习，一个人就无法认识和改造自然，无法认识和适应社会；不学习，人类就不可能有今天达到的一切进步。学习的作用又不仅仅局限于对某些知识和技能的掌握，学习还使人聪慧、文明，使人高尚、完美，使人全面发展。正是基于这样的认识，人们始终把学习当作一个永恒的主题，反复强调学习的重要意义，不断探索学习的科学方法。同时，人们也越来越认识到，实践无止境，学习也无止境。古人云：吾生而有涯，而知也无涯。当今时代，世界在飞速变化，新情况、新问题层出不穷，知识更新的速度大大加快。人们要适应不断发展变化的客观世界，就必须把学习从单纯的求知变为生活的方式，努力做到活到老、学到老，终身学习。自古以来，中华民族就重视学习。“学而时习之，不亦悦乎”，这样的名言举不胜举。如果我们今天仍然是在传统的意义上强调学习，那么无异于用新概念来表述旧问题。“学习能力”的意义并不在于单纯强调学习，而在于使学习成为社会的一种运行模式和发展方式。

为什么学习要成为社会的运行模式和发展方式？为什么传统的社会不是如此？因为我们正在进入一个信息网络化、科技高新化、经济全球化的新时代，即新经济时代。从来没有一个时代像现在这样知识更新的频率如此之快。如果一个人、一个组织学习的速度跟不上时代的变化，就会成为被潮流淘汰的落伍者。那种在青少年阶段学习好就可以吃一辈子安稳饭的时代已经一去不复返。没有一个时代像今天这样需要不断地、随时随地地、深入广泛地学习。而且时代越是发展越是如此。新的时代不仅需要学习，而且可以为人们的学习提供前所未有的条件。特别是数字技术、网络技术的发展，为人们提供了可以承载无限信息的“土地”。信息在这里能够得到迅速处理和流通，知识的传播成本大大降低。信息化是学习型社会到来的前提和基础，离开这一基础谈学习，只能是传统的学习。前所未有的学习需求和良好的学习条件，使得我们汲取新的知识并转化为能力成为可能。因此，提高学习能力是党对各级公务人员提出的新要求。

2. 提高学习能力是现代社会发展的要求

学习是人们掌握知识的基本途径，人的道德品质形成的前提条件，是人类社会文明得以延续的手段。电脑和互联网的出现，塑造了地球的新生活，改变了人们的视野。过去任何时代都不可能实现的事情，现在瞬间可以完成，每一个人都可以跟全球互动。大英博物馆的几百卷百科全书的信息在五秒钟内，可以发送到任何服务器上。形势逼人，不进则退。当今时代正处在大发展、大变化、大变革中，知识的生命周期大幅缩短了，有效经验的生命周期大幅缩短了，“逼”着人们要进行有效的学习、积极的学习、主动的学习。如果不积极主动地适应时代发展的要求，就会退步、就会落后、就会被时代所淘汰。要因“势”而进，因“时”而进，就必须在提高学习能力上下功夫。古今中外的历史都证明，哪个国家、哪个民族重视和推崇学习，哪个国家、哪个民族的进步、发展就快，反之就慢，甚至停滞不前。

3. 提高学习能力应有紧迫感和使命感

提高学习能力，关键是要有危机感、紧迫感和使命感，要有内在的动力。当今时代，人人都在学习、人人都在变化、人人都在进步。有的人常常说学习重要，看到别人学习上的进步，也心动过，但就是迟迟不行动。其原因就在于对学习没有紧迫感和使命感。今天的学习不仅是个人行为，更重要的是一种社会行为；学习不仅仅是个人的需要，更重要的是社会责任；学习不仅关系个人的成长进步，更重要的是关系到党和国家建设事业的兴衰成败。从 1972 年联合国国际教育发展委员会发出“学习化社会”和“终身教育”的号召至今，学习的主动创造、超前领导、产生财富和社会整合功能越来越明显。学习已无可辩驳地成为人们工作和事业的一部分。我们应把学习视为最富革命性、创造性的源泉，坚持学习 、学习、再学习，学会如何学习。

4. 提高学习能力必须在改进方法上下功夫

常言道，得法者事半功倍。掌握了科学的方法，就能在知识的海洋里遨游，就能不断地把握自己、充实自己、发展自己。提高学习能力，归根结底要在学以致用上下功夫。你看了一百本游泳的书，而不实践，还是不会游泳。必须在提高自身能力和水平上下功夫，在改造客观世界和改造主观世界的结合上下功夫。为此，在工作、生活实践中不断提高学习能力，是我们每一个科级领导和公务员的终身需要。

5. 提高学习能力贵在“转化”

联合国教科文组织在一篇报告中，把“未来的文盲”界定为“不是不识字的人，而是没有学会怎样学习的人”。党中央、国务院《关于进一步加强人才工作的决定》明确提出，加强人才能力建设的重点是提高人才的学习能力、实践能力和创新能力。掌握科学的学习方法，提高学习能力，越来越受到人们的高度重视。怎样提高学习能力？关键是在“转化”上下功夫。学习能力与其“转化”功能成正比。“转化”功能越强，学习能力也就越强。有的人学习时，只满足于读了、看了、听了，不注重把所学的知识运用于实际；有的满足于书本给出的现成答案，人云亦云，不求甚解，很少联系现实进行思考，结果不能把所学的知识转化为有效的工作方法和思想方法。学习能力的强弱，不是单纯地看读了多少书，关键是看消化了多少内容，吸取了多少精髓，能不能结合实际运用。也就是说，要把读书的“数量”和“质量”统一起来，坚持“要精、要管用”的原则，真正在融会贯通上下功夫、见成效，切实把书本上的知识变成灵活的知识，把难懂的理论问题在联系实际中理解、消化，变成自己的思想。“转化”的过程，是一个潜移默化、从量变到质变的过程，是一个触类旁通、学以致用的过程，是一个从必然王国向自由王国飞跃的过程。“转化”的结果，就是把学习的东西，真正变为做好工作的高超智慧和本领，变为加强修养的有效武器，变为认识问题的科学世界观和方法论。老一辈革命家在读书学习中做出的“转化”努力，堪称典范。1944年延安整风时，毛泽东同志读了郭沫若同志写的《甲申三百年祭》，非常赞赏，认为对已经取得很大胜利的中国共产党有教育意义，指示《解放日报》全文转载，当作整风学习的重要文件，并在致郭沫若先生的信中说：“小胜即骄傲，大胜更骄傲，一次又一次吃亏，如何避免此种毛病，实在值得注意。”五年后，毛泽东同志在党的七届二中全会的报告中，又郑重地向全党同志提出“两个务必”：“务必使同志们继续地保持谦虚、谨慎、不骄、不躁的作风，务必使同志们继续地保持艰苦奋斗的作风。”陈云同志在延安时期就系统学习了马克思主义哲学，得出了“学好哲学，终生受用”的结论，并在长期的工作实践中，提出不唯书、不唯上、只唯实的思想方法，和“交换、比较、反复”的工作方法，从而成为党的第一代领导集体成员中长期领导经济工作的权威。

二、提高学习能力的方法与途径

（一）端正态度，学会学习

面临已经到来的新世纪，人们都在思索：这个世纪将是一个什么样的世纪？这个世纪最重要的是什么？人类社会的进步靠什么？从诸多预测未来的著述中，我们可以发现这个答案，那就是学习、学习、再学习”，“学习如何学习”作为面对知识经济时代挑战的行为口号，科级领导必须能够在知识爆炸的大潮中学会学习、学会选择生存和发展，学习培养如何实现生命中真正想要达成的结果的能力，学习培养思考和沟通的技能，学习如何倾听和理解他人等一切有利于实现领导及管理职能的知识和技能。这不仅是因为，对学习的态度如何，直接决定着其学习的效果；而且是否会学习，直接关系到工作能力的提高，甚至关系到事业的成败。然而，由于功利的文化环境效应以及被动的学习态度，在学习中仍然存在学风不振与学风不正的问题。首先，是学风不振。主要原因是：（1）懒于学习，“船到码头车到站”失去了求知压力。（2）学习“运动式”、“模式化”，极大地挫伤了人们学习的积极性。（3）学习“空对空”，理论脱离实际，学用两张皮现象，使人们生产生了“学了不用，不如不学”的错误观念，进而造成“学习无用论”的蔓延。（4）缺乏正确的世界观、人生观、价值观；缺乏高尚的理想和长远的眼光；缺乏奋斗的精神和对知识的科学理解；缺乏自学能力，等等。其次，是学风不正。主要表现是对知识的实用主义心态：（1）对目前社会上实用的就学，而对理论知识却避之不及。（2）对“学问”二字缺乏深刻而全面的理解，“唯宽是荣，唯新是从”，对学问赶时髦、图新鲜。（3）受眼前利益的驱动，其学习行为也就表现出很大的功利性和被动性。因此，科级领导者必须重振学风，端正学习态度，以极大的雄心壮志来设计自己，提高自己的学习能力，以便在新的环境条件下保持持续的领导力。谁掌握了知识和科学技术，谁就掌握了经济发展的命脉。要想使自己立于不败之地，必须先人一步，掌握更多的知识和学习的技能。科级领导者要提高自己的学习能力，不仅需要制定近期计划，更需要制定终身计划。所谓的终身计划，学习是唯一不变的任务，计划是与时俱进的不断调整。永远用高标准来要求自己，汲取新知识和新技能的营养。在发展目标上遵循“有所为、有所不为”的原则；认真分析自我，勇敢、主动、客观地反省自身情绪、思维及能力，准确评估组织及客观世界，勇于打破旧的格局，扬长避短，超前起步，不断创新并超越自我，而自我超越是突破极限的自我实现，它的意义在于创造，而不是反应。

（二）优化学习策略，提高学习能力

1. 讲究学习策略

谈起学习，人们自然会联想到学习方法的问题。学习方法，泛指人们在学习领域内，为达到某种学习目的而使用的手段和工具。学习的过程，实际上就是一个根据学习内容的特点，使用学习方法实现学习目的的过程。因此，对于学习来讲，学习方法的掌握是至关重要的。但是，学习方法的掌握并不一定表明，对于具体的学习任务就一定能够顺利地完成。这是因为，要最终实现学习的目的，必须得有一个学习内容、学习方法和个体心理特点的有机匹配问题。学习方法如果与学习内容和个体心理特点不匹

配，学习目的的实现就会产生一定的困难，有时甚至会产生不能实现学习目的的情况。在具体的学习过程中，学习策略对学习活动所进行的调节和控制，主要是通过学习方法的调控来实现的。因此，学习策略具有一定的方法性。学习策略的基本特征有三：(1) 学习策略，是伴随着学习活动的展开而形成的。如果不学习，也就根本谈不上有学习策略。学习策略不是先天形成的，而是在具体的学习过程中，为提高学习的效率而逐步形成和发展起来的。(2) 学习策略，是帮助学习者对学习方法和学习内容进行统一的操作系统。任何形式的学习都要运用一定的学习方法。学习策略的作用就是在学习的过程中，帮助学习者将学习方法具体应用起来。这也就是说，学习策略将学习方法和学习内容统一起来，并随时进行调节和控制。(3) 个体的学习策略会随着学习者对学习目标的期望和学习内容的难易程度的改变而发生变化。人们在学习的过程中，会形成许多学习策略，这些学习策略在具体的学习过程中，并不是机械地运用。对于一般人来讲，在具体的学习过程中，他们会根据学习内容的特点和期望的学习目标灵活地选择、应用和调整学习策略。

2. 注意学习能力的提高

1996 年，联合国教科文组织提出了“学会求知，学会做事，学会共同生活，学会生存”的教育目标。这是 21 世纪的现代人必备的学习能力，也是现代人学习的动力和目标。

(1) 独立探求知识的能力。这种能力也可以叫自学能力，在外界条件完全相同的情况下，不同的人所取得的学习成果是不同的，这有多方面的原因，但其中自学能力不同是一个重要原因。那些工作成绩突出的人，往往具有较强的自学能力，他们不仅仅满足书本知识的学习，更注重在实际工作中独立探求知识，遇到问题，并不急于求教领导，而是首先通过独立思考来解决，表现出较强的独立性和自主性。其实在一个人所学到的知识中，独立探求的比例越大，那么知识掌握的就越好，而且能更好地促进他的进一步发展。

（2）与他人合作的能力。人类的认识活动总是在一定的社会环境中完成的，所以我们在主张独立探求知识的同时，还需要加强与他人的合作学习，通过合作学习，更加全面、更加深刻地理解知识。一方讲，另一方听，只是一种单向传递，知识的掌握需要双向、多向交流。所以，我们不仅要主动与他人多交流，而且要与他人进行积极的讨论。学会认真听取别人的意见，互相协作解决问题，也是善于同别人打交道的一种社交能力。一位哲学家曾说过："我有一个苹果，你有一个苹果，交换以后，我们还是拥有一个苹果。但是，我有一种思想，你有一种思想，交换以后，我们就会拥有两种思想。"

（3）流畅的表达能力。我们这里所说的表达能力，不仅包括文字表达，还包括口头表达。在很多学习活动中，善于演讲，能够准确、自如地表达自己的思想，是一种重要的学习能力。语言是与人交流的工具，也是思维能力的表现。不注意表达能力的训练，不仅影响与他人的交往，而且会影响思维的发展，进而影响学习。所以，我们应该有意识地加强表达能力的自我训练。

（三）注重方法，选择途径

1."成功方程式"的启迪

本世纪最著名的科学家爱因斯坦在回答关于他取得成就的诀窍时，写下一个公式：X＋Y＋Z＝W。他解释说，X代表艰苦劳动，Y代表正确的方法，Z代表少说空话，W代表成功。有人称此为"成功方程式"。爱因斯坦的这个方程式，得到人们的普遍赞同。"成功方程式"不但适用于科学研究，也同样适用于学习。艰苦劳动，少说空话，一般都能注意到，而正确的方法，往往不被重视。许多好学生，虽知勤奋拼搏，学习古人"头悬梁"、"锥刺骨"之精神，却很少注意讲究科学的方法。所以，"正确的方法"更为重要。

学习方法很多，且因人而异。但最基础、最重要、最一般的学习方法是记忆和思考。十九世纪末，德国心理学家艾宾浩斯对记忆和遗忘进行了长时间的研究，研究成果就是有名的艾宾浩斯遗忘曲线。遗忘曲线表明，新近记住的东西，遗忘较快；而记忆中保持较久的东西，此后遗忘较慢。在他以后，许多心理学家的研究成果都证实了他的理论，并且得出了记忆的效果与内容的抽象与具体、与记忆的心情等有关的结论。思考也是一种更重要的学习方法。爱因斯坦说："学习知识要善于思考。思考，再思考，我就是靠这个学习方法，成为科学家的。"人们解决世界上所有问题是用大脑的思维能力和智慧，而不是搬书本。因此，提高学习能力必须重视培养独立思考能力和探索问题、解决问题的本领。

1984 年 4 月，许维诚先生在为《学习科学大辞典》作的序里写到："从个人来说，在无限广阔的知识海洋中，如何快速地获取自己需要的那一部分知识？随着事业的发展，又如何补充知识来满足新的需要？面对知识本身的不断发展，又如何能做到不落后于时代？这些问题都告诉我们，学习是每个社会成员终身的事情"。美国未来学家阿尔文·托夫勒说过："未来的文盲不再是不识字的人，而是没有学会学习的人。"著名的罗马俱乐部于 1979 年发表《学无止境》报告，提出"创新性学习"的观点，并大力倡导开展"对学习的研究"。中国学者在 20 世纪 80 年代初提出，研究学习问题并创建学习科学，这与国际社会对学习的极大关注是一致的，符合时代发展的需要和 21 世纪学习化社会的需要。

2."习"比"学"更重要

这个时代是竞争异常惨烈的时代。管理学宗师彼得·杜拉克提醒我们："因为全世界任何一个角落都可以取得知识，所以人们再也没有偷懒的借口。"过去，知识可以创造个人差异化的优势，但在数字时代中，知识随手可得，知识是多数人都能够也必须具备的能力。因此，要成功，光靠知识还不够，还应将知识转变为成果。“必须靠练习，练习才能做到最好。”因此，我们认为，学习两个字，“习”比“学”重要得多。世界上有很多成功人士，他们跟大多数人一样，不是天才，然而他们靠坚忍不拔的毅力，持续不断的“练习”才有所作为。

练习的好处，人尽皆知。心理学家爱得伍得·桑代克（Edward L. Thorndike）曾提出“练习律”，认为练习或重复的动作、行为，的确能够带来进步。然而，尽管这个道理人人都懂，但为什么多数人却只能“立志”而无法“有成”。原因在于练习无效所带来的挫折感，造成行动的中辍。如何让练习有效？台湾亚都饭店董事长严长寿在《总裁狮子心》一书中指出：“正确的方法”比“用力”来得重要。然而，什么是练习的正确方法？通常情况下，要使练习有成效，必须持续。但在多数人的思维中，持续几乎是“辛苦”、“不方便”的同义词。因此，持续练习的关键，便在于找出“爱上练习”的方式，让练习变成如同“嗜好”一样愉快和自然。当然，要使练习成为快乐和自然，必须把握一定的要领：一是找到一个“自己喜欢”的方式；二是“运用团队的支持力量”；三是运用“固定时间法”自我提醒。

（1）找到一个“自己喜欢”的方式，顺性而学，不以为苦。有一个担任大型国际会议的即席口语翻译，在大学一年级时由于有四门专业课不及格而被迫辍学。而他练好英语的方式，就是顺着自己“凡事好奇”的个性，顺性而学，最终成为著名翻译。例如，他每次去医院看病，都会跟医帅问清楚病名、药名、副作用的中英文，连候诊时都会跟护士小姐借纸笔，将挂在墙上人体剖面图的英文附注抄下来。符合自己个性，就能随时练习而不以为苦。现在，即使是法律、医学等专有名词众多的专业研讨会上，他的翻译都能做到语言流利，游刃有余。

（2）“运用团队的支持力量”，团体练习，形成正向动力。用符合自己个性的方式练习，自然而有效。然而，如果因为某些个性造成练习的障碍，就必须借助外力——“团体力量”，以便于通过大家的支持与鼓励，克服心理障碍，形成正向动力，取得成功。例如，有一位女士在企业搞直销，原来她“连跟人讲话都不敢看别人的眼睛。”企业的培训师，为了改变她内向的性格和害羞的心理状态，特别安排她上台演讲。听说让她上讲台，她非常紧张。不少人都鼓励她、支持她。在演讲的前一天，同事一起陪着她预演，给她鼓励，过了这一关。现在这位女士不但不害怕与陌生人接触，而且变得热情洋溢。以团队的支持力量练习，不但可以应用在工作上，也可以运用在生活和身心的管理上。比如，许多人花大钱报名健身俱乐部，但通常只能“健康一个月”，接下来“有事”就会变成中断健身的借口，但若有朋友相伴、彼此提醒，就会有正向的动力，让练习持续下去。

（3）运用“固定时间法”自我提醒，行成习惯，转化为能力。运用团体的力量，可以帮助我们度过练习之初的障碍或惰性，但若要使练习做到出色，终究还是靠自己，“练习成习惯，习惯成自然”，最后便能转化成为能力。“把时间固定下来”，就是将练习累积成能力的关键。其实许多人报名以“弹性时间”为诉求的活动（例如健身俱乐部），往往着眼于“随时可以去进行大量、重复练习”，然而，结果往往从“随时练习”变成“没时间练习”。最好的方式，就是在心里规划出一个固定时间，让它变成生活的一部份。

关于专业的协助，再也不是过去那种“我听你说”的上课方式，而是培训方式，教师和学员都是参与者。最有效的练习，有三个关键因素：个人强烈的改变意愿；教师观察入微的引导方式；以及鼓励式的团体气氛。后两者，教师都扮演非常关键的角色。但课程终究会结束，专家也只能领进门，关键还是自己能不能由此开始，“由练习而建立习惯，由习惯而产生能力。”练习最重要的意义，是从行动中得到成就感，产生自信，从完成一件事开始，建立积极面对人生的态度，产生更多的能力。然后，你会发现，奇迹真的出现了。因此，练习是一个发现自己的过程。

案　例

胡爱娣：柔弱女带领4000名员工的创业之路

10年前，当她通宵达旦翻字典为“爱帝”取名时，她没想到，这个与她名字谐音的商标会成长为“中国名牌”。见到胡爱娣，第一感受就是她的柔弱。纤细小巧的身材，说话时声音细细的，对员工极其和气。从外表上，看不出她是身价数亿的企业老总；而了解她的人，往往被她的勇气、果敢和超乎寻常的智慧所折服。10余年间，从国企的一名挡车工，成长为一家著名针织服装企业的老板；10余年间，所拥有的品牌产品从国内走向国外。

1980年胡爱娣高中毕业参加工作，在武汉市第二针织厂做了一名工人。别人把她教会就跑出去玩去了，而她守着定型机边工作边琢磨技术问题。在这家针织厂，她从挡车工到打字员到团委书记，几年下来熟悉了工艺流程。1987年，她调到现在的汉阳工贸跑销售，所在的恰巧是针织品部，又稔熟了针棉织品的贸易经。

1989年8月，28岁的胡爱娣辞职，借钱成立了武汉市振兴针纺织批发部，下海“淘金”。

批发部成立之初，一个外地业务员首次来武汉推销马海毛毛线。在汉正街盘货多年的老板无人敢冒险进货，但马海毛蓬松、富于光泽的品质吸引了胡爱娣的目光。凭着多年盘针织品的经验，她认定马海毛会成为当年秋冬的流行商品，果断地做了这个产品的代理。

胡爱娣当时缺少资金，她说服厂家零货款送货上门，又说服3家客户先付5万元的定金。开张头一天，这3家客户没有一笔生意，一家老板要求退货还款。而第二天，马海毛就突然卖疯了，汉正街上出现了抢购。“1吨赚1万！这种情形持续了一年多。”忆起当年，胡爱娣仍然感到兴奋。正是这扎扎实实的“第一桶金”，为她以后的事业打下了坚实基础。上世纪90年代中期，很多在汉正街赚了钱的商人纷纷转行，有的甚至认为一辈子的钱都赚够了，开始不思进取。1994年，与针织品有缘的胡爱娣投资近300万元，在汉口租厂房、买设备，着手做针织品加工。仅半年时间，她就建立起首个加工基地，并给这个新生儿取名“爱帝”，开始了她的“爱帝”之梦。

当时，中国正处于卖方市场向买方市场的转型时期，武汉市的几个针织厂尚能维持，胡爱娣与这些国企正面竞争。针对老国企多年不变的款式，她推出一种可外穿的内衣——花边衫，其新型的面料和款式如一股清新的风，迅速吹动了整个市场，产品在市场上连续两年火爆，为她掘下了“第二桶金”。如今，“接T（TCL）单”已成为爱帝集团的一个经典营销案例。这一案例的成功运作，让国内同行从此对爱帝刮目相看。

2002年11月，TCL集团为促销手机，急需100万套内衣，交货期仅仅1个半月。在国内10余个一流内衣品牌的激烈竞争中，爱帝凭借价格、质量优势最后成功夺标。合同签订之前，爱帝集团管生产的副总经理不同意接。因为它已超出爱帝产能的一倍，何况当时还有其它订单没有完成。仅是生产这批内衣所需的500吨纱，织染就需半个月；更让人没底气的是，所需配套的2000万元资金也没着落。胡爱娣拍板：“我们不仅要接，还要做好，如期发货。”为筹措资金，胡爱娣四处奔波。下午下班时分，遇上堵车。为赶在银行下班前找到相关人员，她脚蹬高跟鞋在建设大道上弃车飞奔，一直忙到晚上 9 时 30 分，最终解了燃眉之急。胡爱娣至今仍感慨万千：如果当天不顺利，后果很难想像。合同签订后，爱帝集团调动省内外同行的资源，把分散的生产能力集聚起来。整合全省纺织行业的力量，以及江苏、浙江、福建、广东的数十家针织企业，全部加班加点，为爱帝效力。爱帝集团的 30 多名“跟单员”，每天在沪杭线上来回奔波，集团新买的两台金杯客车，一个半月后回到武汉就大修。爱帝工业园内，每天的进货、出货的大卡车川流不息。如期履约，TCL 公司的人连连称赞：“没想到这么快。”这次战役的成功，不仅带来了更多的集团订单，还让爱帝在国内行业中的综合实力上升至第 4 位。胡爱娣说：“通过整合省内外行业产业链资源，爱帝的组织管理能力和员工得到了极好的锻炼，爱帝人有信心向行业领头羊的地位发起冲击。”

事后统计，参与 T 单的企业，仅成衣厂就有 38 家。加上织造、染整等企业，共约 100 家，员工达数万人。胡爱娣的讲述不时被电话打断。其中一个电话让她特别高兴：又一批外贸货要出口了。爱帝是在 2001 年开始走出国门的。当年 6 月，他们成立外贸部，9 月接到第一笔 13.6 万美元的订单。2002 年，爱帝出口创汇达 778.4 万美元，去年达 1500 万美元，今年元至 7 月已结汇 1000 万美元。外贸出口几乎是一年翻一倍。胡爱娣说，这主要得益于现在的工业园。在很多服装加工者还满足于租厂房、用国产设备小打小闹时，胡爱娣决心抓住加入 WTO 的机遇，大力发展自己的产业基地。

1998年，在同事、亲友的一片反对声中，胡爱娣利用原始积累、银行贷款等资金，引进德国、日本、意大利等国际一流的织造、染整、印花、定型等全套设备，投资1亿多元兴建爱帝工业园。2000年9月，工业园全面竣工投产，爱帝形成了领先国内的织、织染、整、缝一条龙生产线。现在，这里的就业工人达1600人。就在接到海外订单的这一年，爱帝综合实力跻身全国针织行业前10位；从这一年起，爱帝成为省内连续3年获得全国服装行业“双百强”的企业，成为中部地区针织行业的领军企业，湖北省著名商标、中国名牌等荣誉纷至沓来。同时，爱帝还衍生出西尼尔、温馨等品牌，产品占据全国内衣市场6%的份额。2003年，爱帝赞助凤凰卫视“2003中华环球小姐大赛”，走出迈向国际化的探索步伐。2004年，爱帝与全球500强的美国沃尔玛、法国家乐福合作，进入其全球采购、销售网。目前，爱帝正筹划在美国、欧盟、东南亚一些国家设立办事处。

每一处大手笔，都显示出爱帝正在积极迈向国际化，参与国际分工协作。胡爱娣笑言，通过4年的学习和积累，爱帝已完全有能力接受国际市场风云的考验。

思考题

1. 为什么我们必须提高学习能力？
2. 提高学能力有那些重要意义？
3. 浅谈学习方法的重要性。

第十五章 科级领导的调查研究能力

调查研究是实施正确决策的前提和基础，是科级领导的一项重要的职能，它贯穿于科级领导活动的始终，其他一切工作、方法都离不开调查研究这个最基本的方法。所以，它又是科级领导的一项基本职能。人类进入新世纪，随着经济全球化、信息网络化的飞速发展，特别是我国已经加入世界贸易组织，正进入全面建设小康社会，加快推进社会主义现代化的新形势下，各种新情况、新问题层出不穷，许多矛盾纷繁复杂，因此，加强调查研究对于做好科级领导工作就显得尤为重要和紧迫。

一、深入调查研究是科级领导的一种基本能力

调查研究能力是科级领导的一种基本能力，是科级领导做好领导工作的基础和前提。所谓调查研究，就是通过深入实际等形式，详细地占有第一手材料，以一定的科学理论为指导，运用基本的和现代的科学方法与手段进行研究，从中得到规律性地认识。调查和研究，是两个相互区别又相互联系的环节。调查是研究的基础，研究是寻求规律性的决定性环节，只有两者有机结合，才能透过事物的现象揭示出事物的本质和规律，达到主观和客观具体的历史的统一。我们党的几代领导人都非常重视调查研究。毛

泽东同志之所以能把马克思列宁主义与中国革命的具体实际结合起来，就在于他对中国的国情做过深入、透彻的调查研究。邓小平同志在中国发展的关键时期，多次深入到改革开放的第一线调查研究。尤其是1992年深入到深圳、珠海等地调查研究，并在此基础上发表了重要讲话，为中国改革开放再次指明了航向。江泽民同志也总是身体力行地进行调查研究，并多次发表改进党的工作作风，反对官僚主义和形式主义的重要讲话。我们要有效地反对这两个主义，其中一个重要方面，就是要在调查研究这个问题上有明显的改进。作为科级领导要想在实践中认识客观事物的规律性，进而改造客观世界，提高自己的认识能力和工作水平，就离不开深入调查研究这个根本途径。

（一）深入调查研究是科级领导形成正确解决问题思路的基础

毛泽东指出："没有调查研究就没有发言权。"（《毛泽东选集》第1卷，第109页。）江泽民同志指出："没有调查就更没有决策权。""历史经验说明，各种问题的解决都取决于正确的决策，而正确的决策来源于对客观实际的周密调查研究。如果不了解实际情况，凭老经验、想当然、拍脑袋，把自己的主观愿望当作客观现实，就不可能做出正确的决策。"（《江泽民论有中国特色社会主义》（专题摘编），第647页。）这充分揭示了调查研究在领导工作中的重要作用。调查研究作为植根于辩证唯物主义和历史唯物主义世界观的认识方法，是我们认识世界改造世界的基础，是我们党的根本领导方法和工作方法。搞好调查研究，有助于我们了解事物的现状，认识事物的性质，揭示事物发展的规律，预测事物的发展趋势，从而找到解决问题的有效方法，增强工作的主动性和创造性。在一定意义上说，科级领导的事务性工作比较多，但总起来可以概括为发现问题、解决问题。这二者紧密联系，辩证统一。发现问题是解决问题的前提和基础，因此，科级领导在工作中首先要做的事，就是要通过系统周密详尽的调查研究，从所获取的大量信息中去认识客观事物发展的规律性，从而找到解决问题的办法。第一，作为科级领导通过调查研究将上级方针政策与本地区、本部门的实际情况结合起来，并加以具体化，从而有效地创造性地开展工作，防止教条主义、本本主义错误的产生。第二，科级领导可以通过调查，了解情况、发现问题、改进作风以保证各项工作的顺利开展。第三，科级领导通过调查研究可以锻炼提高自己的能力和水平，更好地完成各项任务。因此，作为科级领导应将调查研究看作是自己的首要职责，切实在调查研究上下功夫。

（二）深入调查研究是科级领导正确执行上级指示的实际需要

调查研究不仅是科级领导的一项经常性的重要工作，同时也是科级领导正确执行上级指示的实际需要。我们所面临的情况非常复杂，这不仅需要中央的正确决策和制定正确的方针政策，而且需要各级领导者通过自己的调查研究，真正理解中央决策和方针政策的正确性及其精神实质，才能把中央的路线、方针、政策与本部门的具体实际结合起来，进而创造性地贯彻执行，更好地开展工作。否则只能照搬、照抄、照套，盲目地贯彻执行。毛泽东说过："盲目地表面上完全无异地执行上级的指示，这不是真正在执行上级的指示，这是反对上级指示或者对上级指示怠工的最妙方法。"（《毛泽东选集》第1卷，第111页。）调查研究是科级领导正确执行上级指示的实际需要，必须将其作为提高自身素质的一项基本内容，自觉坚持，长期坚持。世界上的事物都是在不断发展变化的，各单位的情况千差万别，不断发展变化，如果囿于过去的条条框框，不了解新情况，不研究新问题，是不会把单位搞好的。所以作为一个科级领导对调查研究的重要性要有足够的认识，长期坚持，身体力行。

（三）深入调查研究是科级领导形成科学工作方法的根本途径

一切从实际出发，理论联系实际，实事求是，在实践中检验真理和发展真理，既是我们的思想方法也是我们的工作方法。历史经验证明，这条思想路线是我们党的重要思想武器，是党永葆生机和活力的法宝。实事求是，理论联系实际的过程，始终是以调查研究为前提和依据的。要真正做到实事求是，使主观愿望符合客观实际，最基本的途径就是调查研究。作为科级领导能否真正做到实事求是，一个很重要的方面就是能否开展经常性的、系统性、深入的调查研究；能否深入实际、深入基层、深入群众，掌握实情，听取实话，最大限度地了解实际情况，掌握大量的第一手材料；能否在充分调查的基础上，科学地分析和研究，使之决策更加符合实际，更加科学准确。如果离开了周密系统的调查研究，坚持实事求是就只能是一句空话。实践证明，科级领导在其工作中，只有搞好调查研究，才能克服本本主义、经验主义、形式主义，把理论与实际结合起来，把上级的方针政策同本地区、本单位的具体要求结合起来；才能克服工作中的片面化、简单化，做到具体问题具体分析；才能克服思想僵化，在实践中不断地发现问题，研究问题，解决问题，以推动本地区、本单位的工作良性发展。

（四）深入调查研究是科级领导形成优良工作作风的客观要求

深入基层亲自调查研究，对于科级领导来说显得尤为重要。科级领导工作千头万绪，要理清头绪仅仅通过看简报、查报表，难以获得最真实、最有价值的东西。随着信息网络技术的迅猛发展，科级领导能够较快地接收各方面的信息。有些人便会产生一种误解，以为通过现代科学技术手段就可以全面准确地了解最基层的情况，为“领导不出门，也知天下事”提供借口。总认为用不着到基层去，用不着深入群众，就可以掌握、了解情况。其实这是一种误解，是非常错误和有害的。存在始终是第一性的。科学技术和信息传播手段不管发达到什么程度，都否定不了也取代不了面向基层、面向实践、面向人民群众进行直接调查研究，掌握真实可靠的第一手材料。“纸上得来终觉浅，绝知此事要躬行。”我们倡导利用文明和先进的信息传输手段，掌握经过筛选和综合处理的大量信息，同时也要求领导干部不畏艰难，深入基层，深入群众，深入第一线，亲自尝一尝“梨子”的滋味，直接听取真话、实话、原话，直接观察了解那些真人真事、真凭实据。群众是真正的英雄，群众中蕴藏着认识世界的聪明才智和改造世界的巨大力量，作为科级领导来说，只有真心实意扑下身子沉下去，向人民群众学习，甘当小学生，虚心听取群众的意见和呼声，吸取群众的经验和智慧，才能了解和掌握真实的第一手材料。也只有这样才能克服主观主义和严重脱离群众的官僚主义作风，密切干群关系，转变工作作风，搞好本职工作。

（五）深入调查研究是科级领导提高自身素质的根本保证

调查研究是各级领导干部必须掌握的一门科学。科级领导能不能掌握好这门科学，是衡量其工作水平和政治是否成熟的一个重要标志。当科级领导的一般来说都比较年轻，要想在工作中取得一定成就，将来在事业上有一番更大的作为，就必须不断提高自已的政治思想水平、业务素质、领导能力，就必须在调查研究上下功夫，以适应不断变化的新形势的需要。调查研究能够提高解决问题的能力。毛泽东曾形象地说：“你对于那个问题不能解决么？那么，你就去调查那个问题的现状和它的历史吧！你完全调查明白了，你对那个问题就有了解决的办法了。”“调查就像‘十月怀胎’，解决问题就像‘一朝分娩’。调查就是解决问题”。（《毛泽东选集》第1卷，第110页）当一名科级领导在工作中必然会遇到各种各样的矛盾和问题需要解决，只有通过细致的调查研究，才能搞清问题的来龙去脉、因果关系，才能提高辨别是非和处理复杂问题的能力，才能找到有效的解决办法。调查研究能够真正提高科级领导的综合素质，在实践过程中得到锻炼。认识、分析、思考、概括问题的能力是科级领导工作水平高低的标志之一，而调查研究恰恰是锻炼和提高这种能力的一个最有效的办法。经常深入实际，调查研究，更直接地向人民群众学习，向实践学习，从中吸取营养，可以进一步拓宽视野，丰富知识，增长才干；可以帮助科级领导提高认识事物的能力，把握宏观的能力，综合概括的能力；可以促使科级领导多思考一些问题，多积累一些经验，由感性认识上升到理性认识，进一步提高理论联系实际的能力。

二、科级领导提高调查研究能力的条件

（一）要有正确的指导思想

马列主义、毛泽东思想、邓小平理论和江泽民同志关于“三个代表”的重要思想是我们党的指导思想，是伟大的旗帜，当然也是搞好调查研究的指导思想。在调查研究中，要坚持唯物论的反映论，反对唯心论的先验论；坚持全面地、历史地、发展地看问题，反对孤立、静止、片面地看问题；坚持一切从实际出发和实践第一的观点，反对主观主义、教条主义和经验主义。恩格斯指出：“原则不是研究的出发点，而是它的最终结果；这些原则不是被应用于自然界和人类历史，而是从它们中抽象出来的；不是自然界和人类去适应原则，而是原则只有在适合于自然界和人类历史的情况下才是正确的”。（《马克思恩格斯选集》第3卷，第74页。）这是一切从事调查研究的同志必须牢牢记住的真理。

（二）要有深入实际的作风

科级领导搞调查研究，一定要面向群众、面向实际，在群众与实际中寻求真理。没有满腔的热忱，没有眼睛向下的决心，没有求知的渴望，没有放下臭架子、甘当小学生的精神，是很难体察下情的，是很难了解到真实情况的。因此，科级领导要做正确的调查研究，就必须要有深入实际的作风，不仅要“身入”，而且要“心入”，要不耻下问，踏踏实实，蹲下来，亲自进行有系统的调查研究，才能获得真知。

（三）要有科学的态度

所谓科学的态度，就是实事求是的态度。为此，调查研究要不唯书、不唯上，要唯实。在具体实施调查的过程中，应切忌以下几点：一忌长官意志，曲意逢迎。许多调查研究任务是奉领导之命搞的，在实际工作中，有的领导者只凭主观意志，喜欢给调查者划框框，定调调，而调查者又善于曲意逢迎，看领导的眼色办事，按领导的意图去找例证，证明领导的意见是正确的，以博得领导的欢心和信任，作为向上爬的阶梯。这是十分有害的。二忌先入为主，感情用事。在调查中要坚持党的原则，坚持各种意见都要听，不能偏听偏信，先入为主，要坚决反对和抵制各种不正之风。如果感情用事，则可能歪曲事实。三忌背靴找脚，削足适履。调查的目的和提纲是否符合实际情况，要在调查中进行印证，并作适当的修改和补充，决不能把提纲当框框，带着观点找例子，带着框框找例子，四忌蜻蜓点水，浅尝辄止。走马观花，道听途说，只见现象，不看本质。五忌坐井观天，不见全局。只见树木，不见森林，或是一叶障目，不见泰山。六忌盲人摸象，以偏概全。任何事物都存在于一定的时间和空间，调查时要从多方面了解，多角度分析，多方位考虑。七忌割断联系，玩弄事例。列宁指出：“如果不从全部总和、不从联系中掌握事实，而是片面的和随便挑出来的，那么事实就只能是一种儿戏，或者甚至连儿戏都不如”。（《列宁全集》第23卷，第279页）所以，我们一定要从总体上、联系上去考察和把握事物的本质。

（四）要注意克服三种倾向

江泽民同志在四川考察时曾指出：要进一步转变领导作风，大兴调查研究之风；同时强调，调查研究应是“认真的而不是敷衍的、深入的而不是肤浅的”。当前，我国经济建设正处于新的发展阶段，面临着比以往更严峻的挑战。认真深入地进行调查研究，弄清改革和发展中存在的突出问题，总结推广干部群众实践中创造的成功经验，为领导科学决策提供有效服务，是广大领导者的主要责任。近年来，各地虽然做了大量的调查研究，也出了一批调研成果，但总体上来看，服务水平还不高，成效还不够显著。因此，要做好新时期的调研工作，提高决策服务水平，必须注意克服以下三种倾向：

一是调查选题不准。我们有些同志在调研中不了解领导意图和党委的战略部署，“盲人骑瞎马”，“眉毛胡子一把抓”，碰到什么调研什么，工作不得要领，参不到点子上，谋不到关键处。要解决课题不得要领问题，调研就必须想领导所想，急领导所急，补领导所需，主动、积极为领导决策服务。要站在党委的高度思考问题，从全局的角度进行谋划，紧贴党委中心工作，紧贴领导决策，抓住最紧迫、最突出的问题，切实搞好调查研究。回答迫切需要解决的现实问题，这既是课题提出的客观依据，更是调研必须把握的方向。

二是调查作风不实。所谓调查就是了解和掌握大量的丰富的符合实际的情况。现在有的调查作风不实，工作不深入细致，图轻快、省事，走马观花，只作表面上的情况了解。电话调研、机关座谈调研、看经过主观加工的“二手材料”等现象比较普遍，这样形成的材料很难发挥作用，有的甚至有失偏颇。因此调查必须在“深入”上下功夫，真正沉下去，多接触工农群众。多接触在第一线的广大基层干部，问计于基层，求知于实践。要注重建立调查研究基地，选择一批乡镇村和企业作为调查研究固定联系点，经常会同有关部门就某项工作开展专题调查。这样得到的材料才会全面、翔实、准确，得出的结论才有说服力，服务决策才有实效。

三是调查深度不够。调研成果这些年出了不少，但多是空泛议论口号式文章，能引起决策层兴趣的精品很少。究其原因，就是不重视或不善于研究，满足于堆砌材料，习惯于阐释已有结论。调查之后的研究，就是对调查的材料进行科学的思维加工，因此要在研究问题上多下功夫。研究问题要善于在“结合”上做文章，选准上级精神和本地实际的“结合点”。研究问题不能简单地罗列现象，而要注重材料的内在逻辑联系。研究问题也不是沉湎于文字上的雕龙绣凤，而是需要扎扎实实的开展工作。

三、科级领导搞好调查研究的原则

（一）实事求是的原则

科级领导调研活动的目的是为掌握现实情况，把握调研对象的规律性，解决现实中的问题。遵循从实际出发，实事求是的原则是由客观调研对象的性质所决定的。世界上万事万物虽然千变万化，但都是客观存在，都有其客观性．调研对象的这种性质要求科级领导在调查研究时必须从实际出发，按照客观调研对象的本来面目了解事物，透过现象去探求事物的内在联系，用客观的、实事求是的态度去找出它们的发展规律。

（二）群众性原则

调查研究的群众性原则是指调查研究中坚持从群众中来、到群众中去，相信群众、依靠群众的观点。调查研究中，只有坚持群众性原则，才能达到认识调研对象，解决实际问题的目的。

群众观点是历史唯物主义的基本观点。历史唯物主义认为，人民群众是历史的创造者，是历史的主人。他们不仅是物质财富的创造者，还是正确思想的源泉。人民群众是社会实践的主体，认识的主体，他们在革命实践中，积累和掌握着丰富的、合乎实际的感性材料。因此，要认识社会现象，探索其中的规律，就必须坚持群众观点，从群众中搜集丰富的材料。如果离开了群众，调查研究就会成为无源之水。

调查研究中坚持相信群众和依靠群众，从群众中来，到群众中去的观点，也就是坚持马克思主义的认识路线。毛泽东同志指出："在我党的一切实际工作中，凡属正确的领导，必须是从群众中来到群众中去。这就是说，将群众的意见（分散的无系统的意见）集中起来（经过研究，化为集中具体的意见），又到群众中去做宣传解释，化为群众的意见，使群众坚持下去，见之于行动，并在群众行动中考验这些意见是否正确。然后再从群众中集中起来，再到群众中坚持下去。如此无限循环，一次比一次更正确、更生动、更丰富。这就是马克思主义认识论。"（《毛泽东选集》第 3 卷，第 854 页）因此，调查研究坚持了群众观点，也就坚持了马克思主义认识路线，也才能正确地把握调研对象的本质和规律。

（三）调查与研究相结合的原则

调查研究是一个分析和解决矛盾的过程，大体上可分为两个大的阶段，即调查和研究阶段。前者包括调查的准备和收集材料两个小的阶段或环节，后者主要有整理材料和成果的验证、评价和应用等阶段。虽然在调查研究过程中，调查与研究阶段的内容不一样，但调查研究自身的特点以及调研过程的连续性都要求把两者有机结合起来，才能取得好的调查研究效果。

调查研究过程的两个阶段是调研过程的不同的表现形式。两个阶段的主要任务是不同的，调查阶段主要是收集资料，研究阶段主要是对资料进行分析和综合。但他们的区别是相对的，调查中有研究，分析研究中有调查，调查是有分析的调查，研究是有调查的研究。有了调查，就应有分析，否则，调查就是没有意义的调查；而分析研究则是建立在充分调查基础上，否则研究也是一句空话。

（四）理论联系实际的原则

调查研究是在科学理论的指导下进行的严肃的科学研究工作。在这一过程中，必须遵循理论联系实际的原则。

调查研究中坚持理论联系实际的原则首先应该尊重客观实际。毛泽东同志曾对实际做过科学的界定："除了我们的头脑以外，一切都是客观实际的东西，……只有我们的头脑（思想）才是研究的主体。"（《毛泽东选集》第1卷，第166页。）因此，实际既包括客观存在着的事物、真实的情况；又包括人们的实践活动。尊重客观实际就要承认客观实际不依赖于主观而存在的客观性质，不能不顾实际而盲目蛮干，也不能消极等待，无所作为。不仅如此，尊重客观实际还要认识到实际是处于普遍联系之中，不断发展变化的。调查研究中不仅要认识到调研对象、调研过程的客观性，还要看到其中的普遍联系和发展变化，只有这样，才能在对客观事物的考察中达到认识和把握事物的目的。理论联系实际也就是用科学的理论指导实际工作，考察分析实际对象。因此，理论联系实际的另一个前提是理论必须正确、科学。在错误理论的指导下是不会做出突出成绩，达到认识和改造世界的目的的，相反，只能给革命和建设事业带来损失。调查研究作为认识和改造世界的重要活动形式，既受到马列主义毛泽东思想的指导，又受到调查研究理论的指导。只有在正确理论的指导下，才能正确科学地对实际进行分析和研究，达到调查研究的目的。

四、科级领导深入调查研究的方法

调查研究，是科级领导的“营养”源。作为一名科级领导只有不断地吸收调研的“营养”，才能使自己头脑里的“材料库”逐渐丰富起来，才能变得耳聪目明、脑清手顺，才能提高自身分析问题、辨明是非、解决问题的能力。调查研究方法很多，但方法是否得当，直接关系到调查研究的成效。作为科级领导使用调研的方法一定要能够有效促进和推动全局性的工作。因此，科级领导的调查研究主要包括以下几种方法：

（一）抽样调查法

抽样调查是指在需要调查的客观事物总体中，按照一定的方法抽取部分对象作为代表进行调查，并用调查结果推论全体被研究对象状况的一种科学的调查方式。抽样调查可以用较小的人力、物力、时间达到对事物总体较为准确的认识，能够完成许多不可能或不必要进行全面调查的任务。抽样调查产生的误差与所抽样本的数量比例有关，比例大，误差小，比例小，误差大。作为科级领导由于所管辖的权限范围，采用这种方式最适合自己的工作实际。因为这种方式调查费用少，时效高，具有较高的科学性、准确性和实用性。抽样调查的关键是做好样本抽选。样本抽选是通过一定的抽样方法，从总体中抽样选出若干单位作为调查点的过程，根据科级领导的实际情况和样本抽取方法的不同，主要集中于以下几种：

一是随机抽样法。这是对总体不作任何处理，不进行分类也不搞排队，而是从总体的全部单位中任意抽取样本的方法。此方法的目的在于排除人们的主观偏见，使单位被抽中的机会均等。通常是用抽签的方式选取所要的样本。

二是系统抽样法。就是事先将需要调查的总体单位，按一定标志顺序排列，然后以固定顺序和间隔来等距离地抽选调查单位。这种方法抽样手续简便，能提高样本的代表性，减少抽样误差。

三是分类抽样法。就是先将总体中所有的单位按照某个标志分成若干类，然后在各类中随机抽取样本单位。如对一个企业的管理者、职工进行抽样调查，把管理者、职工按性质分为高级管理者、一般管理者和职工三类，然后根据各类人员在总体中的比例，来确定从各类人员中抽取样本的数额。这种方法能以较小的单位，得到比较准确的推断。

四是整群抽样法。就是先将总体分成若干群（组），以所组成的组为抽取单位，对抽到的单位进行全面调查。

抽样方法确定之后，接着就要确定样本数目，对样本进行调查。以得到想要了解和掌握的情况、材料，更好地促进工作的开展。

（二）典型调查法

典型调查是在调查对象中选取若干有典型或有代表意义的单位进行调查，因此就其形式看，它与个案调查类似，而就其目的看，它又是抽样调查的一种特殊形势，即只抽取极少量样本来调查。典型调查是工作中经常使用的方法。这种方法应该成为科级领导最常用最有效的方法之一。马克思主义认为，客观事物处于普遍联系之中，任何事物都是个性与共性，个别与一般的统一。共性存在于个性之中，一般存在于个别之中，共性与个性，一般与个别是客观矛盾的对立统一。人们对客观事物的本质和规律性的认识是从许多个别事物本质中概括出来的。科级领导在进行调查研究时，要注意解剖典型，从具有某种共性的总体事物中，选取一个或几个有代表性的单位作为对象进行典型调查，用以指导工作。进行典型调查，关键在于选择典型要准确。准确地选择典型可视情况采用择优选点法、择中选点法和划类选点法等方式。

择优选点法是在同类事物中选择处于优势或领先一步者作为调查研究的对象，把成功经验加以推广。择中选点法是在总体事物中，选择发展程度处于中等水平者作为典型调查对象，用典型单位的调查结果来认识总体事物的共同本质和一般规律。择劣选点法是在总体事物中选择问题较多、矛盾较多的单位作为研究对象，通过调研主要是为了总结经验教训，借以提高自己的工作水平。因此，选择典型必须准确无误，要力戒主观随意性，某个事物或单位是不是典型，不是由人们的主观意志决定的，而是要看其是否真正代表了社会进步的主流和事物发展的趋势，是真正反映了某一类社会现象的本质和普遍规律。

（三）重点调查法

重点调查是指对某种社会现象比较集中的，对全局具有决定作用的一个或几个单位所进行的调查。这些单位称之为重点单位，它能够反映研究总体的基本情况。重点调查是科级领导作为领导认识世界的科学而有效的方法，它以马克思主义的重点论与两点论相结合的原理作为自己的基础。辩证唯物主义认为，处在复杂矛盾体系中的事物的主要性质是由取得支配地位的事物的主要矛盾决定的，由事物矛盾的主要方面决定。调查研究就是认识事物、解决矛盾，而多数情况下是解决工作、学习和生活中亟须解决的矛盾。因此，在调查研究中抓主要矛盾，抓重点是最重要的方法之一。

重点调查的对象只是一个或几个单位，在这点上，它与典型调查有相似之处。但是重点调查与典型调查有着明显的区别。重点调查法的特点是：

第一，重点调查的“点”是有意识进行选择的。它是根据调查的目的、要求，对调查对象的性质进行必要的考察、分析和研究，从而抓住事物的主要矛盾然后再展开调查。

第二，重点调查的被调查单位一般比较少，相对说来，在人、财、物、时等方面比较节省。调查的某些项目或指标在少数重点单位能够得到集中反映。虽然对象比较少，但却是举足轻重的部分。

第三，重点调查的适用范围比较广泛。从调查对象的情况来看，对那些调查的总体对象是无限的，或者从理论上能讲的通，但现实中不能做到全面调查的，以及也没有必要进行全面调查，但却需要知道其主要情况和性质，就需要应用重点调查的方法。

重点调查也存在自己的不足：由于重点调查的对象与调研总体对象的关系是重点与一般的关系，因而不能用局部的情况来推断总体的性质，只能部分地推断总体的特征。因此，调查中，重点调查与其他方法配合使用效果往往最佳。

（四）问卷调查法

问卷调查法是一种以书面方式提出问题收集资料的调查方法。调查者就调查项目编制成问卷，分发或邮寄给有关人员，请求填写答案，然后回收、整理、统计和研究。问卷调查方法的最大优点是：方法简便，节约时间，材料也比较容易整理和统计；特别是用无记名形式问卷调查可以获得面谈或开调查会不容易获得的有价值的资料。问卷调查的局限性在于有时发出的问卷常常因为回收率不高而降低所取得的材料的代表性，使调查效果受到影响。因此，科长作为领导干部在运用问卷调查法开展调研时，必须根据调研工作的需要和被调查对象的情况，认真设计问卷，做好问卷调研的各项实施工作。

一般说来，科长在调查中经常使用的问卷，依据回答或使用的方式不同，可分成自填问卷和访问问卷两种类型。

自填问卷是由被调查者本人填写的问卷。自填问卷依据发送到被调查者手中的方式的不同，又可分为邮寄问卷和发送问卷。邮寄问卷是指通过邮局将问卷送达被调查者手中，被调查者填写后再通过邮局寄回的问卷。发送问卷则是由调查人员将问卷送达被调查者手中，被调查者填写后交调查人员收回的问卷。

访问问卷是由访问人员根据被调查者的回答填写的问卷。访问问卷一般是根据调查工作的需要，调查者预先设想若干问题，在访问中当面向被调查者提出，由调查者自己完成填写工作。

自填问卷和访问问卷既有联系又有区别。他们虽然都是收集资料的工具，也同样由一系列问题所构成，但是两种问卷直接面对的对象却是相反的，自填问卷直接面对的对象是被调查者，被调查者面对问卷有较强的主动性和参与意识，而访问问卷调查者与被调查者面对面，被调查者往往会比较被动而易缺乏主动参与意识。因此，使用问卷调查时，在问卷的具体的形式、设计的方法和要求等方面都要注意两者的区别，根据调查的具体要求采用相宜的问卷类型。

问卷调研的关键在于设计问卷。在设计问卷时，应充分考虑以下几点：

第一，出发点要明确。问卷调查要从调查者和被调查者两方面考虑。从调研方面来说，要围绕所研究的问题来进行。从被调查者方面说，被调查者各种各样，要进行换位思考，即站在被调查者的角度考虑问题，尽可能为其填写答案提供方便。

第二，问卷必须围绕假设来进行设计。一份科学的问卷，设置问题的数量要适中，恰好能满足于检验假设的要求。要做到这一点，设计者对问卷的设计应当有一个总体框架，对每一个问题所起的作用应十分清楚，对理论假设需要哪些指标来检验，也应十分清楚。千万不能想当然，随意设想，想到什么问题就列什么问题，很少考虑所列问题对理论假设、回答研究问题有多大作用，其结果必然导致一些问题资源被浪费，而另一些问题却没能列出。

第三，问卷应具体、明确，不能设计抽象、笼统问题。对一些抽象、笼统问题，人们的看法往往很不相同，在没有明确操作规定的情况下，被调查者是无法进行回答的，即便回答出来也是无法进行科学分析的。

第四，问卷必须符合被调查者的特点，用词要通俗易懂、准确无误，文字要简洁明快。要根据不同的对象，使用他们熟悉的大众化语言，不要使用被调查者陌生的、过于专业化的术语。同时也不要使用那些模棱两可、含混不清或容易产生歧义的词或概念。每一个问题的文字要尽量简洁，不要啰啰嗦嗦，使人望而生厌。

第五，提问要十分客观，避免带有倾向性和诱导性，否则被调查者往往在趋同心理的支配下，做出肯定的回答，但不一定是自己真实的看法。另外，在提问中要尽量避免出现那些有权威的、享有盛誉的人或机构的名称，更不要直接引用他们的原话，否则被调查者一般是很难做出否定回答的。

第六，尽量避免提带有敏感性或威胁性的问题。它包括涉及个人利害关系的问题，个人隐私问题，各地的风俗习惯、社会禁忌等问题。因此，问卷人要避免问此类问题，或者想办法降低问题的敏感性。

问卷发放的范围要从实际出发，一般应广泛一些。采取的形式主要利用办班或开会时，当场填写。问题的回答一般是根据回答者自身的实际情况而言，采用单项选择较多，主要便于统计。问卷统计一般采用计算机数据软件处理。

（五）网络调研法

随着计算机网络通信技术的飞速发展，网络数据信息的生成、发布、传递、检索、合成、存储技术日益成熟和实用化，并在世界范围内得到了广泛应用。今天，人类已经进入信息时代，互联网上充满各种各样的信息，这为科级领导从事调研工作提供了一条崭新的途径，学会网络调研方法已经成为科级领导必须具备的工作方法之一。

网络调研也可称为网络访问，是指调研者根据调研意图，通过计算机通信网络发布调研计划和收集相关数据信息资料，进而对其进行分析、研究的一种现代调研方法。实施网络调研，顺应了全球政务信息化的时代要求，是变革当代领导工作方式的客观要求。网络调研方法不同于其他任何一种传统调研方法，有着鲜明的时代特色。当然，这些特色是和这一方法的本质特征联系在一起的。

与其他调研方法相比，网络调研是一个间接的社会交往过程。网络访问者与被访问者的相互作用、相互影响贯穿调研过程的始终，并对调研结果产生影响。这就是说，一方面，网络调研者收集的资料、形成的意见与看法要受到被调研者的回答态度的影响；另一方面，被调研者的回答也受他对调研者看法的影响。由于调研者只能远距离地、公开地进行，这使网络调研具有显著的社会色彩，即它在很大程度上取决于调查组织或调研者个人的社会交往能力、网上访问技巧的熟练程度，以及对网上访谈过程的有效控制。因此，网络调研者一方面较其他调研方法能获得更多、更有价值的社会情况；另一方面，他也是较其他调研方法更为复杂、更难于掌握的调研方法。

便于获取多种数据格式的信息资料，这是网络调研法的另一特点。截至 2000 年 6 月 30 日：我国共有 WWW 站点 27289 个，在 CN 下注册的域名数为 99731 个。其中，以县以上政府名义注册的域名数达 3365 个，比 1998 年底的统计数增长 312.9% 。截至 2000 年 12 月 31 日，中央政府 50%以上的部门、省级政府 30%以上的部门已经在互联网上建立了本级机关的网站。在互联网的网站中，蕴藏着形式多样、内容丰富、涵盖社会各界动态的数据信息。由于网上信息的技术呈现形式具有多样性，有利于调研者采取不同技术方式从事信息的研究，既可以文本方式从事研究，也可以图形、图像方式从事研究；既可以数据统计与汇总方式从事定量研究，也可以历史与现实资料的对比从事定性研究；既可以研究网上文字语言提供的信息，也可以研究网上非文字语言提供的信息；即可以从事专题信息研究，也可以从事实事动态信息的研究。总之，由于网上访问获得的资料更加丰富，网上调研方法更加灵活，有利于对问题进行多种方式的探索。

速度快、成本低，是网络调研法的第三个特点。由于计算机网络访问的数据通信速度是每秒钟 30 万公里，信息的发布、传递、搜索可在一瞬间完成，这使整个信息收集活动所需要的周期变得极短。采取网络通信方式实施调研，在不考虑计算机网络基础设施投资成本的前提下，就发布网上调研计划、回收网上问卷、进行网上信息搜索、下载与打印网上信息，以及整理网络数据信息资料的全部过程看，实际成本是极其低廉的，因为省去了调研者外出需要发生的交通费、住宿费、问卷的打印费和邮寄费、来人招待费、出差补贴费、长途电话费，这对于节省财政开支、塑造廉洁政府形象，无疑是最佳工作方式。

当然，网络调研法也存在一定的局限性。

首先，对敏感性问题很难收集到真实信息。在公开的、远距离的通信方式下，被访问者对于敏感性问题的回答存在心理障碍，因为他们中的相当一部分人更愿意在私下场合谈论这些问题，仅愿意在网上发表他们认为自己能够公开的态度和建议。

其次，对信息技术依赖性强。一方面，离不开计算机网络通信技术环境的支持，否则调研将无法实施；另一方面，对调查者信息科技素质有较高的要求，否则将收集不到需要的信息或不知道采用何种方法去收集所需要的信息。

再次，对信息可信度的认证存在较大困难。计算机网络通信中，允许通信双方以真实身份、真名实姓发布调研信息，也允许被访问者以匿名方式传送回答信息。在很多情况下，一部分被访问者由于对敏感性问题存在恐惧心理，不愿以真名实姓谈论本地区政府、本单位领导人的工作失误和腐败行为，从而向调研者传递虚假的回复性信息。尽管调研者收集到了很多的回复性信息，但却无法考察被访问者的真实心态、主动性和创造性，对收集到的信息的可信度较难把握。

尽管网络调研法存在上述不足，但它毕竟是一种利大于弊的现代化的间接调研方法，值得采用与推广。

（六）全面调查法

全面调查法，也叫普遍调查法，它是用来调查一定时间内某一类社会现象的总的概况，如人口普查、土地普查、资源普查等。普遍调查法一般用于那些相对稳定、一定时间内变化不大，但又需要掌握较全面细致资料的社会现象。他对领导者把握某一类事物的总体，了解全面情况，做出基本的数量估计，正确地指导工作，是一项不可缺少的基础性工作。

五、科级领导深入调查研究的步骤

（一）准备阶段

准备阶段的工作对科级领导搞好调查研究具有重要意义，是整个调查研究过程的基础和起点。合理确定调查研究任务是搞好调查研究的前提，科学地设计调查研究方案是保证调查研究成功的关键，组建合格的调查队伍是顺利完成调查研究任务的基本保证。充分做好准备工作，可以使调查研究工作避免人力、财力、时间的浪费，使调查研究成果更具有科学性，从而达到预期效果。

（二）调查阶段

调查阶段是调查研究方案的执行阶段。这个方案的主要任务是根据调查研究方案中选定的调查研究方式、方法进行资料收集工作。在调查阶段，调查者深入调查现场，与调查对象直接接触，是获取第一手资料的关键阶段，为了获得真实、可靠的资料，调查者应注意以下几点：第一，依靠被调查地区、单位有关组织、争取他们的支持与帮助，在尽量不影响调查对象工作的前提下，合理安排调查工作的进程。第二，密切联系调查对象，争取他们的理解与合作。尽可能与调查对象打成一片、交朋友，从而获得尽可能多的第一手资料。第三，做好观察、访问的纪录，做到勤问、勤看、勤记，抓住一切机会，捕捉问题的脉络，除了收集口述材料外，还要收集有关的文字资料。第四，及时集中、整理调查资料，做到边收集资料边进行资料的审核分类工作，使其逐步系统化，一方面便于查阅，另一方面可以随时发现问题，以便及时地进行资料的修正与补充工作。

调查阶段是调查研究工作最重要的部分，在这个阶段投入的人力最多，遇到的实际问题最多，工作的进程受多种因素的制约和影响。因此，必须加强对调查研究阶段的工作的组织领导，力求以最少的人力、最短的时间、最好的质量完成收集资料的工作，为下一阶段的研究工作奠定基础。

（三）研究阶段

研究阶段是实地调查结束后，对所收集的资料进行整理、分析的过程。其主要任务是鉴别整理资料、进行统计分析和整理研究。

鉴别整理资料是对文字资料和数字资料进行去粗取精、去伪存真的全面审核工作，以保证资料的真实、准确和完整，然后对鉴别后的资料进行汇总与分组，使之简化、系统化、条理化，便于下一步分析研究。

统计分析是运用统计学的原理和方法来研究社会现象的数量关系，揭示事物的发展规模、发展水平亦即事物之间的数量关系。通过统计分析，可以证明或推翻研究假设，可以为理论研究或提出解决问题的方案提供系统的数据资料。在现代调查研究中，一般使用电子计算机处理各种数据。

理论研究是运用逻辑方法及有关科学理论对调查资料、统计数据进行理论分析，从整体上揭示事物的本质特征和内在联系，说明事物的前因后果，找出事物发展的一般规律和趋势，做出理论说明，并在此基础上提出对实际工作的建议。

研究阶段是从感性认识到理性认识的飞跃阶段，它不仅能为解答实际问题提供客观依据和理论认识，找出问题的症结所在，而且对社会科学理论发展具有重要意义。

（四）总结阶段

总结阶段的主要任务是：撰写调查研究报告，总结调查研究工作，评估调查研究成果的全过程。

撰写调查研究报告，是说明调查研究结果或研究结论，并对调查过程、研究方法、政策建议以及研究中的一些重要问题或下一步研究的设想进行系统的叙述和说明；总结调查研究工作，包括总结本次调查研究工作的优点和缺点，积累成功的经验，吸取教训，为今后的调查研究工作提供正反两方面的经验；评估调查研究成果，主要从科学性和研究价值两方面进行检查、评定。一是从学术成果看，要对调查研究所提供的事实和数据资料、理论观点和说明的问题，以及使用的调查研究方法，做出客观的评价；二是从社会成果看，要对调查研究结论的采用率、转引率和对实际工作的指导作用，做出实事求是的评估。对调查研究成果的评估，必须以实践为基础，实质上是在实践中应用调查结论和检验结论的过程；总结阶段是调查研究过程的最后阶段，实际上是返回到研究的出发点，亦即对社会领域中某一理论问题或应用问题进行解答，以便深化对问题的认识或制定解决问题的方针、政策或措施。

调查研究的上述四个阶段，是由实践到认识，再由认识到实践的转化过程。这一科学程序，是根据调查研究活动的客观规律制定出来的工作步骤，是调查研究基本原理的具体应用。

案　例

据《瞭望》新闻周刊2004年第8期报道：在公共安全中，首要的就是安全事故总量居高不下，屡屡发生的重大事故更具突发性、灾难性和社会危害性。1990年至2002年，我国安全事故总量年均增长6.28%，最高时增长达22%。统计资料显示，2002年全国共发生107万余起各类事故，导致14万人丧生。其中77万多起道路交通事故，夺去11万人的生命；煤矿行业因瓦斯爆炸、矿井坍塌等恶性事故死亡近7000人；其他重大事故死亡2.3万人。

同时，我国是世界上自然灾害最为严重的国家之一，近10年来，在台风、暴雨和洪水、滑坡、泥石流等灾害中丧生的人数每年都有上万人。“天灾”之外，人祸也直接威胁着生命安全。火灾是危害最持久、最剧烈的灾害之一。我国每年因火灾而死伤的人数都在几千人。据公安部统计，2003年共发生火灾254811起，死亡2497人，伤3098人。

每年我国由于公共安全问题造成的经济损失计6500亿元人民币，约占GDP总量的6%。专家认为，在社会转型现阶段，应对公共安全问题的战略思维和策略，应当是多元化的、灵活而富有弹性的，不能局限于一种思路，一种策略；同时必须保持高度清晰的头脑，正确判断公共安全体系的发展趋势，构建公共管理体系和和谐社会，以确保社会的良性发展态势。

根据以上案例，请您拟定一个就公共安全体系调查研究提纲，包括调查的对象、调查的目的、调查的方法、调查步骤及其内容等。

思 考 题

1. 为什么说调查研究是科级领导的一种基本能力?
2. 科级领导搞好调查研究的条件和原则是什么?
3. 科级领导深入调查研究的方法有哪些?